PRÉCIS

DES

GUERRES DE LA FRANCE

DE 1848 A 1885

L'auteur et les éditeurs déclarent réserver leurs droits de traduction et de reproduction à l'étranger.

Ce volume a été déposé au ministère de l'intérieur (section de la librairie) en août 1890.

DU MÊME AUTEUR, A LA MÊME LIBRAIRIE :

Précis de la guerre franco-allemande. Ouvrage renfermant treize cartes stratégiques. Un vol. in-18. 8ᵉ édition. Prix : 4 francs.

L'Algérie, souvenirs militaires. Un vol. in-18, 2ᵉ édition. Prix : 2 fr. 50. (*Épuisé.*)

PARIS. TYP. DE E. PLON, NOURRIT ET Cⁱᵉ, RUE GARANCIÈRE, 8.

PRÉCIS

DES

GUERRES DE LA FRANCE

DE 1848 A 1885

PAR

H. FABRE DE NAVACELLE

COLONEL D'ARTILLERIE

NOUVELLE ÉDITION, ACCOMPAGNÉE DE CARTES

PARIS

LIBRAIRIE PLON

E. PLON, NOURRIT et Cie, IMPRIMEURS-ÉDITEURS

RUE GARANCIÈRE, 10

1890

Tous droits réservés

AVANT-PROPOS

En écrivant, en 1875, après cinq années d'investigations poursuivies auprès d'un grand nombre de témoins, le *Précis de la guerre franco-allemande*, je prétendais surtout faire connaître ce que je crois être la vérité sur cette guerre qui a laissé dans tous les cœurs français de si douloureux souvenirs, mais où j'ai pu relever aussi bien des faits honorables pour le caractère national : cette étude a pu rappeler à quelques-uns de nos jeunes camarades les faits et les dates d'une lutte aux péripéties complexes, aux théâtres multipliés.

J'ai pensé que je pourrais, au même titre, faire encore quelque chose d'utile en résumant les guerres du second Empire. Malgré la devise proclamée à Bordeaux en 1852 : « l'Empire, c'est la paix », l'Empire a fait plusieurs guerres dont la nécessité nationale a pu être contestée, mais qui ont témoigné de la valeur de nos chefs, du courage et de l'intelligence de nos soldats : elles méritent, au moins à ce titre, d'être remises sous les yeux de la jeune armée.

Quoique le siége de Rome, en 1849, n'appartienne pas, à proprement parler, à la période impériale, j'ai cru devoir le raconter, soit pour les enseignements qu'on y peut trouver, soit parce que l'on y voit paraître beaucoup des chefs qui joueront un rôle important dans les guerres suivantes.

Viennent ensuite les guerres de Crimée et de Bomarsund (1854-1856), d'Italie (1859), de Chine (1860); enfin, la funeste guerre du Mexique (1862-1867). Nous ne prétendrons pas faire l'histoire complète des luttes dont l'Algérie fut le théâtre pendant cette période (1849-1870) : la guerre de la Kabylie (1854-1857) nous a paru cependant devoir prendre place dans ce récit, à titre de complément de conquête du pays. Les autres guerres, même celle de Zaatcha (1849), ont été surtout la répression de désordres intérieurs et semblent devoir être réservées pour une histoire spéciale, plus politique et administrative que militaire.

SIÉGE DE ROME

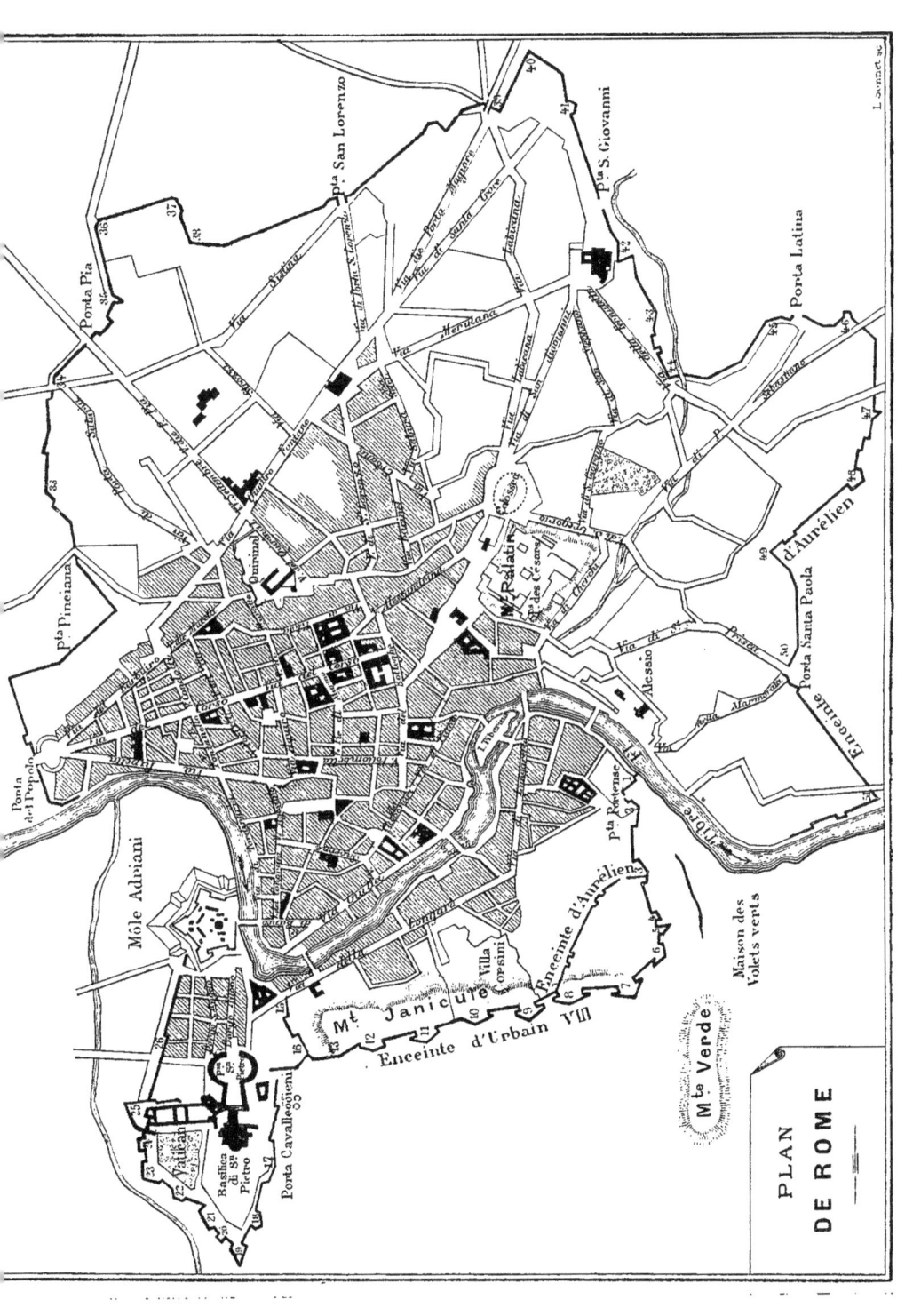

SIÉGE DE ROME

AVRIL-JUILLET 1849.

Nous n'avons pas à rappeler les origines de la guerre de Rome : on sait qu'après avoir pris l'initiative du mouvement italien, en 1846, le pape Pie IX avait été très-dépassé par l'opinion, dont Mazzini et Garibaldi surtout avaient pris la direction. Son ministre Rossi avait été assassiné, lui-même avait dû fuir Rome, entièrement tombée aux mains des républicains, et se réfugier à Gaëte (novembre 1848). Les puissances catholiques se montraient disposées à lui venir en aide, et, avant toutes, l'Autriche, qui avait habituellement, depuis 1814, réprimé les mouvements révolutionnaires en Italie. La France crut devoir lui disputer l'influence politique que ce rôle lui assurait au delà des Alpes et prendre à son compte la restauration du Pape. Le Pape, après avoir refusé l'aide des puissances catholiques, l'acceptait désormais. Quant à Naples, elle avait pu lui donner asile, mais n'était pas en état de lui rendre son pouvoir temporel et sa capitale.

En avril 1849, une division de trois brigades se réunit à Marseille, sous le commandement du général Oudinot, duc de Reggio. Le 22 avril, deux de ces brigades (Mollière et Ch. Levaillant) s'embarquèrent, précédées par le *Panama*, chargé de sommer Civita Vecchia : la ville promit d'accueillir les Français, et, le 25, à onze heures, la flotte française, l'amiral Tréhouart en tête, donna dans la rade. En même temps arrivait, pour prendre possession de Civita, un bataillon de volontaires lombards. L'armée française lui permit de se retirer, moyennant qu'il s'engageât à ne pas entrer dans Rome avant le 6 mai (on comptait que la querelle serait vidée à cette date). Il manqua à cet engagement et gagna Rome le 28 avril. Le 27, Garibaldi était revenu à Rome, poursuivi par le roi de Naples à la tête de douze mille hommes.

Le 30, les Français arrivaient à leur tour sous les remparts de la Ville éternelle. Celle-ci était aux mains d'un triumvirat qui avait, dès le 26, protesté contre l'intervention ; mais nos agents affirmaient qu'il suffirait de montrer nos drapeaux pour faire tomber toute résistance.

On arrivait par la rive droite du Tibre, vers le saillant du rempart de la haute ville : le général Oudinot dirigea un détachement vers ce saillant et vers la porte San Pancrazio ; un autre vers le point où le rempart rejoint le Tibre à sa sortie de la place. Deux coups de mitraille accueillirent les éclaireurs des détachements.

Le général crut pouvoir, cependant, emporter la place d'élan : il essaya de nettoyer le rempart par le feu des tirailleurs et de l'artillerie, puis lança à l'assaut les 20ᵉ et 33ᵉ de ligne, de la brigade Mollière; le rempart ne se trouva pas accessible et son feu repoussa les assaillants. A gauche, la 2ᵉ brigade longeait les remparts, dirigée par le capitaine Fabar, aide de camp du général en chef, qui comptait pénétrer sans résistance par la porte Angelica, au delà du saillant du Vatican. Le rempart était garni de défenseurs, dont le feu tua Fabar. Là encore on put comprendre que Rome ne s'ouvrirait pas sans combat.

Pour comble de malheur, le commandant Picard, envoyé pour couvrir la droite de l'attaque principale, cédant aux mêmes préventions, se laissa persuader d'aller parlementer dans Rome même : sa troupe, de deux cent cinquante hommes, y resta prisonnière. On avait perdu, en outre, quatre-vingts tués et deux cent cinquante blessés.

L'armée recula d'une étape en attendant des renforts de France : elle revint, le 16 mai, s'établir à portée de la place, entre le bas Tibre et la route de Civita Vecchia : là, elle attendit le résultat des négociations entamées par le ministre de France, M. Ferdinand de Lesseps, avec le gouvernement romain, et la fin d'un armistice de quinze jours conclu entre les deux parties. Le 19 mai, Garibaldi profita de ce que cet armistice ne comprenait pas les troupes napolitaines, pour se porter contre elles avec tout ce que Rome avait de soldats disponibles. Il les rejeta sur Terracine, et ce succès exalta encore l'esprit des défenseurs de la place. Le traité que M. de Lesseps rapporta le 1er juin interdisait l'entrée de Rome aux troupes françaises. Cette clause fut jugée inadmissible, et l'on se prépara à un siége régulier.

Rome comptait environ vingt-deux mille défenseurs, dont douze mille gardes civiques spécialement chargés de la police de la ville; le reste provenait de l'armée papale et de volontaires du reste de l'Italie. La ville est entourée d'un rempart bastionné solidement construit : le terrain s'élève rapidement, à partir de la rive droite du Tibre, en aval de la ville, jusqu'au bastion n° 6 ; les bastions 7 et 8 peuvent protéger le n° 6, au delà duquel ils s'étagent sur une pente plus douce. Au bastion 8 se rattache le mur Aurélien, qui descend de là jusqu'au Tibre, formant ainsi une deuxième enceinte. L'enceinte de la rive droite, commençant au Tibre en aval et finissant au Tibre en amont, est formée de vingt-six fronts.

L'infanterie française comptait vingt-deux mille hommes, formant les trois divisions Regnault de Saint-Jean d'Angély, Rostolan et Gueswiller. Le général Morris commandait une brigade de cavalerie; l'artillerie était aux ordres du général de brigade Thiry; le général de division Vaillant dirigeait le génie et eut une part prépondérante dans la conduite du siége.

On résolut de ménager la ville autant que possible et de ne s'attaquer qu'à ses remparts. Le bastion 6 formant saillant fut choisi comme point d'attaque. De là, on devait cheminer jusqu'au bastion 8 et au contre-fort de San Pietro in Montorio, dont la position est tout à fait dominante. La partie de Rome située sur la rive droite et qui devenait l'objectif des Français comprend, derrière un rempart de sept à huit kilomètres de longueur, le Janicule, le château Saint-Ange, le Vatican, le Transtevère. La partie principale est sur la rive gauche. L'investissement complet eût exigé une armée de siége quatre fois plus considérable. On ne renonça pas tout à fait cependant à agir sur la rive gauche. La division Gueswiller couvrait les routes de Florence et de Civita Vecchia et occupait, en face du Vatican, le Monte Mario, qui domine la place ; elle dut, en outre, s'ouvrir par le Ponte Molle, que franchit la route de Florence, un chemin au delà du Tibre. Quand elle l'aborda, une arche était détruite : le reste était miné et un poste romain établi à l'entrée. Dans la nuit du 2 au 3 juin, des chasseurs du 1er bataillon se glissèrent le long de la digue de la rive droite : quand vint le jour, leur feu abattit la sentinelle et contint le poste, tandis que quelques-uns d'entre eux franchissaient le fleuve à la nage et remplaçaient les Romains dans leur corps de garde. La cavalerie, appuyée par quelques compagnies, franchissait, d'autre part, le bas Tibre sur un pont de bateaux à Santa Passera, et ses courses gênaient l'approvisionnement de la ville : un bac, avec tête de pont, était établi, par le génie français, à deux mille cinq cents mètres de la porte Portese : enfin, sur le fleuve ainsi maîtrisé, un vapeur de faible tirant d'eau, *le Tibre*, faisait un service actif entre la mer et l'armée.

Les opérations qui préparaient l'attaque commençaient partout en même temps, pendant cette nuit du 2 au 3 juin. La brigade Mollière, guidée par le commandant du génie Frossard, pénétrait dans le parc de la villa Pamphili; la brigade Levaillant y recueillait cent cinquante prisonniers, et, d'autre part, sous la direction du général Vaillant, s'emparait du couvent de San Pancrazio, des villas Corsini, Valentini, et se couvrait de tranchées qui, pendant le siége, défièrent toutes les entreprises de l'assiégé : on fut maître ainsi de tout le terrain à la gauche de l'attaque principale. Ce centre de l'armée était aux ordres du général Regnault de Saint-Jean d'Angély.

Sur le terrain même de l'attaque (droite de l'armée), la 5e compagie du 1er de sapeurs occupa deux maisons : l'une, à six cents mètres du saillant du bastion 6, fut connue, pendant le siége, sous le nom de « maison aux six volets verts »; l'autre dominait le Tibre et la porte Portese, qui y touche. Elle dut être protégée contre le feu de la rive gauche. La défense en fut rapidement organisée.

Du 4 au 5 juin, par une claire nuit de lune, la tranchée fut ouverte par douze cents travailleurs à trois cents mètres de la place et à la même distance des maisons d'appui : la parallèle, embrassant l'espace compris entre le sommet de la berge escarpée du Tibre, à droite, et, à gauche, la route qui aboutit à la porte de San Pancrazio, était, à deux heures du matin, creusée de un mètre sur un mètre; les travailleurs étaient à peu près couverts. Les sapeurs avaient barré, par des gabions et des sacs à terre, la route qui coupait la parallèle vers son milieu; les batteries 1 et 2 étaient établies en même temps, la 1re contre-battant l'artillerie du bastion 6, la 2e, à droite, répondant au feu des canons de l'assiégé, placés sur la rive gauche du Tibre, à Saint-Alexis et au mont Testaccio.

Au jour, les gardes de tranchée se replièrent derrière la parallèle; la nuit suivante, le capitaine Canu, du 7e d'artillerie, construisit à deux cent soixante-dix mètres des bastions 6 et 7 une batterie de quatre mortiers (n° 3). On ouvrit une communication avec le dépôt de tranchée placé à quinze cents mètres en arrière de la parallèle; on commença les tranchées en zigzag vers le bastion 7, à gauche du bastion 6.

Le 7, le capitaine Rochebouët construisit, sur le sol naturel, une batterie (n° 4) destinée à battre le bastion 6, et, s'il était possible, à y faire brèche.

Les Romains, cependant, doublaient la batterie du mont Testaccio et jetaient dans la villa Giraud ou le Vascello, à deux cents mètres en avant de la porte San Pancrazio, des tirailleurs dont le feu inquiétait la gauche des attaques, comme leur canon du Testaccio en gênait la droite. Mais l'assiégeant avançait sans relâche. Le 10, la batterie n° 5 était tracée à cent cinq mètres du bastion 7. En même temps, une reconnaissance envoyée sur l'Anio en occupait les ponts et coupait, de ce côté, les communications de Rome; un brûlot, descendant le fleuve et menaçant le pont de Santa Passera, était arrêté par l'estacade et coulé par les marins de garde au pont. Enfin, la batterie n° 6 était commencée, à gauche, sur la crête du plateau de la villa Corsini, à portée du front 8-9, point culminant du rempart du Janicule où s'ouvre la porte de San Pancrazio. La huitième nuit (11-12 juin), les batteries 3, 4, 5 et 6 furent complétement armées; le 12 au matin, les assiégés envahirent, en avant de la batterie n° 5, les ruines d'une ancienne demi-lune, mais ils ne purent la dépasser. La batterie n° 4 (Rochebouët), vivement canonnée des bastions 6 et 7, obtint l'autorisation d'ouvrir son feu sans attendre le signal d'un tir général : elle fit taire, en quatorze coups, le feu des bastions, dans lesquels, en même temps, la batterie Canu (n° 3) jetait une trentaine de bombes.

Le 13 juin, la place fut sommée de se rendre, et, sur son refus, le feu de toutes les batteries françaises s'ouvrit à la fois. Celui de l'assiégé, d'abord très-vif, se ralentit peu à peu. L'artillerie française comprenait : huit canons de 24, cinq de 16, quatre obusiers de 22, quatre mortiers de 22.

Le même jour, le *Magellan*, portant le capitaine de Castelnau, détruisait, sur la côte, la fonderie de Porto d'Anzio, qui approvisionnait les assiégés.

Le 14, des brèches se manifestaient dans les bastions 6 et 7, et les assiégés les comblaient avec des sacs à terre; mais le 15, la face droite du bastion 7 s'écroulait sur dix mètres d'étendue. Une sortie des Romains sur le Ponte Molle était repoussée par la brigade Sauvan : ils y perdirent quarante prisonniers et une centaine de tués.

Dans la nuit du 15 au 16, on traça la troisième parallèle entre les deux bastions. La partie supérieure de leurs murailles était détruite; mais le terrain ne permettant pas de voir le pied des escarpes, il fallut rapprocher les batteries de brèche jusqu'à soixante mètres de rempart : dans la nuit du 16 au 17, les capitaines Canu, Gachot et Rochebouët construisirent, à cette distance, les batteries 7, 8 et 9.

A la gauche des attaques, la villa Corsini avait été entourée d'un retranchement formant redoute; le capitaine Serrand y établit une batterie de cinq pièces pour atteindre le dispositif de défense que l'assiégé préparait en arrière de San Pancrazio; contre cette batterie, une *camisade* (sortie par des soldats revêtus d'une chemise pardessus leurs habits pour se reconnaître dans la nuit) fut essayée sans succès par les assiégés.

Le tir en brèche commença le 19 juin. Le 20, le bastion 7 était ouvert sur une largeur de trente mètres; le revêtement était tombé et le feu continuait pour amener l'éboulement des terres. Le 21 au matin, les batteries de la courtine et du bastion 6 (n°˚ 7 et 8) avaient aussi fait brèche : le feu, d'abord très-vif, des batteries de l'intérieur avait été en partie éteint par la batterie Serrand.

Le 21 juin, à neuf heures du soir, les colonnes

d'assaut se réunirent dans les tranchées. A onze heures, au signal du colonel Niel, trois colonnes se lancèrent à la fois vers les trois brèches, qui furent immédiatement franchies ; les travailleurs suivaient les assaillants et se mirent à l'œuvre pour couvrir l'établissement des postes sur le rempart. L'assiégé couronnait l'enceinte Aurélienne, et c'était dans une sorte d'impasse qu'avait donné accès ce premier assaut ; on résolut donc de continuer les tranchées vers le bastion n° 8, où l'enceinte Aurélienne rejoint l'enceinte qu'on venait de forcer. On pouvait cheminer sur le rempart même en laissant à droite la pente rapide qui descend au Tibre : on s'appuierait sur la maison Barberini, qui avait servi de réduit aux défenseurs de la courtine 6-7 et dont la prise, lors de l'assaut, avait coûté la vie aux capitaines Jouslard, du génie, et d'Astelet, du 36°. On se servit de tranchées creusées par les Romains et minées en partie, comme la maison Barberini, mais que l'impétuosité de l'attaque n'avait pas permis aux Romains d'évacuer à temps. Quand vint le jour, l'établissement des assiégeants sur le front 6-7 était assuré, malgré le feu de la batterie Saint-Alexis, qui, par-dessus le Tibre, voyait la droite de l'attaque, et celui de deux autres batteries, l'une de trois pièces, à l'angle du bastion 8 et de l'enceinte Aurélienne, l'autre, tirant par-dessus cette enceinte, du pied du mur de l'église San Pietro sur le plateau du Montorio.

Les pertes de l'assaillant avaient été réduites par la vigueur de l'élan et la prudence qui avait arrêté les colonnes au voisinage des brèches. Elles étaient de quinze tués et soixante blessés.

La maison Barberini, criblée de projectiles, fut évacuée le matin du 22, occupée un moment par une sortie de l'assiégé, reprise par les grenadiers du 36ᵉ et solidement fortifiée la nuit suivante.

La brèche de la courtine reçut une batterie de quatre pièces; on rétablit ses communications avec les tranchées en deblayant, à sa gauche, une poterne qu'avaient murée les Romains.

La batterie n° 2 ayant été désarmée, on ne put contre-battre le feu gênant de la rive gauche qu'avec des pièces de campagne qui purent cependant faire taire plusieurs fois Saint-Alexis et le Testaccio. Le 21, d'ailleurs, arrivèrent de nouvelles pièces de 16, et cette batterie n° 2 fut réarmée par la batterie Pinet, du 3ᵉ régiment. Les deux pièces de 24 et les deux de 16 de la batterie n° 8 furent transportées à la courtine et purent tirer le 24 au matin : mais elles avaient à combattre vingt pièces les prenant de front et d'écharpe. Il fallut renforcer l'artillerie des bastions pour contre-battre, de l'étroite arête sur laquelle on cheminait, les canons ennemis et dégager la batterie n° 10. Les terre-pleins des bastions 6 et 7 durent recevoir chacun quatre pièces (n°⁸ 12 et 13).

On s'était, en avançant le long du rempart, rapproché de la villa Corsini, à gauche des attaques. On la rallia aux tranchées du centre et l'on compléta la quatrième parallèle. Dans le fossé du bastion 7 on prépara une batterie n° 14 pour faire brèche au bastion 8, vers lequel on se dirigeait aussi, à la sape pleine et sous un feu très-vif, par l'intérieur de la courtine 7-8. Le matin du 27 juin, les batteries 11, 12, 13 et 14 étaient prêtes à faire feu, ainsi qu'une batterie de mortiers (n° 5), la batterie n° 10, voyant les derrières de la porte San Pancrazio, et cinq petits mortiers établis dans les cheminements du bastion 7. Au signal donné à six heures du matin, toutes éclatèrent à la fois : un combat d'artillerie, très-vif des deux parts, dura tout le jour : la batterie n° 10, comme la batterie romaine de San Pietro, dut attendre la nuit pour se réparer. Les capitaines Canu et Brisac, le lieutenant Tricoche, étaient blessés.

Mais le 28 juin, l'artillerie ennemie, presque réduite au silence, laissait à l'attaque toute liberté d'allures, et une brèche s'ouvrait dans le flanc du bastion 8 sous le feu de la batterie du fossé. Toute la nuit, les mortiers de 22 tirèrent sur les abords de la brèche, tandis qu'on rapprochait le point de départ de l'assaut décisif en traçant une cinquième parallèle à gauche et en s'avançant, à l'extrême gauche, jusqu'à quatre-vingts mètres du Vascello.

La brigade Sauvan (division Gueswiller) alla détruire, à Tivoli, la poudrerie qui avait approvisionné les assiégés : la cavalerie ramena cent quatre-vingts voitures chargées de vin et de poudre.

La batterie 14 (nuit du 28 au 29 juin) agrandit la brèche vers l'orillon et détruisit, au delà, la Casa Savorelli, qui dominait le bastion 9.

L'assiégé, de son côté, s'apprêtait à soutenir l'assaut prévu au bastion 8. Un retranchement intérieur s'appuyait aux deux faces du bastion : une batterie de quatre pièces, joignant le mur Aurélien, devait couvrir de mitraille le sommet de la brèche.

L'assaut fut ordonné pour le 29 au soir : trois compagnies d'élite de la division Rostolan durent former la colonne d'attaque; trois autres, la réserve. A leur droite, trois compagnies des bataillons de tranchée devaient envahir le bastion n° 8, courir, à droite, sur les tranchées qui longeaient la muraille et sur la batterie du mur Aurélien, puis rentrer dans leurs cheminements, tandis que les sapeurs du génie couronneraient la brèche d'une gabionnade. L'attaque de droite, dirigée par le commandant Laforêt, réussit pleinement. Une pluie d'orage, inondant les tranchées, avait gêné les préparatifs de l'assaut. Mais, à deux heures un quart, deux des compagnies de droite envahissaient les tranchées en avant du mur Aurélien, escaladaient ce mur, tuaient ou dispersaient les servants de la batterie romaine : la 3ᵉ compagnie se jetait dans les tranchées de la courtine 7-8, en expulsait les défenseurs et venait concourir à la prise de la batterie.

La colonne d'assaut avait, d'élan, atteint le sommet de la brèche; mais en ce moment, le commandant Lefebvre, qui la dirigeait, fut blessé : la colonne, au lieu de se jeter à gauche, joignit ses efforts à ceux de la colonne Laforêt. Malgré cette dérogation aux instructions données, on était maître du bastion n° 8 et les travailleurs assuraient le logement sur le terre-plein du bastion, qu'on reliait, au jour, aux deux cheminements de droite et de gauche. Le chef d'attaque, commandant du génie Galbaud Dufort, tué à l'attaque d'un petit pavillon hexagonal situé près du saillant et qui résista le dernier, était remplacé par le lieutenant-colonel Ardant.

Pendant ce temps, les assiégés avaient dirigé des brûlots sur le pont de bateaux de Santa Passera. Comme il était arrivé dans une circonstance précédente, ces brûlots furent déviés par une cinquenelle établie en avant du pont et coulés par les pontonniers et les marins attachés au pont.

Vers midi, le feu de la place, très-vif jusque-là, cessa tout à coup. Un parlementaire demanda une suspension d'armes pour permettre de relever les morts et les blessés. L'assaut coûtait environ quatre cents hommes aux Romains; les Français comptaient dix-neuf morts et quatre-vingt-dix-sept blessés.

Le 2 juillet au matin, Garibaldi, qui avait été l'âme de la défense, s'échappa avec trois mille hommes et ne put être rejoint. La défense était aux abois : l'assiégeant arrivait à San Pietro de

Montorio, d'où il aurait toute la ville sous son canon. Il cheminait par le fossé du bastion 8 vers le bastion 9, occupait le Vascello et consolidait son établissement dans le bastion 8. Le 2 juillet, le général en chef envoya à la municipalité un ultimatum qui fut rejeté. Le commandant Frossard, du génie, envahit le bastion 9 presque sans résistance, et y laissa une compagnie.

Le soir de ce même jour, 2 juillet, la municipalité romaine se déclara impuissante soit à se défendre, soit à imposer une capitulation ; elle offrait d'ouvrir les portes le lendemain. Le commandant Frossard tourna la porte San Pancrazio ; une colonne suivit la voie qui traverse cette porte, descendit au Tibre, occupa le pont Sixte et les maisons qui en commandent les issues, en détruisant les barricades qui le défendaient. A droite, le 36e occupait les portes San Paolo et Portese et le pont Quatro Capi. Pendant la nuit, la porte San Pancrazio fut dégagée des tranchées et des barricades qui l'obstruaient des deux parts, et put livrer passage, le 3 juillet au matin, au défilé de la 1re division.

Vers midi, le général Gueswiller prenait possession de la porte Del Popolo.

Enfin, à cinq heures du soir, le général en

chef, à la tête des états-majors, de la 2ᵉ division et de la cavalerie, faisait son entrée dans la ville. Le 4, à huit heures, le château Saint-Ange fut remis, les troupes irrégulières licenciées; les troupes régulières firent leur soumission. Le général Rostolan, chargé du gouvernement de Rome, désarma les habitants, fit détruire les barricades et rétablit l'ordre habituel.

Ainsi se terminait, trente jours après l'ouverture de la tranchée, ce siége, poursuivi dans des conditions toutes spéciales. On avait prétendu réduire la place en évitant d'y rien détruire en dehors des remparts, et ménager en même temps le sang des soldats; on réussit heureusement sans en venir à une guerre des rues qui eût été meurtrière et féconde en ruines. Malgré des chaleurs torrides, l'attentive observation des règles de l'hygiène maintint la santé générale dans des conditions satisfaisantes.

Ce siége faisait honneur à l'artillerie et au génie : l'infanterie avait subi, sans murmures, les fatigues et les dangers du siége et s'était montrée pleine d'élan aux assauts des 21 et 30 juin. Les assiégeants avaient eu mille vingt-quatre tués ou blessés ; les Romains avaient perdu de quatre à cinq mille hommes.

CRIMÉE — BOMARSUND

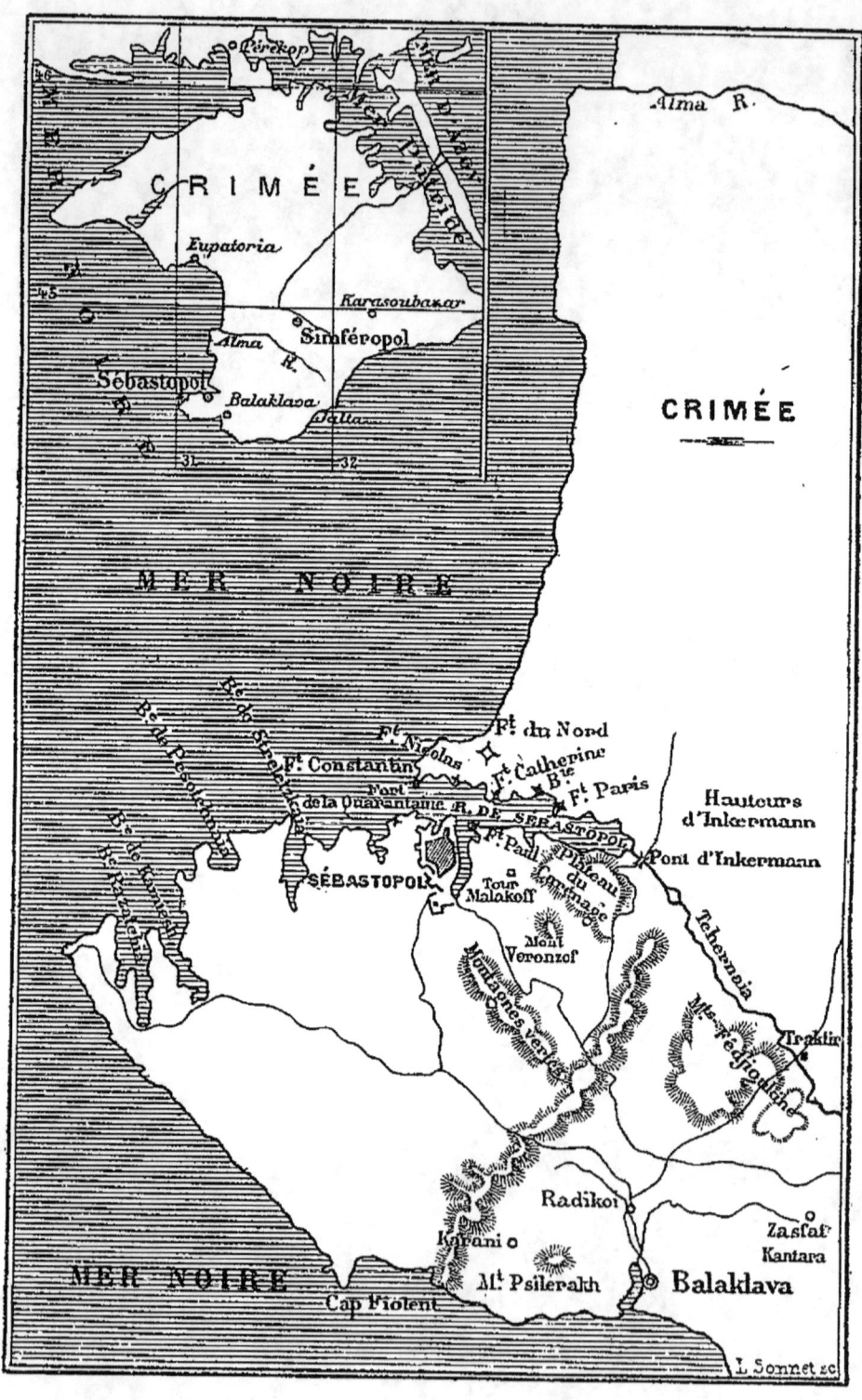

GUERRE DE CRIMÉE

(1853-1856)

En se refusant, après Tilsitt, aux désirs d'Alexandre Ier de se voir ouvrir le chemin de Constantinople, Napoléon Ier disait : « Non ; Constantinople, c'est l'empire du monde. »

Comme son frère, l'empereur Nicolas voulait Constantinople et n'avait pas caché son ambition à l'ambassadeur anglais Hamilton. Il affirmait que l'empire turc était à l'agonie et qu'il convenait de pourvoir à l'attribution de l'héritage de « l'homme malade ».

L'Angleterre et la France, comme le prévoyait Montesquieu un siècle auparavant, étaient disposées à défendre Constantinople contre cette ambition séculaire de la Russie.

L'occasion de la rupture fut une question de protection des lieux saints qui semblait à peine par elle-même pouvoir fournir un prétexte à une lutte diplomatique sérieuse. Quelques-uns des édifices de Jérusalem avaient été affectés au culte des Latins et placés par la Turquie, en 1740, sous le patronage de la France. L'importance des chrétiens de religion grecque avait augmenté depuis ce temps, et le Czar prétendait à se substituer, dans ce rôle, au souverain de la France. Celle-ci en appelait à l'arbitrage de la Turquie, et, après des tergiversations motivées par les impérieuses exigences de la diplomatie russe, Fuad-Effendi lui donnait raison. Le 5 mai 1853, l'ambassadeur de Russie, prince Mentschikoff, exigeait impérieusement un traité assurant aux Grecs les lieux saints en litige ; sur le refus de la Porte, Mentschikoff quittait Constantinople le 21 mai : le 9 juin, une lettre du chancelier Nesselrode dénonçait le refus de la Porte comme une insulte au Czar, et donnait, pour le retirer, huit jours de grâce. Le 3 juillet, les principautés danubiennes étaient occupées par les troupes russes. La diplomatie continuait la vaine lutte qu'elle avait poursuivie depuis trois ans. Malgré les protestations de la Russie, c'était bien la guerre qui était commencée.

Le 30 novembre suivant, elle s'affirma par l'horrible boucherie de Sinope : l'amiral Nachimof exigea, — l'état de guerre existant, suivant

lui, entre les deux empires, — la reddition d'une
flotte turque, très-inférieure à la sienne, que le
mauvais temps avait contrainte à se réfugier à
Sinope ; les Turcs refusèrent, et furent attaqués
et détruits. La frégate amirale d'Hussein-Pacha
et une autre frégate de 52 se firent sauter plutôt
que de se rendre. La Turquie indignée se soulevait tout entière ; mais son gouvernement, appréciant bien l'infériorité de ses forces, en appelait
aux deux puissances occidentales.

L'hiver se passa sans que ces puissances
entrassent officiellement dans la lutte. L'empereur Napoléon faisait à ce moment de l'alliance
anglaise le pivot de sa politique extérieure. Il
crut d'abord pouvoir se borner à appuyer d'une
ou deux divisions l'armée turque qu'Omer-Pacha
opposait, avec une vigueur et un succès inattendus, aux progrès des Russes. Le général Bosquet, désigné pour le commandement d'une de
ces divisions, insista, dans un entretien avec le
ministre des affaires étrangères, M. Drouyn de
Lhuys, sur la nécessité de préparer des forces en
rapport avec la lutte gigantesque qui allait s'ouvrir. En définitive, l'armée française dut comprendre quatre divisions, et le maréchal de Saint-Arnaud, malgré son état de santé qui semblait le

mettre hors d'état d'agir, quitta le ministère de la guerre pour les commander. Il dut à sa position dans le gouvernement, non moins qu'à son caractère, une autorité, une faculté d'initiative que le ministère français ne permet pas habituellement à nos généraux en chef.

L'Angleterre envoyait, sous les ordres de lord Raglan, une armée à peu près égale en nombre. Les deux flottes, sous la direction des amiraux Dundas et Hamelin, secondés par les amiraux lord Lyons et Bruat, montrèrent d'abord dans la mer Noire les pavillons anglais et français, appuyant ainsi la droite des Turcs et interdisant aux Russes les communications par mer ; les deux nations sommèrent la Russie d'évacuer les principautés. Celle-ci répondit par un manifeste en date du 30 mars (12 avril), par lequel elle acceptait la guerre en en rejetant la responsabilité sur les deux puissances, et notamment sur l'Angleterre, dont les ministres avaient annoncé, au Parlement, l'intention d'abattre l'influence russe, prépondérante en Europe depuis ces dernières années.

Les premiers coups de canon furent tirés à Odessa : un parlementaire anglais avait été poursuivi par les boulets du port. Le bombardement, par les deux flottes, de l'arsenal maritime de la place eut lieu le 22 avril 1854 ; quinze navires furent brûlés ou coulés ; la poudrière sauta ; la ville fut épargnée.

Cependant, la division Canrobert arrivait la première à Gallipoli. Les troupes avaient voyagé sur des navires à vapeur ; mais, par suite d'une de ces lacunes de l'administration française que nous aurons sans cesse à déplorer, les vivres et accessoires destinés à ces troupes voyageaient par navires à voiles, à la merci du vent. La famine menaçait nos soldats, peu disposés à vivre, comme les bachi-bozouks de l'armée turque, en désolant le pays par le pillage. Le général Canrobert courut à Constantinople ; il y trouva le grand vizir répondant à ses objurgations par l'éternel « nous verrons » des Orientaux ; son impétueuse énergie secoua le ministre turc et l'obligea à pourvoir sur-le-champ aux besoins de la division française. « Ah ! disait-il en le quittant, tant que vous n'aurez pas relevé le talon de vos babouches et raccourci le tuyau de vos pipes, votre empire marchera à sa perte ! » Nous verrons, quelque temps après, le maréchal Saint-Arnaud parvenir aussi à galvaniser le gouvernement turc et à lui communiquer quelque chose de son ardeur.

Le général Canrobert retourna à Gallipoli, tout prêt à se porter en avant si les Turcs réclamaient un secours immédiat. Un service d'estafettes reliait Gallipoli à Andrinople et pouvait lui apporter des nouvelles de l'invasion russe et d'Omer-Pacha, qui stationnait à Schumla avec quarante-cinq mille hommes.

Le 1er mai, la 3e division débarqua à Constantinople. Le prince Napoléon la commandait. Dérogeant aux habitudes de la Porte, le Sultan rendit visite au cousin de l'Empereur.

Le 7, Saint-Arnaud passa à Gallipoli ; il était le 8 à Constantinople.

Le 18 mai, les chefs des deux armées et ceux des deux flottes se réunissaient à Varna, pour arrêter le plan à suivre. Omer-Pacha était présent et expliquait la situation. Il avait cent quatre mille hommes dispersés le long du Danube : dix-huit mille occupaient Silistrie, que les Russes attaquaient depuis le 11 mai : le 16, ils avaient jeté un pont sur le Danube et envahi la rive droite. On évaluait à quarante-cinq mille hommes l'armée de siége amenée sur ce point par le vieux maréchal Paskéwich, à cent trente mille le nombre total de ses soldats, que renforceraient prochainement les troupes en marche.

Les Français campèrent à quatre lieues en avant de Varna; les Anglais, commandés par lord Raglan, à Dévéna. Mais, là encore, on manque de vivres et de moyens de transport. Saint-Arnaud court à Constantinople rendre au gouvernement turc la confiance et l'activité; d'ailleurs les nouvelles de Silistrie sont bonnes : les 21 et 22, la place a vaillamment repoussé deux attaques des Russes.

Mais, à Gallipoli, tout est déception : avec vingt-sept bataillons d'infanterie, on n'y a que cinq cents chevaux et vingt-sept pièces. « ... Porter à Varna, écrit le maréchal (26 mai), avec des chances de combattre, des troupes *aussi incomplètement préparées* pour l'action, ce serait compromettre l'avenir de la campagne, avenir sur lequel le premier choc peut exercer une influence décisive; d'un autre côté, abandonner la base d'opérations, rendez-vous de tous les éléments qui doivent compléter nos forces, c'est leur enlever les moyens de s'organiser rapidement : c'est trop donner au hasard! »

Que n'a-t-on médité cette lettre en 1870, quand on jetait, en face d'un ennemi bien préparé et bien instruit de ce qui nous manquait, une armée hors d'état de commencer une campagne?

Il fallut ajourner l'exécution des plans arrêtés à Varna. On n'y dut envoyer que des avant-gardes bien constituées, sous le commandement du général Canrobert et du général anglais Brown, chef de la division légère. Le reste attendrait, campé à quatorze kilomètres de Gallipoli, achevant les lignes de Boulahir, qui barrent la presqu'île entre Enos et les Dardanelles; onze vapeurs de guerre coururent à la recherche des voiliers attardés pour leur donner la remorque.

Les 25, 26 et 29 mai, de nouvelles attaques russes ont été repoussées par les intrépides défenseurs de Silistrie. Le 1er juin, Canrobert s'embarque, avec une brigade, sur quarante navires de commerce remorqués par dix frégates, dont trois turques et une égyptienne. Il trouvera à Varna Brown, embarqué à Scutari avec ses six mille hommes.

La 2e division (Bosquet) marche par Andrinople et les Balkans. La 3e (prince Napoléon) part, le 18, de Constantinople, après avoir été passée en revue par le sultan Abd-ul-Medjid. Enfin, la 4e (Forey) devait suivre la 2e. Cette division avait été embarquée à Marseille dès le 24 avril; mais elle avait dû s'arrêter au Pirée pour mettre fin aux démonstrations de la Grèce, disposée à faire cause commune avec la Russie contre la Turquie, et à profiter de l'occasion pour s'agrandir, s'il était possible, vers la Thessalie; trois mille Français avaient été laissés en Grèce pour assurer la neutralité à laquelle s'était engagé le roi Othon.

Le mouvement en avant des alliés détermina la levée du siége de Silistrie; l'Autriche, sans se prononcer résolûment, se montrait disposée à protéger contre les Russes les provinces des bords du Danube. Les Turcs avaient admirablement résisté derrière les remparts de Silistrie : enfin, les forces des alliés arrivaient sur le Danube, et les chances d'une bataille étaient telles que le maréchal de Saint-Arnaud se montra désespéré du mouvement de recul des Russes. La perspective d'avoir à les suivre dans l'intérieur de l'Empire, comme l'avait fait Napoléon en 1812, et en perdant l'appui immédiat des flottes, était faite pour l'inquiéter : la guerre ainsi conduite aurait exigé de la part des alliés une longue patience et d'énormes sacrifices.

Aussi les pensées se reportèrent-elles sur la Crimée, où la Russie avait son grand port de guerre, Sébastopol, et la position la plus menaçante pour Constantinople. L'opinion, surtout en Angleterre, était tournée de ce côté.

Mais de grandes difficultés apparaissaient pour la réalisation de ces aspirations. Les deux amiraux y étaient opposés, tandis que leurs seconds, les amiraux Bruat et lord Lyons, appuyaient les plans du maréchal et du gouvernement anglais. Dès la fin de juillet, une reconnaissance des côtes de la Crimée est opérée par une commission composée des généraux Canrobert et Brown, des colonels de Martimprey, Lebœuf et Sabatier, chef d'état-major, commandant de l'artillerie et commandant du génie de l'armée française. On discute le choix à faire entre Sébastopol et l'isthme de Pérékop. L'occupation de celui-ci assurerait la conquête de la Crimée, mais ses abords n'ont pas la profondeur d'eau nécessaire aux grands vaisseaux, et le séjour en est horriblement malsain. C'est donc Sébastopol même qu'il faudra viser.

Les provinces danubiennes ne seront d'ailleurs pas délaissées; leur invasion par les Russes déciderait sans doute une franche intervention de l'Autriche. Quant à présent, « elle temporise et voit venir », écrit le maréchal à la date du 27 juillet, « c'est sa politique; la Prusse l'inquiète ».

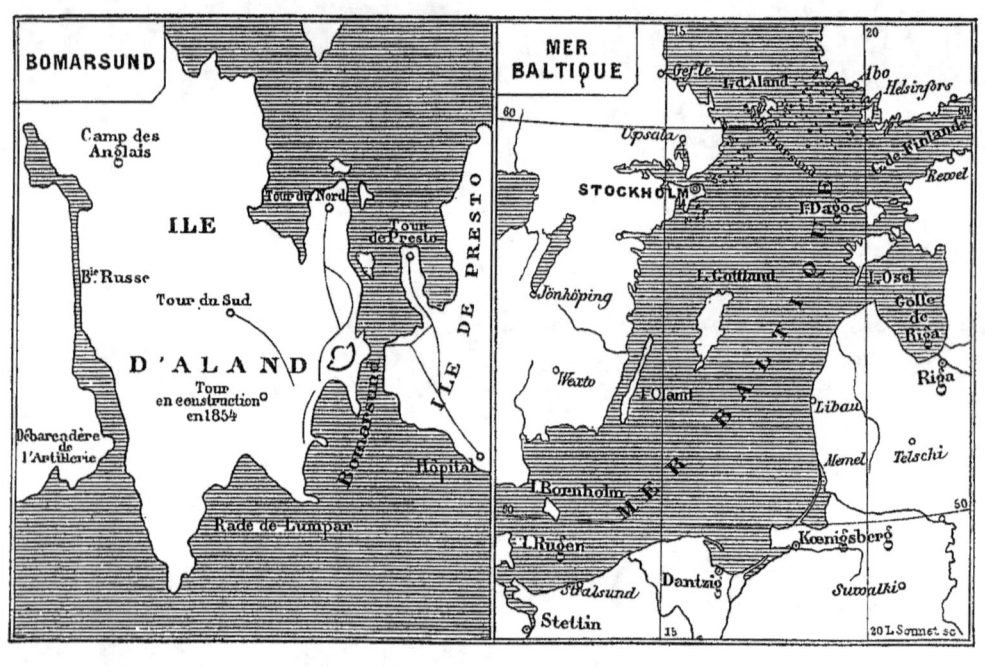

Sur la côte du Caucase, on trouverait l'appui des Circassiens, que promet Schamyl; mais on se défie de leurs dissensions perpétuelles. A ce moment, les deux puissances occidentales cherchent dans la Baltique un théâtre de guerre où l'action toucherait la Russie directement et près du cœur.

EXPÉDITION DANS LA BALTIQUE

BOMARSUND (juillet-août 1854.)

Ici, plus encore qu'à Sébastopol, l'initiative anglaise semble avoir été prépondérante. Dans la Baltique et le golfe de Finlande, le principal établissement maritime russe est à Cronstadt, dans une île à l'embouchure de la Néva. Le port où s'abritent les navires est à l'est, et on ne peut l'atteindre qu'en allant jusqu'au fond du golfe de Finlande et revenant sur l'île. Défendue de toutes parts, celle-ci était donc à peu près inabordable pour des navires en bois; les alliés renoncèrent à l'attaquer et, sur ce point, les Russes sentirent seulement une menace indirecte, mais très-sérieuse, quand les expériences exécutées à Calais pendant l'hiver de 1855-1856 sur les pièces de 16 rayées du commandant Treuille de Beaulieu, révélèrent l'existence d'une artillerie nouvelle redoutable par une justesse de tir et des portées inusitées jusque-là.

On se résolut donc, la flotte russe s'étant mise à l'abri et restant immobile à Cronstadt, à attaquer Bomarsund, au sud-est des îles d'Aland, par 60° de latitude nord, au point de jonction de la mer Baltique, du golfe de Bothnie et du golfe de Finlande. Là était une forteresse commencée par l'empereur Nicolas, quand il commandait le génie russe sous le règne d'Alexandre Ier, et continuée sous son règne pour tenir à la fois les trois mers et dominer jusqu'aux côtes de Suède.

Vues du sud-est, au sud de la passe entre Bomarsund et l'île de Presto, les fortifications se présentent sous la forme d'un réduit principal placé dans un triangle dont les sommets sont occupés par trois tours, l'une au nord, une autre à l'ouest, la troisième au nord-est, sur l'île de Presto, à six cents mètres environ de distance du réduit central. Tous ces ouvrages sont en granit très-solide, et les ingénieurs qui les ont construits semblent avoir présumé que ces excellents matériaux pourraient résister à l'artillerie. Il faut dire que leurs environs immédiats sont en rocher nu; mais quelques vallées habitées et fertiles pouvaient donner de la terre propre à former des retranchements et à couvrir des batteries : il fallait seulement s'assurer les moyens de l'apporter sur place; aussi les alliés, bien renseignés, donnèrent-ils leurs soins à cet objet. Quatre-vingt-quinze mille sacs à terre furent embarqués pour l'artillerie et le génie français.

Le corps expéditionnaire français, formé des deux brigades d'infanterie d'Hugues et Grézy, comprenait les 2e léger, 3e de ligne, 12e chasseurs et les 48e et 51e de ligne; l'artillerie, sous la direction du lieutenant-colonel de Rochebouët, comptait une batterie, la 4e du 1er, de deux cents hommes; une demi-batterie de parc avec quarante-six chevaux; elle servait quatre pièces de 12, six de 16, deux mortiers de 22, deux de 27. Le génie, commandé par le général Niel, emportait, avec une compagnie de sapeurs et seize chevaux, deux mille outils. Le 20 juillet 1854, ces forces furent embarquées à Calais, l'infanterie sur des vaisseaux anglais, les autres corps sur des navires français; le maréchal Baraguey d'Hilliers et son état-major, sur le yacht impérial *la Reine Hortense,* mis à sa disposition par l'Empereur. Les flottes, commandées par les amiraux Parseval Deschênes et E. Napier, attendaient au rendez-vous de Ledsund, au sud des îles d'Aland. L'armée expéditionnaire se rallia d'abord à Faro-Sund, dans l'île suédoise de Gothland : le maréchal en partit le 27 pour Stockholm, où il avait à remplir une mission diplomatique. Il arrivait, le 31, à Ledsund.

Le lendemain, l'aviso à vapeur anglais *le Lightning* reçut les chefs des deux flottes et des deux armées ; tenus à distance par les boulets russes, ils purent cependant faire une reconnaissance suffisante de la forteresse.

Le 6 août, la flottille française arrive à son tour, et, le 8, le débarquement s'opère, sans résistance, sur le rivage sud-ouest de la grande île d'Aland, à dix kilomètres environ de la forteresse : le même jour, la jonction se fait à deux kilomètres environ de Bomarsund, avec un corps de deux mille deux cents Français et huit cents Anglais débarqués au nord de l'île, sous le commandement du général Harry Jones, commandant le génie anglais. Les vapeurs de la flotte s'emploient activement à empêcher les secours d'arriver à la garnison à travers les nombreuses passes qui circulent par les archipels d'Aland et d'Abo; Abo, sur la rive finlandaise, contient de nombreuses troupes russes.

Les plans d'attaque s'achèvent tandis que les travailleurs remplissent les sacs à terre et font des fascinages dans une île voisine couverte de bois. On décide d'attaquer d'abord la tour de l'ouest, qui domine le réduit. Elle sera battue, à six cents mètres, par quatre pièces de 16 françaises et quatre mortiers, à quatre cents mètres par quatre pièces de 32 tirées des vaisseaux anglais.

Dans la nuit du 11 au 12, la batterie est tracée, et le travail se continue, le 12, sous le feu de l'ennemi. Deux tranchées sont établies, l'une pour la communication de la batterie de canons à celle de mortiers, l'autre pour le logement d'une garde de deux cent cinquante hommes.

Le 13, à quatre heures et demie du matin, le feu commence et désorganise peu à peu les murailles de la tour. A cinq heures, le commandant russe demande un armistice de deux heures pour communiquer avec le gouverneur. On lui accorde une heure, après laquelle le feu reprend. Le 14, à quatre heures du matin, la tour répond faiblement; des chasseurs à pied et des sapeurs du génie courent à une embrasure, y pénètrent et font prisonniers le commandant et trente-deux soldats qui lui restaient ; cent quarante se sont réfugiés dans le réduit.

Le feu des russes acheva la destruction de cette tour (ils la désignaient sous le nom de tour du Sud). Le 14, on démolit les travaux d'attaque pour reporter les matériaux à droite, contre le réduit, tandis que les Anglais se préparaient à attaquer la tour du nord. Celle-ci hisse pavillon blanc le 15 août, après avoir été battue, douze heures, par quatre canons anglais de 32 (quatorze kilogrammes cinq cent quinze grammes de France), à huit cent soixante-dix mètres de distance, à six kilogrammes de charge.

Le soir, l'amiral Parseval fait occuper l'île de Presto par l'infanterie de marine : le réduit, désormais sans appui, est entièrement investi.

Battu depuis la veille par le feu des vaisseaux et celui des mortiers et obusiers de terre, le réduit n'attend pas la mise en action de la batterie de brèche qu'on élève à trois cent cinquante mètres de distance : il arbore le pavillon blanc dans l'après-midi du 16, et le même soir la tour de Presto capitule également. Le général Bodisco se rend avec deux mille quatre cents hommes ; le sort des tours ne laissait pas de doute sur l'effet qui serait produit par la batterie de brèche si rapidement construite à petite portée. On trouva dans la place deux cent une pièces et trois mortiers. La perte par le feu de l'ennemi fut seulement de quatre-vingt-cinq tués ou blessés; mais, au terme du siége, le choléra s'abattit sur l'armée et y fit des centaines de victimes.

Les Russes se décidèrent à faire sauter les fortifications d'Houango, qui commandent, au nord, l'entrée du golfe de Finlande. D'autre part, les alliés détruisirent toutes celles de Bomarsund. Mais là se borna leur action dans la Baltique : quelques semaines les séparaient à peine du rude hiver de ces régions, que leurs flottes n'y pouvaient pas braver. Toutes les préoccupations, tous les efforts se reportèrent vers les établissements maritimes de la Russie dans la mer Noire, vers Constantinople et Sébastopol.

Revenons donc aux armées de la mer Noire.

On a essayé d'utiliser le séjour de l'armée à Varna pour dégager la Dobrutscha et le pays jusqu'au Danube : la Porte a autorisé le maréchal à choisir, parmi les bachi-bozouks, quatre mille hommes dont il confie au général Iusuf l'organisation et le commandement. Iusuf envahit la Dobrutscha, suivi par Espinasse, qui commande la division Canrobert en l'absence de son chef. Parti le 22 juillet de Varna, on est, le 27, à une marche de Kustendje ; ce jour-là, puis le 29, Iusuf engage ses hommes contre les Cosaques, qui se retirent sur Babadagh ; Espinasse projette une marche de nuit pour surprendre l'ennemi.

Mais, le 30 au matin, le bivouac est jonché de malades et de morts. Le choléra s'est abattu, terrible, sur les deux divisions. On recule devant cet autre ennemi, laissant sur sa route une traînée de morts : dès le 2 août, tous les chevaux disponibles sont chargés de malades ; il faut recourir, pour donner aux troupes les vivres apportés par le *Pluton*, aux chevaux des bachi-bozouks de Iusuf. Ceux-ci rendent avec dévouement ce service essentiel à l'armée ; mais, refusant de servir sous d'autres ordres que ceux du Sultan, ils désertent en masse et doivent être dissous à Varna.

Le général Canrobert avait rejoint sa division le 29 ; il la ramena à Varna, mettant à soigner ses soldats son dévouement habituel ; il retrouva à Varna les 2ᵉ et 3ᵉ divisions, moins gravement atteintes que la 1ʳᵉ.

« Voilà où nous en sommes, écrivait le maréchal; volonté d'agir, moyens préparés! et Dieu qui nous frappe dans notre orgueil en envoyant un fléau plus fort que la résistance humaine! »

L'armée n'en avait pas fini avec les accidents qui mettaient son courage à l'épreuve. Un immense incendie détruisit, le 10 août, un septième de la ville de Varna, deux grands magasins de l'armée anglaise et plusieurs petits dépôts français; les principaux dépôts de poudre ne furent préservés que par des prodiges de courage et d'habileté de la part des chefs, des soldats et des marins.

Le 19 août, malgré la saison tardive et les appréhensions des amiraux, on décida l'embarquement pour Sébastopol. Le 20, après avoir exposé les difficultés d'une campagne en Europe, le maréchal écrit : « L'inaction était-elle possible?... Ni l'honneur militaire ni l'intérêt politique ne la permettaient. » Et le ministre répond : « Je vous fais expédier tous les vapeurs que la marine, par un sublime effort, a pu réunir à Toulon; la France et l'Angleterre montreront la puissance de leurs moyens. »

Le maréchal de Saint-Arnaud, en proie à de cruelles souffrances, retrouve des forces pour suffire à son écrasante besogne. « Par une dernière grâce d'état, écrit-il, ma figure ne dit rien de mes souffrances... »

Le 25 août, l'ordre du jour annonce officiellement l'expédition de Crimée : c'est, dans le camp, « un tumulte de joie ». En même temps arrive la nouvelle de la prise de Bomarsund par l'expédition qu'a dirigée, dans la Baltique, le maréchal Baraguay d'Hilliers. Il y aura, entre les armées du nord et du sud, une émulation de gloire.

Le 28 parut l'ordre de l'amiral Hamelin qui réglait tous les détails de l'embarquement et du débarquement; des chalands ont été construits à Constantinople : la flotte turque est à la disposition des alliés.

Les Anglais agissaient toujours trop lentement au gré du maréchal : l'amiral Dundas n'arriva que le 4 septembre. Le 5, la 1re division est embarquée sur la flotte de guerre et huit vaisseaux turcs; les Anglais ne partent que le 7, et grâce, encore, aux vives instances de l'amiral Lyons auprès de son chef. Le rendez-vous général est à l'île des Serpents. Le 8, les deux convois, remorqués par les vapeurs, rejoignent la flotte : soixante mille hommes voguent ainsi, devancés par une nouvelle commission d'exploration, qui rejoint le 11 et fait fixer le lieu de débarquement à Oldfort, mi-chemin d'Eupatoria à l'Alma, dont la vallée couvre, au nord, Sébastopol. Entre cette vallée et celle de la Katcha sont établies des troupes russes au nombre de trente mille hommes environ. Eupatoria n'est pas défendue sérieusement et pourra servir aux alliés de lieu de ravitaillement et de refuge en cas de survents.

Le maréchal aurait préféré un débarquement de vive force à la Katcha, au plus près de Sébastopol. Il craint la marche de cinq lieues sans eau qu'il faudra faire d'Oldfort à l'Alma. On décide qu'une démonstration sera faite devant la Katcha par les frégates et corvettes portant la 4ᵉ division, pour distraire l'attention de l'ennemi.

Suivant le programme arrêté, un détachement est jeté le 13 septembre à Eupatoria, qui se rend sans résistance, et le débarquement commence le 14, à Oldfort, avec un ordre parfait. Des pavillons rouge, blanc, bleu signalent à terre l'emplacement des 1ʳᵉ, 2ᵉ et 3ᵉ divisions, et les embarcations portant les troupes des trois corps s'y rallient. A sept heures dix minutes, l'amiral a fait le signal de mouiller suivant l'ordre donné, et lui-même laisse tomber son ancre : quarante chalands, construits à Constantinople, pouvaient porter chacun deux pièces avec leurs servants, douze chevaux et dix-huit hommes. Ils embarquent l'artillerie française : les canons anglais sont établis sur des plates-formes construites sur canots jumelés. Tous les canots se chargent d'infanterie. Les chaloupes armées des vaisseaux à trois ponts et, derrière elles, le *Descartes,* le *Primauguet,* le *Caton* flanquent, à droite et à gauche, la plage de débarquement. A huit heures trente minutes, le général Canrobert prend terre : les guidons sont plantés.

A midi, les trois divisions sont disposées militairement en demi-cercle, la 1re divison appuyant au rivage du sud, les grand'gardes postées. Le maréchal débarque à deux heures, et parcourt la ligne au bruit des acclamations.

Les Russes n'avaient montré que des patrouilles, soit à Oldfort, soit à la Katcha : c'est sur la berge gauche de l'Alma que se tient l'armée russe. Le prince Mentschikoff avait jugé impossible de s'opposer à un débarquement sous le feu des vaisseaux.

La 4e division rallia à la nuit close, et, le vent ayant fraîchi le soir, le débarquement ne fut repris que le lendemain matin ; il se fit plus péniblement que la veille. Le camp, d'ailleurs, était assis sur un terrain à peu près nu, et n'avait que de l'eau saumâtre.

Le maréchal faisait remarquer que le 14 septembre était l'anniversaire de l'entrée des Français à Moscou, en 1812.

Il avait sous ses ordres directs 27,600 Français et 6,600 Turcs, et 72 pièces d'artillerie. Les Anglais, 27,000 hommes, 65 pièces. La cavalerie ne comptait que les 1,200 cavaliers de lord Lucan. Malheureusement, les bagages des Anglais, compliqués comme pour leurs guerres de l'Inde, ne permettaient pas les mouvements rapides; ils ne furent prêts que le 19.

Les soixante-dix spahis du lieutenant de Molène avaient surpris, à quelques kilomètres du camp, un fonctionnaire et un poste d'infanterie russe. Ces prisonniers, interrogés, évaluaient à cinquante ou soixante mille hommes le chiffre des troupes russes de la presqu'île. Les principales forces russes étaient, en effet, sur le Pruth et le Danube, faisant face à une agression de l'Autriche, probable surtout dans le cas où elles prendraient l'offensive sur le Danube.

Toutefois le prince Mentschikoff, devenu le général en chef de l'armée de Crimée, avait pleine confiance dans sa position au bord de l'Alma et répondait de repousser les alliés s'ils essayaient de franchir les bords abrupts de cette rivière. Il avait rangé ses troupes le long de la berge gauche de l'Alma : la rivière coule à travers une plaine marécageuse jusqu'aux villages de Taskanlar, Bourliouk, Almatamak, situés respectivement à deux mille cinq cents, quinze cents et cinq cents mètres de la mer. Entre les deux derniers, la berge gauche s'élève, abrupte, à partir de la rivière même. Bourliouk est à deux cents mètres du pied de cette falaise. Les Russes l'occupaient par une avant-garde. Taskanlar était couvert par des postes de Cosaques.

Sur la crête, le centre de la ligne russe était au télégraphe, vis-à-vis de Bourliouk ; la gauche à sept cents mètres de la mer, pour échapper aux feux de la flotte ; la droite couverte par des redoutes ; la réserve et la cavalerie à quelque distance en arrière.

Les alliés n'arrivèrent que le 19 au soir en présence des Russes. Cette fois encore, il avait fallu attendre les Anglais. On marcha en losange, la 1re division en tête ; à droite, Bosquet, s'appuyant à la mer ; à gauche, le prince Napoléon ; en arrière, la 4e division et les Turcs ; les bagages au centre. L'armée anglaise venait ensuite, appuyant également son flanc droit à la mer; elle ne rejoignit que dans la soirée l'armée française, déjà campée sur la crête qui sépare la Bulganak de l'Alma ; on était à cinq kilomètres environ de la position des Russes : quarante-deux bataillons, seize escadrons, quatre-vingt-quatre pièces défendaient cette position. L'armée alliée était supérieure en infanterie et en artillerie, inférieure en cavalerie.

A cinq heures, le maréchal réunit les généraux français et leur explique le plan de bataille qu'il a arrêté avec lord Raglan. Les Russes doivent être tournés des deux côtés : le long de la mer par Bosquet, à l'aile opposée par les Anglais, qui, en même temps, attaqueront de front cette aile. Le centre sera abordé par les 2º et 3º divisions françaises; les Turcs suivront Bosquet. La 4º division formera la réserve.

Malheureusement, l'arrivée tardive des Anglais au campement du 19 eut pour résultat de retarder encore leur mouvement, convenu pour six heures du matin. Le maréchal dut suspendre le mouvement de Bosquet, qui s'était mis en marche dès cinq heures et demie. Bosquet, arrêté au bord de l'Alma, en profita pour reconnaître les abords de la rive gauche. Ce retard confirma d'ailleurs Mentschikoff dans la pensée que cette attaque ne serait qu'une diversion et que la lutte aurait lieu au centre, où il se renforça.

L'Alma pouvait être franchie à gué à une certaine distance de la mer : à ce point répondait un ravin très-étroit et très-difficile que le général gravit, sous la protection de quelques pelotons de chasseurs d'Afrique. Le commandant Barral promit d'y faire passer ses deux batteries; des soldats d'infanterie audacieux et agiles pourraient les flanquer en grimpant des deux côtés du ravin, à l'aide des broussailles et des pointes de rocher. Bosquet résolut de diriger sur ce point la brigade d'Autemarre, formée du 3º zouave (colonel Tarbouriech), des turcos de Wimpfen, du 50º de ligne.

A droite, au delà d'une barre boueuse et impraticable qu'avait reconnue le *Roland,* une autre barre sablonneuse offrait un passage où les hommes pouvaient passer un à un avec de l'eau jusqu'à la ceinture : au delà, on trouvait un sentier plus étroit que le précédent et accessible seulement à l'infanterie; ce passage fut réservé à la brigade Bouat et aux Turcs.

A dix heures et demie, le colonel Trochu apporte enfin l'ordre de se mettre en marche :

bientôt la rivière est franchie, et, en quelques minutes, les zouaves apparaissent sur la crête, chassant une grand'garde de Cosaques. Bosquet s'élance à leur suite, puis l'artillerie de Barral. Ordre est donné aux conducteurs d'enlever leurs chevaux au galop; les servants courront près des pièces, piquant de leurs sabres, au besoin, les chevaux qui hésiteraient; le ravin est franchi et les batteries apparaissent sur le plateau, saluées par les acclamations des camarades. Chaque pièce ouvre son feu en arrivant, la batterie Fievet, à gauche, Robinet Marcy à droite, tournant le dos à la mer. Le 3⁣ bataillon de zouaves est couché en avant dans un pli de terrain. Le reste de la brigade est massé en arrière.

Les Russes accourent de la tour du télégraphe, qui marquait, sur la crête, le centre de leur position; trois batteries de huit pièces, que renforcent bientôt les deux batteries légères attachées à la cavalerie, font face aux douze pièces de Barral; mais ce duel de quarante pièces contre douze est moins inégal qu'il ne semble. Les pièces françaises sont du 12 allégé, dont les projectiles, plus puissants que les boulets de 8 et de 6 des Russes, peuvent lancer des obus ou des boulets à volonté; aucune pièce n'est mise hors de service, quoique le feu de l'ennemi ait brisé trente-deux roues et que l'artillerie française subisse de grosses pertes d'hommes.

Cependant la brigade Bouat arrive à la droite de d'Autemarre et chasse la cavalerie russe qui menaçait nos canons. Les batteries de la division Bouat gravissent à grand'peine le ravin qu'a dégradé le passage des batteries Barral.

Le maréchal a battu des mains à l'aspect des pantalons rouges apparaissant sur le plateau. « Ah! s'écrie-t-il, je reconnais mon brave Bosquet d'Afrique! » et il donne aux 1re et 3e divisions le signal de l'attaque.

Ici, au centre, l'abord du plateau sera disputé par l'ennemi, et le terrain n'est guère plus facile qu'à la droite, quoique la berge escarpée soit à deux cents mètres environ de la rivière. L'artillerie envoie sur cette berge une pluie de projectiles. Les gués sont reconnus en courant et les pentes escaladées avec une fougue que ne peuvent arrêter ni les tirailleurs russes, ni le feu de trois batteries qui se démasquent au moment de l'assaut; les 1er et 9e chasseurs, le 7e de ligne, le 1er zouaves couvrent les pentes à droite; à gauche, c'est la 3e division, brigade de Monet, les zouaves de Cler, l'infanterie de marine de Duchâteau qui traversent en courant le village de Bourliouk, incendié par les Russes. La 1re division a couronné la crête à sept cents mètres à droite du télégraphe ; l'artillerie qui avait combattu Bosquet revient appuyer les adversaires de Canrobert. L'artillerie de celui-ci n'a pu gravir la colline : il marche, prêt à se former en carré pour résister à la cavalerie, et fait demander une batterie à Bosquet ; la batterie Fievet accourt et couvre de feux le carré russe qui arrête Canrobert. Bientôt relevée par une batterie de la 1re division, qui a pu gravir le ravin déjà suivi par l'artillerie de Bosquet, elle rejoint sa division, qui manœuvre pour tourner la gauche de l'armée russe.

Cependant la 4e division est entrée en action : le maréchal la ramène de sa gauche à sa droite ; le général d'Aurelle appuiera Bosquet ; de Lourmel ira soutenir Canrobert.

Le 9e de ligne, colonel Beuret, monte droit au télégraphe : à grand'peine, la batterie Toussaint atteint à son tour le plateau, guidée par l'impétueux commandant de la Boussinière, et son feu fait plier l'artillerie russe. Cler s'élance sur le télégraphe même avec ses zouaves, qui y plantent leur aigle ; les porte-drapeau du 1er zouaves, du 99e de ligne sont tués sur le rempart même. Canrobert accourt et est renversé par un éclat d'obus; mais bientôt il reparaît, le bras en écharpe, salué par les cris de joie de sa division.

L'armée russe pivote autour de sa droite; sa gauche recule, suivie par la division Bosquet; à gauche de celle-ci, Canrobert; au télégraphe, la tête de la division Napoléon; les Turcs suivent la division Bosquet. Le maréchal, arrivé sur le plateau, s'inquiète de la résistance qui arrête les Anglais. Il dirige la 3e division le long des crêtes et ordonne aux deux premières de se porter à gauche; avant qu'on atteigne la droite des Russes, les Écossais apparaissent sur le plateau.

Partis trop tard du bivouac, ils ont renoncé à tourner les Russes, dont les séparaient d'ailleurs des marais qui arrêtent la cavalerie de lord Lucan; ils marcheront droit aux positions ennemies, sans essayer de manœuvrer pour diminuer leurs périls : le major Norcott, les gardes du général Bentinck attaquent de front deux redoutes dont les Russes leur disputent vigoureusement la possession; tournés par les Écossais de sir Colin Campbell, menacés par la batterie Toussaint, ils reculent enfin, et les Anglais, à leur tour, franchissent la crête. L'armée russe est décidément en retraite; mais nous n'avons point de cavalerie qui puisse changer cette retraite en déroute. L'ennemi est poursuivi par l'artillerie de Bosquet et les quatre batteries de la Boussinière, et cet officier prend, avec vingt canonniers à cheval, la voiture de Mentschikoff, où le maréchal trouva des papiers importants. A cinq heures et demie la bataille était terminée, et l'armée victorieuse établissait son campement sur le plateau même que les Russes avaient occupé le matin.

La victoire coûtait environ quatorze cents tués ou blessés à l'armée française, près de deux mille aux Anglais; les Russes en avaient perdu quatre mille six cents. Leurs blessés furent, avec ceux de l'armée alliée, expédiés sur Constantinople.

La cavalerie avait manqué pour suivre la retraite des Russes le jour de la bataille; l'armée elle-même, retardée encore par les Anglais, peu habitués à se mouvoir vite, laissa toute liberté de mouvement à l'ennemi, qui put se remettre en ordre et calculer ses résolutions. On ne se mit en route que le 23; on traversa la Katcha sans éprouver de résistance et l'on bivouaqua en vue de la mer, sur la berge du Belbeck, dont les ponts avaient été détruits.

Là, une nouvelle très-grave décida du plan ultérieur de la campagne : le *Roland* avait reconnu la baie de Sébastopol, coupure profonde de six mille huit cents mètres, dans la falaise qui borne à l'ouest la presqu'île de Crimée, et l'avait vue barrée par des navires de guerre reliés entre eux par des chaînes. Quand la flotte arriva, le 23, en vue de cette ligne formidable, appuyée aux forts Constantin et Alexandre, et qu'elle se promettait de forcer pour seconder l'armée lors de l'attaque de la place, elle entendit des détonations successives et vit, l'un après l'autre, disparaître dans la mer les navires de l'estacade. Les Russes sacrifiaient une partie de leur flotte; mais la passe était impraticable et le port à l'abri d'une attaque par mer. On apprit plus tard, comme nous le verrons, que sous l'impulsion d'un militaire éminent, le lieutenant-colonel Todleben, commandant du génie de la place, le personnel et une partie du matériel de ces navires s'ajoutaient aux défenses des remparts. Dix navires à vapeur et treize à voiles restaient à flot dans la rade et devaient de tous leurs moyens seconder la défense.

Que résoudre? On connaissait mal la place de Sébastopol : on la supposait bien armée et en état complet de défense. Or on n'attaque pas habituellement une place avec de l'artillerie de campagne, surtout quand cette place peut être défendue par une armée. Fallait-il s'établir au nord de Sébastopol, y attendre les convois qui apporteraient l'équipage de siége et les approvisionnements de toute nature, en se servant des ports très-médiocres qu'on avait reconnus jusque-là, et s'exposant, par suite, à voir les communications avec la mer interrompues par tous les mauvais temps? Fallait-il attendre derrière une ligne de contrevallation l'effort de l'Empire russe, qui allait certainement diriger toutes ses troupes disponibles sur la Crimée?

On décida de tourner la place par l'est et d'aller s'établir au sud, dans la presqu'ile de Chersonèse : là on trouverait de bons ports, ceux de Kamiesch et de Balaklava, qu'on améliorerait au besoin. L'armée serait appuyée à la mer, sa véritable base d'opérations. Elle n'investirait pas la place, il est vrai, et lui laisserait libres ses communications avec le nord ; mais c'était là un désavantage inévitable : il faudrait tripler l'armée pour pouvoir compléter l'investissement et conserver, en dehors des lignes, une force respectable d'observation.

On partit le 25 septembre, les Anglais en tête, puis les 4e, 1re et 3e divisions, Bosquet et les

Turcs formant l'arrière-garde. Le terrain était très-boisé, très-accidenté, et l'on ne pouvait guère se servir pour les voitures que de la route d'Inkerman; l'infanterie dut souvent s'ouvrir un passage par les bois.

Le défilé des arabas attelés de bœufs et de buffles qui portaient les énormes bagages de l'armée anglaise dura jusqu'à midi; on ne parcourut que dix-huit ou vingt kilomètres. Vers six heures du soir, le général lord Raglan déboucha à la ferme Mackensie, c'est-à-dire à peu près au point où l'on cessait de marcher à l'est pour se diriger au sud, sur le flanc et les derrières d'une division russe en marche sur Backchi-Seraï; la cavalerie anglaise lui enleva quelques hommes et quelques bagages. C'était l'arrière-garde de Mentschikoff, qui s'éloignait de Sébastopol, après avoir constitué à la place une forte garnison de seize mille hommes, qui comptait, en outre, sur les équipages des navires.

Le camp du 26, sur les hauteurs de la rive droite de la Tchernaïa, qui se jette au fond de la rade et séparait les alliés de la presqu'île de Chersonèse, fut formé tard et péniblement. Le 27, les deux armées franchirent la Tchernaïa et s'établirent au sud de la place. Balaklava se rendit après quelques coups de canon, et l'on y reçut immédiatement cinq navires chargés de vivres et remorqués par le *Napoléon* et le *Charlemagne*. La place fut reconnue par les généraux Bizot-Brice et Thiry, commandants du génie et de l'artillerie françaises; le 29, les 3ᵉ et 4ᵉ divisions établirent leur camp face à la place, entre les baies de Streleska et de Kamiesch, au sud-ouest de ce *plateau de Chersonèse;* venaient ensuite les Anglais à Balaklava, Bosquet et les Turcs les couvrant vers la Tchernaïa.

Le maréchal de Saint-Arnaud ne commandait plus l'armée française. Dès le 12 septembre, il avait, de son lit de douleur sur la *Ville de Paris,* écrit au ministre : « J'espère que je pourrai conduire jusqu'à Sébastopol l'armée avec laquelle je descendrai demain sur la côte de Crimée; mais ce sera là, je le sens, un suprême effort, et je vous prie de demander à l'Empereur de me désigner un successeur. »

Le général Canrobert, prévenu des préoccupations du maréchal, était venu le trouver et lui communiquer une lettre close qui lui attribuait le commandement si le maréchal ne pouvait plus l'exercer. Le maréchal le remercia avec effusion du repos d'esprit qu'il devait à cette communication.

Le jour de la bataille, il parut avoir recouvré ses forces : mais dans ce corps affaibli, le choléra se déclara le 25 et épuisa ce qui lui restait de vie. Le 26, à cinq heures, le maréchal remit le commandement de l'armée au général Canrobert. « En le déposant dans vos mains, lui dit-il, j'ai moins regret de le quitter », et il dicta un ordre du jour qui, dans les termes les plus dignes et les plus touchants, annonçait à l'armée que sa santé à jamais détruite lui faisait un devoir de résigner ses fonctions.

Les lords Raglan et Lyons le visitèrent à Balaklava le 28. Le général Bosquet, avec lequel il avait eu de fréquents dissentiments, vint aussi lui faire ses adieux. « Ne voyez en moi, disait-il, que le soldat cruellement attristé des souffrances de son chef ! » Les matelots du *Berthollet* le portèrent au navire, escorté par les zouaves et salué avec un triste respect par les deux armées : il expira le 29 septembre, à cinq heures, couronnant par une mort admirable une existence qui n'avait pas toujours été exempte de reproches.

Voilà donc l'armée alliée établie sur ce plateau de Chersonèse, triangle de quinze kilomètres de côté environ, limité au nord par la ligne des défenses de la place, allant, parallèlement à la rade, de la batterie de côte n° 10 au mont Sapoune. Entre cette ligne et la rade sont, en partant de la mer à l'ouest, la batterie n° 10, puis le faubourg de la Quarantaine et le cimetière ; puis Sébastopol, entre le ravin de la Ville et la baie du Sud, vaste coupure dans la berge sud de la grande rade, que prolonge un ravin (Sarandinaki) dont la triple ramification découpe, jusqu'à huit kilomètres de la rade environ, la presqu'île en deux parties à peu près égales ; puis le faubourg de Karabelnaïa, en tête duquel est la tour Malakoff, et dont les bastions ont pour fossé le ravin des Docks. Entre le faubourg et le mont Sapoune, le terrain, très-découpé d'ailleurs, n'a pas de fortifications, mais est sous le feu des forts du nord, et surtout des vaisseaux qui occupent le fond de la grande rade. Celle-ci, à six mille huit cents mètres de la mer, reçoit à son extrémité orientale la rivière de la Tchernaïa. En remontant la vallée, on trouve d'abord les rochers abrupts d'Inkerman sur la rive droite, et du mont Sapoune sur la rive gauche. A quinze cents mètres de l'embouchure, la vallée s'élargit et se continue, parallèlement au côté sud-ouest-nord-est de la presqu'île, jusqu'au voisinage des rivages sud de la Crimée.

Le mont Sapoune court nord-sud, s'éloignant ainsi de la Tchernaïa et formant avec elle un angle que barre, à mi-distance de la mer, la petite chaîne des monts Fedjoukine ; il constitue le second côté du triangle ; il a de cent soixante à deux cent soixante mètres de hauteur.

Enfin, le troisième côté est formé par la mer. Le côté nord de la grande rade s'arrête à six mille huit cents mètres du fond ; mais le côté sud (l'ouvert de la rade est de neuf cents mètres environ) se prolonge en un arc de cercle de grand rayon, d'une longueur de six mille mètres environ à partir du fort Alexandre, qui, à l'entrée de la grande rade, croise ses feux avec le fort Constantin, assis à la pointe nord.

Il présente plusieurs coupures moins profondes que la baie du Sud, mais pouvant offrir un abri aux vaisseaux ; c'est, premièrement, la baie de la Quarantaine, dont la pointe orientale est occupée par la batterie n° 10 ; puis la baie Streletskaïa, que le canon russe ne menace déjà que de loin ; enfin, la baie de Kamiesch, hors de la portée des Russes, et qui offrira à l'armée et à la flotte françaises un bon port d'approvisionnement et de refuge.

Malheureusement, le troisième côté, entre le cap Chersonèse et le cap Parthénon (auquel aboutissent les monts Sapoune), est formé par une falaise abrupte que ne coupe aucune vallée, que ne creuse aucune rade. Il faut dépasser le cap Parthénon, c'est-à-dire sortir du champ clos où l'armée alliée s'est enfermée, pour trouver un second port, celui de Balaklava. Là, on n'est plus dans la forteresse de Chersonèse. Une baie étroite, à grand fond, se continue par un étroit ravin dont un épanouissement donne place à la petite ville de Balaklava et qui remonte en s'élargissant jusqu'aux monts Fedjoukine, qui le séparent de la vallée de la Tchernaïa : là sera le port de ravitaillement des Anglais ; mais c'est le point vulnérable de la position. Les monts Fedjoukine sont à six kilomètres environ de Balaklava ; la Tchernaïa, en ce point, s'est déjà écartée de huit kilomètres environ de la berge escarpée du mont Sapoune. Le canal qui, en temps de paix, approvisionne Sébastopol de bonne eau, longe, à l'est, la base des Fedjoukine : la vallée, accidentée, n'est pas impraticable dans cette partie.

Sur la crête du mont Sapoune s'établit le corps d'observation, confié au général Bosquet : quatre redoutes de campagne, dont la défense fut confiée aux Turcs, défendaient, sur autant de points saillants d'une chaîne secondaire, parallèle aux Fedjoukine, l'entrée de la vallée ; elles étaient armées de onze pièces d'artillerie ; la cavalerie anglaise campait en arrière, au pied du mont Sapoune ; la route de Mackensie à Balaklava, après avoir traversé la Tchernaïa au pont de Traktir, passait entre les hauteurs de l'est et du centre des Fedjoukine : c'est là que l'armée de secours se présenterait deux fois pendant le siége pour lutter avec la droite des alliés.

L'armée anglaise s'établit, la droite au Sapoune, en face de Karabelnaïa et du bastion 4, au centre de la place, à cheval sur le ravin des Docks. Les 3e et 4e divisions françaises, la gauche à la mer, la droite au ravin Sarandinaki, vis-à-vis de la place et de la Quarantaine.

Cependant le siége se préparait ; l'armée alliée se partageait les attaques, les Français à l'ouest, vis-à-vis des bastions 4 à 6, les Anglais à l'est, vis-à-vis des bastions 4 à 1 et de la tour Malakoff, qui couvrent le faubourg Karabelnaïa. Le 9 octobre, après une sortie repoussée des assiégés, seize cents travailleurs ouvrirent la tranchée à l'attaque française, à trois cents mètres de la place. Les travaux se continuèrent, à dater de ce jour, continuellement inquiétés par une artillerie tirant très-activement et des sorties qui furent toujours repoussées. La 4ᵉ division organisa une, puis deux compagnies de francs-tireurs qui se portaient en avant de la parallèle dans des trous isolés et formaient de vigilantes grand'gardes.

Le 16 octobre, six batteries, dont une servie par les marins (à l'extrême gauche), étaient armées du côté des Français, sur le mont Rodolphe, malheureusement resserré entre les ravins de la Ville et de la Quarantaine, sur un front moins étendu que celui des batteries opposées; les Anglais étaient prêts; on résolut d'ouvrir le feu et de le faire soutenir par les flottes, attaquant, les Français les forts du sud, les Anglais ceux du nord.

Le 17, à six heures et demie, trois bombes sont lancées des lignes françaises, quarante-trois canons ou obusiers et dix mortiers éclatent à la fois; la 5ᵉ batterie a trois faces armées de quatre obusiers de 22, de six canons de 24 et deux de 16; exposée de trois côtés à un feu terrible, elle souffre tellement qu'elle est obligée de cesser son tir; le magasin à poudre de la 4ᵉ saute en blessant presque tous les canonniers qui servent cette batterie; une caisse à gargousses éclate dans la 1ʳᵉ; à dix heures et demie, le général Thiry fait cesser le feu ; on est obligé de reconnaître que les travaux multipliés sous l'active et habile impulsion du lieutenant-colonel Todleben, commandant du génie de la place, ont opposé à l'artillerie alliée une artillerie plus forte et mieux placée. Les canons de la flotte russe garnissent les remparts : ils sont nombreux, bien servis, et de puissants calibres. Il en reste, d'ailleurs, dans les forts qui vont combattre les vaisseaux, quatre cent quatre-vingts ; trois cent cinquante dans les batteries de la Quarantaine et de l'Artillerie, et la double batterie du fort Alexandre, qu'attaquera l'amiral Hamelin ; cent trente aux batteries du fort Constantin, du Télégraphe et de la tour Maximilienne Wolokhow, en face des Anglais.

Le vent était nul, et les vaisseaux de guerre, remorqués par les vapeurs, ne purent arriver à portée qu'à midi et demi, quand les batteries de terre françaises avaient renoncé à la lutte. Ils tirèrent jusqu'à la nuit. Peut-être fut-ce une faute de les faire donner tous à la fois, au lieu de les partager en deux escadres agissant successivement et plus libres de leurs mouvements. En réalité, bien que les deux flottes présentassent douze cent quarante-quatre pièces en bordée, tandis qu'elles n'en avaient en face d'elles que cent cinquante-deux seulement, dont quarante-sept casematées, la lutte à coups de canon est si désavantageuse pour des navires en bois, que les pertes en hommes et les avaries subies par les alliés furent beaucoup plus fortes que celles des Russes. Sur terre et sur mer, on s'était montré intrépides; mais on n'avait pas réussi. Les forts russes étaient à peine endommagés. La *Ville de Paris* avait reçu cinquante boulets dans sa muraille, dont trois au-dessous de la flottaison; sa dunette avait été presque détruite par une bombe; trois boulets rouges y avaient allumé des incendies, aussitôt éteints : en réalité, l'avantage de la journée restait aux Russes et à l'habile Todleben, quoique le feu continuât encore du côté des Anglais, qui avaient écrasé le bastion n° 3 et tué l'amiral Kornilof, un des héros de la défense !

Les Russes, à l'arrivée des alliés, avaient cru à un assaut immédiat, d'abord au nord, puis au sud; à leurs yeux, le succès de ces assauts n'eût pas été douteux. Malgré l'activité du lieutenant-colonel Todleben et la confiance qu'il avait conquise immédiatement de la part des chefs et de la garnison de Sébastopol, les travaux, poussés vigoureusement depuis le 14 septembre, n'avaient pas comblé les lacunes des fortifications et complété leurs défenses; aussi l'ouverture de la tranchée par les assiégeants fut-elle, dans la place, accueillie avec joie. Du moment que les alliés préparaient un siége régulier, on pouvait prétendre à leur opposer une artillerie au moins égale à la leur, grâce au concours de la marine, au zèle de tous et à la disposition des lieux : en effet, de la batterie 10 à la baie du Carénage, les Russes pouvaient établir, vis-à-vis des tranchées et des batteries françaises et anglaises, des travaux de contre-approche et des batteries sur un terrain plus égal et protégées par des fortifications permanentes dans leurs parties principales. Ainsi, du 20 septembre au 17 octobre, le nombre de leurs pièces d'artillerie avait passé de cent soixante-douze à trois cent quatorze du plus fort calibre. Ce n'était, pour ainsi dire, plus un siége, mais un duel avec des avantages divers pour les deux adversaires : la Russie entière était derrière les défenseurs de Sébastopol; la mer et les flottes qui la dominaient, derrière les alliés.

Peut-être, toutefois, ces derniers ne durent-ils pas regretter d'avoir obéi, dans cette circonstance, à des principes d'école qui, en réalité, s'y appliquaient assez mal. S'ils eussent, dès l'abord, emporté Sébastopol, comme cela paraissait très-possible aux officiers russes, une invasion de la Russie se fût imposée à leur armée; or, si l'on pouvait faire beaucoup de mal à l'ennemi au Caucase, à Odessa, à Kherson, il fallait, pour le réduire, pousser vers les frontières de Pologne, ou reprendre, dans un autre sens, l'invasion de 1812. Il y avait là d'énormes sacrifices à faire et de redoutables chances à courir. Chaque pas en avant eût accru les forces de la Russie et les difficultés des assaillants. La guerre, au contraire, réduite à un duel sur les falaises de Crimée, laissait aux alliés tous les avantages de la lutte. Maîtres de la mer, riches en argent, en hommes, en matériel, ils pouvaient indéfiniment, pour ainsi dire, accroître leurs forces sur l'étroit champ de bataille où se concentrait toute la lutte. La Russie, au contraire, quoiqu'elle fût chez elle, ne pouvait envoyer des hommes et des approvisionnements à cette extrémité de son empire qu'au prix de fatigues, de dépenses énormes, de pertes de temps considérables. Ses renforts durent se diriger exclusivement par l'étroite et marécageuse passe de Perékop, qui leur resta seule ouverte, lorsque les alliés se furent emparés de Kertch et d'Iénikalé.

Le combat d'artillerie du 17 octobre faisait

comprendre, à Londres comme à Paris, que les moyens dont disposait l'armée alliée étaient absolument insuffisants pour dompter la résistance que Sébastopol pouvait lui opposer. On se prépara à augmenter, dans de grandes proportions, le matériel et les troupes.

La nécessité de ces renforts se fit impérieusement sentir quand l'armée de secours, remise du coup de massue de l'Alma, entra en scène à son tour.

Dès le 18, les Français s'étaient remis au travail, réparant les batteries endommagées, en construisant de nouvelles à la droite des premières, sur le plateau qui fait face au bastion 4, déjà battu par les Anglais : la deuxième parallèle, ouverte dans la nuit du 21 au 22 octobre, rapprochait de ce bastion le point de départ d'un assaut. Le prince Mentschikoff jugea le moment venu d'agir avec l'armée de secours.

Le 25 octobre, il fit attaquer, par le général Liprandi, la position de Balaklava. Les quatre redoutes turques qui la couvraient du côté de la Tchernaïa furent enlevées. Les Turcs avaient perdu cent soixante-douze hommes ; ils se retirèrent derrière le 93º highlanders, la seule infanterie qui occupât la plaine entre Balaklava et les Fedjoukine, abandonnant les redoutes et les onze pièces de canon qui les garnissaient.

L'artillerie russe canonna l'infanterie écossaise, tandis qu'une nombreuse cavalerie se disposait à poursuivre le succès du matin. Mais déjà les canons du mont Sapoune prenaient part à la lutte ; les brigades de la division Lucan, le général Scarlett à droite, à gauche la brigade légère de lord Cardigan, se rangeaient le dos au Sapoune, la droite vers la gorge de Balaklava ; les chasseurs d'Afrique descendirent ensuite à la gauche des Anglais, et la division Vinoy barrait l'entrée de l'étroite vallée, tandis que la garnison de Balaklava s'établissait derrière lui.

Le général Liprandi avait fait détruire la redoute la plus rapprochée du Sapoune et occuper les autres par l'infanterie et l'artillerie, la cavalerie sur le versant nord. Il ordonna au général Rijow de tâcher de détruire le parc d'artillerie placé près de Kadikoï ; mais les Turcs n'étaient plus seuls devant les cavaliers russes. Les Écossais de sir C. Campbell se levèrent derrière la crête qui les abritait, et leur feu juste et calme repoussa deux fois la charge de six escadrons de hussards et trois sotnias de Cosaques. A la droite des Russes, huit escadrons de hussards et six cents

Cosaques chargeaient entre les Écossais et le mont Sapoune, vers le camp de la brigade de lord Cardigan. Les dragons de la brigade Scarlett avaient traversé ce camp et s'alignaient en face des Russes. Au signal de leurs officiers, les deux cavaleries se précipitèrent l'une sur l'autre, et la mêlée s'engagea avec une vigueur extrême; deux escadrons anglais de réserve décidèrent le succès en chargeant les deux ailes russes. Français et Anglais applaudirent au succès des cavaliers de Scarlett.

Cependant l'infanterie et l'artillerie des Russes se maintenaient sur la ligne des redoutes et y avaient recueilli leurs cavaliers. A ce moment, lord Raglan crut les voir se retirer en emmenant les canons pris sur les Turcs; il ne put supporter l'idée de leur laisser ces trophées, et envoya à lord Lucan l'ordre de lancer la brigade légère pour tâcher de les arracher à l'ennemi en retraite. Cet ordre fut accentué par le capitaine Nolan, l'aide de camp chargé de le porter, et fut reporté à lord Lucan comme absolument péremptoire.

Lord Cardigan exécuta avec une fougue héroïque cette attaque de toute une armée par quelques centaines de cavaliers. Il avait rangé en première ligne deux escadrons de dragons et deux de lanciers; en deuxième ligne, deux de dragons et deux de hussards. Il tourna la première colline, traversa sous la mitraille de vingt-deux pièces deux lignes d'infanterie et d'artillerie, en sabrant les canonniers cosaques d'une batterie de huit pièces. Son escadron de hussards de réserve culbute la cavalerie cosaque qui l'attaque par derrière. Arrêté enfin par les rangs épais de l'infanterie, chargé de tous côtés par les lanciers russes, il ramena sa brigade réduite à moitié. « C'est magnifique! s'écriait le général Bosquet, mais ce n'est pas la guerre! » Ce dernier donna d'ailleurs à la retraite des Anglais le seul secours qu'on pût leur porter. Les chasseurs d'Afrique de d'Allonville gravirent impétueusement le plus rapproché des monticules occupés et en chassèrent les fantassins et les canons russes dont les feux menaçaient les derniers pas de Cardigan, que protégèrent les chasseurs du 1er régiment déployés en tirailleurs.

Il ne convenait pas aux généraux alliés de descendre dans la plaine et d'y engager le gros de leurs forces : non-seulement ils auraient compromis le succès du siége, mais une victoire même ne pouvait être utilement poursuivie. On laissa les Russes en possession des redoutes et des monts Fedjoukine. Ils avaient pris, en outre, un drapeau turc, onze canons, tout le matériel et les outils des Turcs. Les pertes, de cinq à six cents hommes, étaient à peu près égales des deux parts.

A tout prendre, l'avantage restait aux Russes, et le courage des défenseurs de Sébastopol en fut exalté. Les alliés, de leur côté, bien que renonçant à réoccuper des positions qu'ils jugeaient trop avancées, redoublaient d'efforts pour conquérir sur leurs adversaires une supériorité incontestée.

Le bastion 4 (bastion du Mât) était alors, pour les Français comme pour les Anglais, l'objectif principal : à demi détruit par l'artillerie, il semblait une proie promise à un assaut prochain, et les Russes s'appliquèrent surtout à disposer des défenses en arrière; leur armée active, d'ailleurs, s'était accrue, dans les premiers jours de novembre, des Xe et XIe divisions d'infanterie. En ne comprenant pas les équipages de la flotte, elle comptait, en dehors et en dedans de la place, environ 100,000 hommes, tandis que les forces alliées s'élevaient à 71,000 seulement, dont 42,000 Français et 24,530 Anglais. Le gouvernement de Saint-Pétersbourg prescrivit un grand effort avant que la proportion des forces vînt à changer. Deux des jeunes grands-ducs, les princes Michel et Nicolas, arrivaient en Crimée.

Des deux parts, on se préparait à un choc décisif. Sur quel point se porterait l'effort des Russes, auxquels revenait l'offensive? Des trois grandes divisions de l'armée alliée : corps de siége français, 18,688 hommes entre Kamiesch et le grand ravin; corps de siége anglais, 16,447 hommes entre le même ravin (la baie du Sud) et les crêtes du mont Sapoune; corps d'observation, 26,791 hommes, en arrière des Anglais, les reliant à la garnison de Balaklava (les 1,912 hommes de sir Colin Campbell), et couvert, le long du mont Sapoune, par de nouveaux ouvrages élevés et armés depuis le combat du 25 octobre, lequel recevrait le premier choc? Avec son très-juste coup d'œil militaire, le général Bosquet affirmait que le danger menaçait, au centre, le corps de siége anglais. C'est là que les Russes pouvaient le mieux faire concourir les efforts de la garnison et de l'armée de secours. Mais les Anglais croyaient peu à la possibilité d'une attaque sur ce point. La partie orientale du plateau de Chersonèse, qu'ils occupaient au plus près de la place, est limitée à l'ouest par le ravin

Sarandinaki et la baie du Sud, au nord par la rade, à l'est par les crêtes du mont Sapoune, abruptes du côté de la Tchernaïa. De tous côtés l'abord est difficile. Du côté de la place, le ravin du Carénage, qui part du pied du bastion n° 1, ouvre, jusqu'à trois kilomètres de la rade, un sillon qui monte, entre des berges escarpées, vers le milieu de la position anglaise. Quant aux attaques qui viendraient directement de la ferme Mackensie et des hauteurs d'Inkermann, occupées par l'armée russe, elles ne pouvaient traverser qu'au plus près de la rade la Tchernaïa, resserrée au-dessus de ce point entre des berges escarpées. A la sortie du pont d'Inkermann, jeté sur les marais de l'embouchure, on trouve deux routes : l'une, la route des Sapeurs, longeant la rade et conduisant à la baie du Carénage et à la place ; l'autre, la route Woronzow, tournant à gauche entre la place et les Anglais, et menant, par une rude montée, jusqu'au ravin du Laboratoire, le plus oriental de ceux qui aboutissent à la baie du Sud. Enfin, les accès directs du camp anglais par les pentes du Sapoune sont tout à fait inaccessibles à l'artillerie. L'infanterie pouvait y arriver par trois ravins en partant du gué de la Tchernaïa, à deux kilomètres en amont du pont de l'embouchure.

Dans le plan du général Mentschikoff, la principale attaque dut avoir lieu par les troupes de la place, auxquelles la XI° division se joindrait en traversant le pont d'Inkermann. Le général Dannenberg commanderait le tout (trente-cinq mille hommes, cent trente-quatre pièces) et attaquerait par le ravin du Carénage.

Le général Gortschakoff attaquerait par les ravins du Sapoune; les dragons tâcheraient de les gravir. Trois mille huit cent cinquante-deux hommes observeraient Balaklava.

La place couvrirait de ses feux la droite des assaillants et les vapeurs *Vladimir* et *Chersonèse*, embossés au fond de la rade, battraient les parties élevées du rivage de la rade et les ravins qui s'y ouvraient. Enfin, une vigoureuse attaque, dirigée contre le corps de siége français, l'empêcherait de se porter au combat principal.

Il paraît certain que l'ordre donné au général Soïmonow de remonter « la gauche » du ravin du Carénage fut mal compris. Au lieu de remonter la berge *gauche* du ravin, ce général se porta à sa *gauche*, c'est-à-dire sur la berge droite, et accumula ainsi les troupes qu'il amenait avec celles qui venaient de Mackensie. Les Anglais ne furent attaqués qu'en front et sur leur droite;

l'attaque voulue sur leur gauche n'eut pas lieu.

L'exécution du plan d'attaque fut favorisée, le 5 novembre, par un brouillard épais. Engourdis par un vent glacial, les avant-postes anglais ne donnèrent pas l'alarme. Le bruit lointain des troupes en mouvement passa pour celui d'arabas d'approvisionnement. Le signal des cloches de la ville fut pris pour la sonnerie habituelle du dimanche.

Cependant, à cinq heures, le général Soïmonow a traversé le ravin du Carénage et s'élève jusqu'au plateau de la berge droite ; à six heures, sa division est rangée en bataille, le dos au ravin, et vingt-deux pièces sont en batterie en avant de ses rangs ; le piquet de la division légère, général Brown, est cerné et pris ; quelques coups de fusil retentissent et une alerte générale éveille le camp anglais. Le général Brown, averti par le général Codrington, qui rentrait d'une visite d'avant-postes, fait prendre les armes et se porte vers l'amont du ravin du Carénage. Le général Pennefather, remplaçant sir Lacy Evans malade, se place à la droite de Brown avec ses douze pièces. Sa droite est à la batterie Lancaster, la brigade Buller derrière lui ; le reste de l'armée anglaise accourt, laissant aux tranchées, non attaquées par suite de l'erreur du général Soïmonow, Airey, Torrens et les tirailleurs.

Cependant une charge vigoureuse des Russes arrive, au centre, à la batterie n° 2, dont les deux pièces sont enclouées. A ce moment, la division Paulow, qui vient de Mackensie par le pont de l'embouchure, apparaît sur le plateau : deux bataillons ont gravi le ravin des Carrières et donnent dans le flanc droit de la brigade Adams, qui est forcée de reculer, abandonne l'ouvrage n° 1, le reprend, en est repoussée de nouveau, mais est secourue par la brigade Bentinck, qui accourt avec une batterie de six pièces.

La situation est terrible : à gauche, le camp de la deuxième division (Pennefather) est envahi par les Russes; Codrington, abordé par deux bataillons d'Ekaterinebourg, perd quatre de ses pièces, mais, reprenant vigoureusement l'offensive, rejette les assaillants dans le ravin du Carénage. Pennefather recule, mais en faisant un feu meurtrier; le général Soïmonow est tué.

Les chasseurs de sa division (X^e) se reforment dans le ravin, sous la protection de la division Jabobritzki et de ses trente-huit pièces. Mais Pennefather et Buller peuvent secourir, à la droite, Bentinck et Adams épuisé. La XVII⁰ division russe est culbutée dans le ravin des Carrières et le descend jusqu'à la vallée.

Il est huit heures du matin; les Anglais se sont maintenus sans accepter l'aide que Bosquet leur a fait offrir. Les gardes Coldstream ont réoccupé la batterie n° 1. Trente canons couvrent leur front et répondent aux trente-huit canons russes du mont des Cosaques; le combat corps à corps a cessé; un espace de huit cent mètres sépare les deux adversaires. Les divisions England et Cathcart, la première à gauche et la deuxième à droite, arrivent en seconde ligne. England et Cathcart amènent sept mille cinq cents hommes de renfort aux sept mille qui ont soutenu le premier choc. Les trois faibles ouvrages qui défendaient leur front sont réoccupés, ainsi que la tranchée qui traverse la route Woronzow, entre les redoutes 1 et 2. Les X⁰ et XVII⁰ divisions russes ont fait des pertes énormes.

Mais Dannenberg a donné seul jusqu'ici, avec les troupes de la garnison et la division Paulow, trente-cinq mille hommes et cent trente-quatre pièces. Il a pu s'élever jusqu'à l'étroit plateau de cent trente à huit cent mètres de largeur dont les Anglais occupent la partie supérieure.

Il est huit heures. Par le ravin Saint-Georges arrive la XIe division russe, dans le flanc droit des Anglais, et le combat reprend avec une nouvelle intensité.

Les gardes sont repoussés de l'ouvrage n° 1 avec perte du tiers de leur effectif. Puis, soutenus par les brigades Torrens et Goldie, de la division Cathcart, ils reprennent la redoute et s'y maintiennent avec une héroïque ténacité. Près d'eux, Goldie soutient l'attaque de deux nouveaux régiments russes; il est repoussé, et l'ennemi reste maître du terrain à la droite des Anglais. Cathcart et la brigade Torrens se jettent, pour le tourner, dans un pli de terrain au-dessous de l'ouvrage n° 1 ; mais l'ennemi est devant eux et sur leurs flancs. Il faut reculer, et la brigade doit ouvrir de vive force un passage à sa retraite. Elle a laissé en arrière le corps de son intrépide général. Les Anglais se rallient entre la tête du ravin du Carénage et la batterie n° 2, qu'ils ont réarmée de deux pièces de 18 ; lord Raglan se résigne à appeler le général Bosquet à l'aide de ses soldats épuisés par ces deux combats contre des forces doubles des siennes.

Bosquet avait tout disposé d'avance pour secourir les alliés. Bourbaki accourt le premier avec un bataillon du 6ᵉ léger et un bataillon du 7ᵉ de ligne. Son premier élan a refoulé les Russes; mais un feu terrible le repousse à son tour; il va être écrasé avec les Anglais qu'il a joints.

Mais à ce moment, un peu après dix heures, arrivent au pas de course les zouaves et les turcos de Wimpfen, précédés des quatre batteries de la Boussinière, accompagnés par une des batteries de Barral. A travers les broussailles, ces impétueux soldats se précipitent, se jettent sur le régiment Selinghisk, auquel s'était heurtée la division Cathcart. Les Russes, harassés et à bout de munitions, sont rejetés et poursuivis dans le ravin qu'il ont gravi.

C'en est fait. La ligne entière des Russes recule, suivie à trois cents mètres par les canons français qui les déciment, mais protégés par leur nombreuse artillerie, et notamment par l'artillerie de leurs vaisseaux, qui furent forcés, cependant, de descendre la rade jusqu'au ravin du Carénage. Todleben en personne soutient la retraite sur la route des Sapeurs et ne ramène les dernières troupes dans la place qu'à huit heures et demie du soir.

La diversion dessinée contre Balaklava et la

droite de Bosquet s'est bornée à une canonnade échangée des deux côtés de la Tchernaïa. Celle de Timoféïef sur le corps de siége de Forey fut plus sérieuse.

Débouchant de la porte ouverte dans le mur crénelé au nord du bastion n° 6, Timoféïef a marché entre le cimetière et la baie de la Quarantaine, refoulant les avant-postes français et envahissant, sur le mont Rodolphe, les batteries 1 et 2, dont il encloue les pièces; mais, tandis que le capitaine Duprey des Iles ramène ses canonniers au combat, la brigade de Lourmel se jette sur les Russes, que d'Aurelle tourne par leur droite. La division Napoléon, sauf la brigade de Monet, appelée à la bataille qui se donne à la droite, se porte contre les Russes, qui reculent jusqu'à la place, poursuivis par de Lourmel; celui-ci paye de sa vie l'ardeur qui l'a porté jusqu'au bord du fossé de la courtine 5-6. Le colonel Niol ramène la brigade. A onze heures et demie tout est fini de ce côté.

La bataille d'Inkermann coûtait aux alliés 11 généraux, 263 officiers, 4,109 soldats. Mais les Russes avaient perdu 11,920 hommes et toute chance de dégager Sébastopol par une bataille et de chasser les alliés de la Chersonèse. Ils ne désespérèrent pourtant pas de sauver leur grand arsenal et les vaisseaux qu'il renfermait, comptant sur l'hiver et sur la lassitude des alliés, qu'exagéraient les rapports des déserteurs. L'attaque d'Inkermann, en les montrant à portée de la place et disposés à l'offensive, décidait d'ailleurs les alliés à redoubler de prudence, à renoncer à un assaut dont l'insuccès compromettrait tout l'avenir du siége, enfin à renforcer la ligne de circonvallation qui couvrait les crêtes du Sapoune et enveloppait Balaklava.

Le 14, une horrible tempête, qui fit périr le *Henri IV* près d'Eupatoria et ravagea les deux camps, annonça l'arrivée de l'hiver. C'est dans la neige et dans la boue glacée que les travaux continuèrent des deux parts avec une admirable constance. Les Russes tendaient à développer leurs lignes de défense suivant une longue ligne parallèle à la rade. Le faubourg de Karabelnaïa se couvrait de batteries. Autour de la tour Malakoff se construisait un grand polygone reliant quatre batteries et bordant les crêtes du mamelon. C'était une forteresse fermée de toutes parts et dominante. Jour et nuit des travailleurs, au nombre de huit mille en moyenne, s'employaient à réparer le materiel détruit, à le remplacer par des pièces et des armements tirés des vaisseaux et à élever de nouveaux ouvrages.

Todleben renonçait à demander à la garnison l'effort nécessaire pour s'emparer des batteries françaises du mont Rodolphe, qu'il entrait dans ses plans d'assurer à la défense. Mais, dès le 14, l'armement total du sud est porté à quatre cent quatre-vingt-quatorze bouches à feu, soit cent cinquante-trois de plus qu'au 17 octobre; les affûts et pièces démontés ont été constamment remplacés sous le feu. Effort énorme, qui lui permet d'entretenir, au moins avec égalité, le duel des artilleries. Deux cent quarante pièces tirent sur les cent quarante-neuf des batteries de siége; deux cent cinquante-quatre sur les abords des remparts. Des deux parts on a tiré environ trente-cinq coups par jour et par pièce. C'est d'ailleurs Todleben qui règle l'emplacement des batteries et propose la disposition des troupes. Les chefs de section obéissent à ses avis avec une déférence bien justifiée.

Les Russes partagent en deux quarts les six à dix mille travailleurs journaliers; la brigade de nuit est la plus nombreuse et le zèle est grand chez tous.

Les fascinages ne leur arrivèrent qu'après Inkermann, par les soins de l'armée extérieure.

Quant aux pièces, projectiles, munitions, tout arrive des vaisseaux au débarcadère Ekaterinskaïa, où les prennent les corvées des batteries.

Les alliés ont vu les Russes nombreux et disposés à l'offensive ; ils appuient de batteries, de redoutes, leur ligne de contrevallation de trente-huit kilomètres, comprenant la crête du Sapoune et les fortifications de Balaklava, garnies de trente-sept bouches à feu. Quarante-cinq bouches à feu, en six batteries, garnissent la rive droite de la Tchernaïa du côté des Russes.

De leur côté, les troupes du corps de siége travaillaient à envelopper la place et à gagner du terrain à l'ouest et à l'est de ses remparts. Malgré le choléra, qui éprouva cruellement l'armée française, les traits d'héroïsme se multipliaient des deux parts dans ce nouveau siége de Troie. Les Russes faisaient de fréquentes sorties, arrivaient souvent jusqu'aux batteries, et parvenaient à enclouer quelques pièces.

Les gardes de tranchée accouraient, refoulaient les assaillants, et les pièces, désenclouées, reprenaient leur tir. Dans les plus mauvais jours, cependant, beaucoup d'embrasures restaient fermées, et la place fut surtout inquiétée par les feux courbes des mortiers et par la mousqueterie des francs tireurs. Mais les tranchées de l'attaque française s'avancèrent, à gauche, jusqu'à la baie de la Quarantaine, et, de ce côté, resserrèrent la défense. Les Russes, d'autre part, outre les batteries nouvelles couvrant de feux les terrains qu'un assaut devrait parcourir, construisaient en avant des fossés (notamment entre les bastions 4 et 5) une double ligne de logements pour les tirailleurs, logements que, plus tard, ils réunissaient pour en faire un rempart nouveau. De là, ils inquiétaient les batteries et le travail des tranchées. En cas d'attaque, ces tirailleurs couraient à la place, et l'artillerie des remparts avait le jeu libre contre les assaillants : chaque nuit, on arrivait plus près les uns des autres; les assiégés, craignant sans cesse une attaque de vive force, gardaient toujours des troupes sur les remparts et d'autres en réserve à peu de distance. Un assaut avait ainsi peu de chances de succès; mais les pertes des Russes étaient considérables.

Le 10 décembre avait commencé, en avant du bastion 4, la guerre souterraine : elle fut soutenue avec habileté par les assiégés, et les mines françaises ne dépassèrent pas le fossé.

Le 1er février, les logements du ravin de l'abattoir furent enlevés et définitivement occupés.

Pour faire réussir une entreprise comme celle-là, on dispose, dans la partie de la tranchée la plus voisine, la troupe d'attaque, appuyée par un détachement de sapeurs du génie. Au signal donné, la tranchée est franchie, l'ennemi abordé au pas de course : les hommes se jettent dans l'excavation ; l'ennemi s'enfuit vers ses remparts, qui ouvrent un feu violent sur l'ouvrage ainsi abandonné; mais les travailleurs de l'assaillant se hâtent de rejeter du côté de l'ennemi les terres qui couvraient les défenseurs du côté de l'attaque. Si la place a le temps de faire jouer son artillerie avant qu'on soit couvert, il faut retourner à la tranchée en laissant bien des morts en arrière. Si les mesures ont été bien prises, comme cela arriva le 1er février, on peut rester maître des logements ennemis, les relier aux tranchées de l'attaque et avoir fait ainsi un grand pas en avant.

Les Russes comptent, à partir du 2 février, une nouvelle période du siége. C'est aussi la date de l'explosion de leur première contre-mine au bastion 4. A ce moment, les grands-ducs Michel et Nicolas revenaient à Sébastopol et se chargeaient, l'un de construire, l'autre d'armer des batteries de côte : la rade n'était pas tellement fermée que des navires ne pussent en sortir. Ainsi, le 6 décembre, la *Chersonèse* et le *Vladimir* avaient couru sus à l'aviso français qui observait le port, l'avaient poursuivi jusqu'à la baie de Kamiesch, et avaient canonné le camp français et la baie de Streletzkaïa ; mais la supériorité des alliés sur mer laissait sans portée ces hardies entreprises, et, comme nous venons de le dire, c'était surtout aux batteries de côte que l'assiégé avait recours pour agir vers la mer.

Cependant l'armée anglaise s'affaiblissait, et, par un notable renversement des rôles, la France redoublait ses efforts et prenait dans la lutte une part prépondérante. Elle avait quatre-vingt mille six cent trente hommes et dix divisions : quatre à gauche (général Pellissier), quatre à droite (général Bosquet), la 1re division et la garde en réserve. Le 1er février, les deux généraux en chef résolurent de confier au général Bosquet l'extrême droite des attaques. Déjà, depuis le 12 janvier, le corps d'armée de ce général avait relevé les postes anglais du mont Sapoune. D'accord avec le général Niel, envoyé en mission par l'Empereur, c'est sur le faubourg Karabelnaïa et, par conséquent, sur le polygone de la tour Malakoff, qu'allait se diriger désormais l'effort principal des alliés.

A l'ouest, en effet, la place prolonge ses défenses jusqu'à la mer, et la batterie n° 10, le fort Alexandre en sont de véritables annexes; à droite, au contraire, on peut s'efforcer de prolonger jusqu'à la rade le terrain des attaques et de prendre à revers le mamelon Malakoff. Le général Bizot, appliquant en cela les principes admis pour l'attaque des places, fit décider de ce côté l'attaque principale.

Combien nous regrettons que les bornes de cet ouvrage nous interdisent d'entrer dans le détail des péripéties de cette mémorable lutte! Avec bonheur nous aurions redit les traits d'héroïsme qui, dans tous les rangs, honorèrent les drapeaux des deux adversaires! Ce siége, nous l'avons dit, mériterait un Homère : du moins, des ouvrages spéciaux feront comprendre les prodiges de courage, de patience, de ténacité qui furent accomplis des deux parts. Il faut nous borner aux grandes lignes, et ne parler que des actions dont les conséquences furent décisives pour l'issue de la lutte.

Elle se resserrait de plus en plus depuis Inkermann. Toutefois, les Russes crurent pouvoir trouver, en dehors de la presqu'île de Chersonèse, quelques chances pour un succès qui eût relevé le moral de la nation. Eupatoria était, depuis le 13 septembre 1854, occupé par les alliés. La garnison turque, plusieurs fois renforcée, trouvait des auxiliaires dans le pays même, et son influence sur les Tatars pouvait devenir dangereuse pour la domination russe. Le général Mentschikoff prescrivit au général Wrangel, puis à son successeur, le général Khrouleff, de s'efforcer d'enlever la place. Elle était appuyée des deux parts par trois avisos anglais et français. Le général Khrouleff résolut de porter son principal effort sur le centre, plus éloigné de la mer. Dans la nuit du 16 au 17 février, il se couvrit d'un retranchement en terre parallèle aux fortifications. Il avait dix-huit mille hommes. Six cents Anglais, cinq cents Français, comprenant les compagnies de débarquement des navires en rade, appuyaient les Turcs. Le 17 février au matin, le général Khrouleff couvrit la place de mitraille, puis lança à gauche une colonne d'assaut. Les assaillants se trouvèrent en présence d'un fossé plein d'eau et d'un rempart trop élevé pour leurs échelles. Ils se retirèrent avec grande perte.

A Sébastopol, c'était une période de souffrances, de maladies, de travaux pénibles et d'impatience universelle. Le choléra avait reparu depuis le 18 novembre. L'Angleterre et la France multipliaient leurs efforts pour diminuer les maux que supportaient leurs soldats ; mais l'armée turque était accablée. Pour les Russes, la Crimée n'offrait que des ressources insuffisantes, et la mortalité qui sévit sur les bestiaux ajoutait aux difficultés de transport de leurs approvisionnements de toute espèce, en réduisant au tiers leurs chariots disponibles.

Le 19 février, le général Canrobert prit ses mesures pour faire surprendre par une marche de nuit la XVIIe division russe, postée près de Tchorgoun, sur la rive droite de la Tchernaïa. Un ouragan de neige, survenu pendant la marche, força le général Bosquet à s'arrêter au pied du Sapoune et à ramener ses troupes épuisées de fatigue. Il fallut attendre que la saison permît des combinaisons nouvelles. Les Russes, cependant, mieux abrités et plus habitués peut-être aux intempéries du climat, semblaient redoubler d'activité pour étendre leurs défenses en avant de Malakoff et le long de la rade.

Dès que Todleben comprit l'intention du génie français de donner l'importance principale à l'attaque de Malakoff, il décida l'occupation du mamelon à l'est du ravin du Carénage, où le général Niel comptait établir la droite de ses attaques pour prendre le Malakoff à revers. Le 22 février au matin, les alliés constatèrent, à leur grande surprise, l'existence d'une redoute improvisée à huit cents mètres environ à l'est du ravin du Carénage, qui sert de fossé aux fronts 1-2 et couvre de plus loin le polygone de Malakoff. Le soir du 21, sept bataillons russes s'étaient établis sur ce point. Les barques qui, du fort du Nord, avaient porté des outils de travail aux soldats du régiment de Selinghisk, servirent de base à un pont jeté à travers la baie du Carénage. Le régiment de Volhynie forma ses quatre bataillons en avant pour protéger le travail; dès l'aube, la redoute dessinait un front battant les tranchées françaises et un autre battant les revers du Malakoff. La même épaisseur de terre meuble avait été, des deux côtés de l'escarpe, jetée dans les gabions et pouvait protéger les travailleurs contre la mousqueterie. Une tranchée descendait, à l'est, jusqu'au ravin Troïtsky. Des logements pour tirailleurs couvraient l'ouvrage. La journée du 23 et la nuit qui suivit furent activement employées à le perfectionner.

Mais, à deux heures du matin, la brigade de

Monet, de la division Mayran, attaqua vigoureusement l'ouvrage en appuyant surtout à droite. Les Russes reculèrent derrière les retranchements et la tranchée du Troïtsky, tandis que leurs vaisseaux et la place ouvraient, en avant d'eux, le feu de leur artillerie. Ce combat, dans une nuit profonde, fut très-meurtrier; le général de Monet, blessé trois fois, entra le premier dans les ouvrages russes; mais l'ennemi, bien préparé, ne put être forcé, et le général dut insister pour décider à une retraite nécessaire les zouaves du colonel Clerc.

Le 1ᵉʳ mars, une redoute nouvelle s'élevait à la gauche de la première. Le 10, toutes deux étaient armées. Les Russes leur donnaient le nom des régiments de Selinghisk et de Volhynie, qui les avaient construites et défendues. En raison de la couleur de la terre qui formait leurs remparts, les Français les nommèrent « les ouvrages blancs ».

Quelques jours plus tard, une grave nouvelle faisait, sur les deux armées, une impression profonde. On apprenait que, le 2 mars, l'empereur Nicolas était mort; quelques jours auparavant, il avait rappelé les deux grands-ducs. On supposait un suicide; on l'expliquait par le désespoir de voir brisées toutes les espérances avec lesquelles il avait commencé cette guerre, et compromis sans retour le prestige qu'il avait, depuis longues années, exercé sur l'Europe. Cette mort, sans changer pour le moment les relations internationales, rendait, pour l'avenir, la paix plus facile.

Un mois après l'attaque manquée des « ouvrages blancs », le 23 mars, l'ennemi tentait à son tour une attaque très-importante sur les cheminements anglais et français qui menaçaient Malakoff, pénétrait un moment dans les tranchées de la droite anglaise, et était définitivement refoulé avec une perte de treize cents hommes. C'était l'entrée en action du nouveau général en chef russe, le prince Gortschakoff. Nos pertes étaient de six cents hommes, dont vingt-quatre officiers. Une suspension d'armes fut demandée par le gouverneur, Osten-Sacken, et, le 24, pendant trois heures, chaque armée recueillit ses morts, tandis que les survivants échangeaient les témoignages d'une courtoisie presque amicale.

Puis reprirent les travaux d'approche et de contre-approche, l'armée et l'Europe attendant avec impatience le signal d'un assaut décisif; mais, en face d'une artillerie supérieure et d'une garnison que de récents renforts portent à quarante mille hommes, le génie des deux armées déclare peu probable le succès d'un assaut, tandis qu'un échec entraînerait des conséquences redoutables. On songea donc à quelque autre moyen de continuer la guerre, et l'Empereur, qui avait dû partir pour la Crimée, et qu'avaient retenu en France l'insistance de tout ce qui l'entourait, et surtout les objections de l'Angleterre, qui aurait vu avec peine la subordination inévitable de son armée à ce nouveau chef, envoya tout un plan de campagne ayant pour objet une marche sur Simphéropol, qui amènerait probablement une bataille. Un renfort de vingt-deux mille hommes, comprenant les divisions d'Aurelle et Herbillon et le reste de la garde, se réunissait à Constantinople.

L'événement trompa encore, en effet, les efforts des alliés pour terminer victorieusement le siége par un coup de force. Le 9 avril, l'artillerie avait ouvert un feu terrible qui dura quatorze jours et que les Russes signalent comme le « troisième bombardement » de la place. Les canons russes sont alors au nombre de neuf cent quatre-vingt-dix-huit, dont quatre cent soixante-six opposés aux quatre cent quarante-quatre pièces des alliés, et cinq cent trente-deux couvrant de feux le terrain des attaques ; mais les convois traversent avec tant de peine l'espace qui sépare Sébastopol de ses bases d'approvisionnement que les assiégés craignent de manquer de poudre et ne ripostent guère que par un feu intentionnellement ralenti. Aussi l'artillerie assiégeante prend le dessus et multiplie les ruines sur les remparts de la place. Avec une constance digne d'admiration, les assiégés réparent, chaque nuit, les dégâts du jour, malgré les pertes que leur inflige le tir des mortiers, continué seul dans l'obscurité, et la nécessité de maintenir des troupes nombreuses pour repousser un assaut qu'ils attendent à tout instant. Ils ont, à proximité des attaques, des abris blindés pour six mille hommes seulement.

Le général Canrobert a résolu d'enlever, à sa gauche, les embuscades qui couvrent le cimetière et deviendraient bientôt un retranchement avancé. L'attaque, empêchée le premier jour par un temps affreux, ne réussit qu'à demi les deuxième et troisième nuits : le 11, les Russes ont repris les embuscades un instant occupées ; les assiégeants en sont restés maîtres dans la nuit du 12 au 13, au prix de grandes pertes; mais, quand vient le jour, ils les abandonnent faute d'avoir pu les relier à leurs tranchées. La nuit suivante, enfin, une double attaque, dirigée par les généraux Breton et Rivet, réussit, et les embuscades furent définitivement conquises. Ce même jour, le général Bizot-Brice, commandant supérieur du génie, frappé d'une balle à la tête, succombait ; il devait être remplacé par le général Niel.

Au centre, devant le bastion 4, les travaux de mine avaient abouti, et le terrain en avant de la capitale avait été soulevé, le 15, par une formidable explosion. Il fallut le travail d'une semaine entière pour relier les entonnoirs aux tranchées.

A droite, depuis le bastion 3 jusqu'aux « ouvrages blancs », ces derniers à douze cents mètres à l'est des remparts du faubourg de Karabelnaïa et huit cents mètres environ de la baie, on n'avait eu qu'un combat d'artillerie.

Ainsi, après quinze jours d'un feu terrible et de luttes acharnées, aucun résultat décisif n'avait été atteint. Cependant, et malgré la difficulté d'un assaut, les mesures étaient prises pour une attaque générale. L'effet en fut suspendu par un avis du ministre de la guerre annonçant la prochaine arrivée de l'armée de réserve. Depuis le 19, le télégraphe reliait directement Sébastopol à la France, et ajoutait aux incertitudes des généraux en chef les projets en fermentation dans les conseils de l'Empereur.

Pour utiliser ce temps d'attente, le général Canrobert avait consenti avec peine, et sur les instances de lord Raglan, à l'envoi de deux divisions, anglaise et française, vers le détroit de Ienikalé, pour enlever aux Russes la mer d'Azof et les facilités qu'elle offrait à leurs approvisionnements. Le 30 avril, la flotte prit la mer, se dirigeant vers Odessa. La nuit venue, on vira de bord vers l'est; mais, au moment où la flotte allait atteindre Kertch, un vapeur apporta, de la part du général Canrobert, un ordre de rappel à la division française, et il fallut renoncer pour le moment à cette expédition.

C'est que, le 1ᵉʳ mai, une dépêche de l'Empereur avait prescrit la réunion de toutes les troupes pour l'expédition projetée sur Simphéropol. Lord Raglan regretta d'autant plus l'ajournement de l'expédition de Kertch qu'il n'était pas d'avis de la campagne indiquée par l'Empereur. Les ressources navales et les ports des Russes restaient toujours l'objectif essentiel des Anglais. Entre les deux commandants en chef naissait ainsi une divergence de vues qui compromettait l'avenir de la guerre. Le général Canrobert, avec sa générosité habituelle, offrit, pour y mettre fin, de se placer sous les ordres de lord Raglan ; sur le refus de celui-ci, il se démit, le 16 mai, du commandement en chef de l'armée française : il demandait à l'Empereur de remettre ce commandement au général Pellissier, qui, depuis un mois, avait remplacé le général Forey à la tête du corps de siége, et de prendre lui-même la direction d'une simple division dans le corps du général Bosquet.

Le nouveau général en chef, mettant en première ligne l'union des alliés, rétablit, en prenant, le 19 mai, le commandement de l'armée, une entente complète avec lord Raglan : l'expédition extérieure projetée par l'Empereur fut abandonnée ; l'expédition de Kertch fut résolue de nouveau, et le plan en fut arrêté le 20 mai ; enfin, le corps d'armée appelé de Constantinople et arrivé le 18 mai, sous le commandement du général Regnault de Saint-Jean d'Angély, dut contribuer à activer les opérations contre la place.

Mais on dut, avant tout, arrêter les progrès des Russes, qui, pendant ces quelques jours, avaient très-vivement avancé des travaux d'approche à leur droite, en avant du ravin de la Quarantaine. Dans la nuit même du 22 au

23 mai, les généraux de Salles et de la Motterouge furent chargés d'enlever les embuscades qui allaient être réunies pour former une sorte de parallèle en avant des remparts. Ils réussirent ; les retranchements de gauche, enlevés avec une grande énergie, furent, dans la nuit même, reliés aux tranchées de l'assiégeant : à droite, le combat, continué toute la nuit sous la mitraille, dut recommencer la nuit suivante, après une vigoureuse canonnade; cette fois, le succès fut complet. Le 25, le général Osten-Sacken demanda un armistice pour enlever ses morts; on lui en remit plus de douze cents.

Pendant ce temps, les deux escadres cinglaient vers la mer d'Azof, portant la division d'Autemarre, forte de cinq mille hommes, trois mille hommes de la division Brown et cinq mille Turcs. Parties le 22, elles abordaient, le 24 au matin, la pointe ouest de la baie de Kertch. Les Russes firent sauter leurs batteries de la pointe Est (Ak-Bournou); au delà, Ienikalé, attaquée par les canonnières anglaises, sauta à son tour, et l'armée y entra le lendemain, tandis que les flottes, parcourant la mer d'Azof, y anéantissaient de nombreux approvisionnements de l'ennemi. Anapa même fut abandonnée par celui-ci, qui avait ordre de concentrer tous ses efforts à Sébastopol, et les alliés entrèrent en communication avec les tribus circassiennes.

Devant Sébastopol arrivait une division piémontaise; le roi Victor-Emmanuel entrait dans l'alliance anglo-française. L'accroissement de l'armée exigeait une extension des positions occupées; le général Canrobert fut chargé, avec deux divisions d'infanterie et deux de cavalerie, de s'emparer de la haute vallée de la Tchernaïa, où l'on trouverait des fourrages pour la cavalerie. L'opération rejeta les Russes sur Mackensie et l'armée alliée s'étendit le long de la route Woronsow : elle occupa les monts Fedjoukine; la division sarde campa vers Tchorgoun. Dès les premiers jours de juin, nos cavaliers purent parcourir la vallée de Baïdar et arriver jusqu'au bord de la mer.

Mais le général Pellissier prétendait hâter sans cesse le progrès du siége. Il ordonna, pour le 7 juin, l'assaut des « ouvrages blancs », qui couvraient l'est de la place et empêchaient d'aborder les bastions de 1 à 3. En même temps, on devait attaquer le mamelon Vert, ou redoute de Kamschatka, entre les ravins des Docks et du Carénage, qui avait été établi par les Russes, le

11 mars, dans les mêmes conditions que les
« ouvrages blancs ». Il s'agissait de franchir un
espace de trois cents mètres et de rapprocher
d'autant nos lignes de la place. Bosquet dirigea
cette importante et difficile opération. Elle eut
lieu en plein jour. Les ravins de Karabelnaïa et
du Carénage offrirent, dans leurs replis, les
moyens de disposer à l'abri les troupes d'attaque,
puis les réserves.

Depuis la veille, l'artillerie entretenait un feu
terrible sur toute la ligne, et écrasait de ses feux le
mamelon Vert et les « ouvrages blancs ». Les Anglais, de leur côté, préparaient l'attaque de l'ouvrage des Carrières, en avant du Grand Redan. Le
7, à quatre heures et demie, au signal donné par
les fusées, toutes les troupes s'élancent à la fois.
Les brigades de Failly et Lavarande abordent en
courant les deux redoutes du Carénage (ouvrages
blancs). Le général de Wimpfen fait attaquer le
mamelon Vert de trois côtés par les turcos du
colonel Rose, le 3ᵉ zouaves de Polhès, le 50ᵉ commandé par de Brancion, qui tombe frappé sur le
rempart où il porte le drapeau de son régiment.
L'ouvrage est occupé ; mais, contrairement aux
ordres donnés, nos soldats le dépassent et se
jettent vers Malakoff, d'où les repoussent la mi-

traille et la fusillade de nombreux défenseurs. Le général Bosquet prévoit le retour offensif des Russes dès qu'il a vu la brigade Wimpfen courir vers la place ; il la fait appuyer par la 2ᵉ brigade de la division Camou et par la division Brunet. La redoute est envahie de nouveau et les Russes refoulés. La nuit qui arrive permettra de fermer le retranchement à la gorge. Là, nos pertes sont importantes.

A droite, le succès a été à la fois moins coûteux et plus complet. Les deux brigades ont enlevé les « ouvrages blancs » et poursuivi aussi l'ennemi jusqu'à l'ouvrage du 2 mai (contre-approche annexe des redoutes). Mais celui-ci n'a pas l'importance de la place qu'abordait la brigade Wimpfen ; il est abandonné par les Russes. En même temps, le lieutenant-colonel Larouy d'Orion apparaît derrière eux, après avoir descendu, avec deux bataillons, le ravin du Carénage ; quatre cents prisonniers restent dans nos mains.

Les Anglais avaient abordé l'ouvrage des Carrières avec la calme vigueur qui leur était habituelle ; ils l'emportèrent aussi, poussèrent jusqu'au Grand Redan et en furent rejetés avec perte. Toutefois, les assiégeants se trouvèrent avoir accompli un progrès considérable. Au lieu d'opposer désormais aux Russes une ligne d'attaque presque parallèle à leur ligne de défense, ils occupaient un quart de circonférence autour du faubourg de Karabelnaïa et du Malakoff, qui le couvrait, entre le Grand et le Petit Redan (bastions 3 et 2).

Maintenant, il fallait se préparer à aborder la place elle-même; on s'en rapprocha en partant des ouvrages conquis et portant désormais les noms des glorieux morts des 7 et 8 juin, Brancion et Lavarande. Les Anglais fortifiaient, de leur côté, les carrières du Grand Redan. Le général Pellissier fixa pour l'assaut de Malakoff la date du 18 juin; il voulait marquer d'un triomphe commun, avec les Anglais, l'anniversaire de Waterloo; la fortune trompa son attente.

Une disposition malheureuse consista à charger le général Bosquet d'une opération accessoire; après le succès espéré de l'assaut, un corps français, secondé par les Sardes et les Turcs, devait attaquer l'armée russe sur la rive droite de la Tchernaïa; le 16 juin, le général Bosquet, désigné pour le commandement de ce corps, céda au général Regnault de Saint-Jean d'Angély la direction des divisions désignées pour l'assaut.

C'étaient, à droite, la division Mayran, appuyée

des voltigeurs de la garde; elle devait descendre le ravin du Carénage, qui sert de fossé aux courtines à l'est de la place, et enlever la batterie Zabalkansky, placée à l'est de ce ravin, avec une brigade, tandis que son autre brigade (de Failly) appuierait, contre le rempart même de la place, l'attaque de la division Brunet.

Celle-ci devait aborder directement Malakoff et la courtine au nord-est du bastion n° 2, se reliant par sa droite à la division Mayran.

A gauche, la division d'Autemarre, revenue de Kertch, devait descendre le ravin de Karabelnaïa ou des Docks, qui sépare Malakoff du bastion du Mât, n° 3, et aborder le rempart à l'ouest de Malakoff par la batterie Gervais.

Les Anglais devaient s'emparer du Grand Redan (bastion n° 3). Toutes les batteries couvrirent de feux, pendant la journée du 17, la place et surtout Malakoff et le Grand Redan.

Le signal de l'attaque devait être donné à trois heures du matin par un bouquet de fusées parties, sur l'ordre du général en chef, de la redoute Victoria. Malheureusement, le général Mayran crut voir ce signal dans l'explosion de quelques bombes, et lança isolément sa division avant l'heure; la division Brunet, arrivant par les tranchées, se trouva en retard, et, d'ailleurs, son général fut tué dès ses premiers pas en avant, ainsi que le brave colonel la Boussinière, qui dirigeait l'artillerie de campagne attachée aux divisions. La division d'Autemarre obéit seule au signal. — Seule aussi, elle parvient jusqu'à l'ennemi : Le commandant Garnier, à la tête du 5ᵉ chasseurs, franchit le fossé et le rempart de la batterie Gervais, à l'ouest de Malakoff, et pénètre dans le faubourg Karabelnaïa ; il est suivi par le colonel Manèque, du 19ᵉ de ligne. Mais, à ces braves gens, le général Khrouleff oppose des masses à chaque instant plus nombreuses. Le Grand Redan a repoussé les Anglais ; la division Brunet a échoué dans son attaque sur le centre ; la division Mayran, prise en flanc par le feu des vaisseaux russes, a perdu son général et n'a pu franchir le rempart au nord de Malakoff. En vain le général Pellissier veut recommencer en plein jour l'attaque ainsi manquée. Lord Raglan lui fait dire qu'il ne peut compter sur le succès d'un nouvel effort. A huit heures et demie, il décide la rentrée dans nos lignes.

Ainsi, cette tentative avait amené un échec considérable, et il fallut la calme fermeté du général en chef pour que le moral de l'armée n'en ressentit aucune atteinte. Les Russes, qui s'étaient préparés à l'assaut, et avaient disposé leurs défenses en établissant des plates-formes pour canons de campagne battant les abords de Malakoff, et en accumulant les troupes dans l'intérieur des ouvrages, avaient perdu beaucoup de monde pendant le bombardement qui précéda l'assaut; en revanche, celui-ci leur avait coûté à peine quinze cents hommes hors de combat, tandis que les alliés en avaient perdu plus de cinq mille; deux généraux de division avaient été tués dans les rangs français, ainsi que le colonel de la Boussinière; sir John Campbell avait été tué à l'attaque du Redan. Enfin, la mort de lord Raglan, le 29 juin, fut attribuée en partie à la douleur de cet insuccès du 18.

Le même jour, le général Todleben, blessé légèrement le 18, était mis hors de combat par une nouvelle blessure. Transporté à l'hôpital du Belbek, il y fut souvent consulté par les chefs de l'armée russe; mais son absence eut, sur la défense, une influence très-importante.

Le général James Simpson remplaça lord Raglan.

Dès le 19, le général Bosquet avait repris la direction de l'attaque de droite; cette décision si prompte était à l'honneur du général en chef et au sien.

Les Russes estiment que l'assaut eût probablement réussi contre le bastion 4, dont les tranchées de l'assiégeant n'étaient éloignées que d'une centaine de mètres, et que l'artillerie eût pu détruire plus complétement, tandis que les ouvrages de Malakoff, moins ruinés par le tir antérieur, voyaient les assaillants parcourir une distance de trois cents mètres, sous leurs feux bien préparés et appuyés par celui des vaisseaux. C'est l'opinion de Todleben, qui relève ainsi une nouvelle erreur des assaillants, comme il a signalé celles du commencement du siége.

Mais l'attaque contre Malakoff demeura cependant l'attaque principale, conformément à l'opinion du général Niel. Elle fut dirigée par le général Bosquet. Les tranchées se rapprochèrent sans cesse au sud et à l'est, malgré les sorties continuelles et le feu des assiégés. Des batteries nouvelles furent construites, et l'assaut put se préparer dans des conditions meilleures que celles du 18 juin. Le général Frossart commandait, de ce côté, le génie français.

Le 4 juillet, la division Canrobert releva la division Faucheux (anciennement Mayran). Le général dirigea son action avec son dévouement habituel jusqu'à son rappel par l'Empereur, le 4 août. Les plus grands témoignages d'estime, de la part de tous, accompagnèrent son départ.

Les conditions d'attaque du Malakoff devenaient meilleures, et la résolution d'aborder la place par le côté que l'assiégeant pouvait envelopper à l'est et au sud reprenait les avantages qui avaient décidé le choix du général Niel. Vainement l'assiégé multipliait les sorties et accélérait le tir des mortiers, qui furent durant cette période ses principaux moyens de défense. L'attaque se rapprochait pied à pied et n'aurait plus, le jour de l'assaut, à parcourir ces longues distances que, le 18 juin, elle avait jonchées de cadavres ; l'ensemble en pourrait être mieux assuré.

Aussi les Russes, indépendamment des entreprises qu'ils multiplient sur les tranchées des assiégeants, ont résolu de faire un grand effort sur le flanc droit de l'armée. On allait, comme aux premiers jours du siége, se rencontrer dans la vallée de la Tchernaïa.

Là, l'aile droite de l'armée française, composée des divisions Herbillon, Faucheux, Camou et Morris, appuyée à droite par les Sardes et les Turcs, occupait les monts Fedjoukine; du mont

Hasfort, les Piémontais jetaient des avant-postes sur la rive droite. La Tchernaïa séparait les Français des Russes : elle est traversée par un pont-aqueduc qui amène au pied du Sapoune le canal d'alimentation des eaux de Sébastopol ; un peu plus bas, la route de Mackensie traverse la rivière, puis le canal, distant de cent mètres en cet endroit, aux ponts de Traktir.

Le 16 août, au point du jour, les avant-postes piémontais, sur la rive droite, furent battus par l'artillerie russe et assaillis par l'infanterie, qui s'empara de l'épaulement qui les couvrait, occupa le mont du Télégraphe et battit du feu de ses canons le mont Hasfort et les monts Fedjoukine. L'aile gauche russe, général Liprandi, débutait donc par un succès ; mais en même temps, à droite, le général Read attaquait, sans combiner suffisamment ses mouvements avec ceux de Liprandi. La VII° division franchit la rivière et le canal, mais elle se heurte, dans le brouillard, à la division Camou ; abordée sur son front par le 50° de ligne et le 3° zouaves, sur son flanc par le 82°, elle est rejetée au delà du canal.

Deux fois encore les Russes renouvelèrent leur attaque et montèrent à l'assaut des Fedjoukine ; deux fois ils se trouvèrent vis-à-vis de troupes bien postées, et, décimés par un feu terrible, furent rejetés sur la rivière.

Les réserves de la garde et de la division Levaillant n'eurent même pas à entrer en action ; les Sardes et la droite française repoussèrent du côté oriental des Fedjoukine l'intervention de l'aile gauche russe essayant de soutenir sa droite. A neuf heures du matin, le général Gortschakoff ramena définitivement ses troupes sur les pentes du Mackensie, et les y mit en bataille dans une bonne position défensive ; mais les alliés ne lui offrirent pas la revanche qu'il espérait et se contentèrent de réoccuper leur ancienne ligne, qu'ils appuyèrent, d'ailleurs, de nouveaux ouvrages.

Désormais la lutte se concentrerait entre la place et les tranchées des alliés. C'était en désespoir de cause et sur l'ordre exprès de sa cour que Gortschakoff avait livré la bataille de Traktir, presque sans aucune chance d'un succès décisif. Il laissait huit mille hommes sur les glacis de la position des alliés, et ceux-ci n'avaient que quinze cents tués et blessés. Les Russes avaient montré beaucoup de courage et de ténacité dans une entreprise à peu près condamnée d'avance. Pour les alliés, c'était une bataille défensive, telle qu'elle doit être pour des soldats vigoureux, toujours prêts à poursuivre énergiquement un succès. On avait eu, d'ailleurs, la sagesse de ne pas compromettre le résultat acquis, en essayant, sur les pentes du Mackensie, l'assaut qui avait si mal réussi aux Russes sur les Fedjoukine.

Todleben avait émis l'avis que l'attaque sur l'aile excentrique de la position ne pouvait avoir de résultat. Il aurait voulu qu'on recommençât la bataille d'Inkermann, ou plutôt la grande sortie du 23 mars, en appuyant encore l'attaque à droite et dirigeant toutes les forces russes sur les tranchées anglaises, au centre des attaques. Le succès, en ce point, eût pu décider de l'issue du siége. Les Russes avaient disposé de soixante mille hommes environ sur la rive droite de la Tchernaïa; la garnison n'avait pas donné; une attaque sur les tranchées françaises devant Malakoff n'offrait de probable que l'énormité des pertes.

On revint donc au siége dans des conditions meilleures pour les alliés. Toutefois, ce duel d'artillerie et de sapes opposées se maintenait dans des conditions si difficiles que l'Empereur préparait l'envoi de quatre cents mortiers pour écraser la place et ses opiniâtres défenseurs.

La lutte continue plus terrible que jamais : le

général Bosquet accuse une perte journalière de cent cinquante hommes, bien que, le terrain s'abaissant au delà du Malakoff, les Russes n'y puissent étager des batteries comme en face du cimetière. De toutes parts, les deux lignes sont à portée de la voix. Un conseil de guerre, réuni le 3 septembre, affirme la nécessité de l'assaut immédiat.

Bosquet prend ses dispositions de combat. Il doit commander l'attaque entre les ravins du Carénage et des Docks. Sa gauche, dirigée par Mac Mahon, abordera Malakoff et la batterie Gervais. Au centre, La Motterouge marchera sur la courtine qui relie Malakoff au Petit Redan (bastion n° 2) et au retranchement intérieur ébauché par les Russes en arrière de Malakoff. A droite, Dulac attaquera le Petit Redan.

Chaque colonne est précédée de soixante sapeurs et d'un demi-bataillon pourvus d'outils et d'échelles, suivie de cinquante artilleurs chargés de servir ou d'enclouer les pièces prises. Des coupures de quarante mètres sont préparées dans les tranchées, derrière un masque de gabions, pour permettre aux réserves d'arriver vite à l'aide des premières colonnes et à l'artillerie de campagne d'accourir. Les Anglais aborderont le bastion n° 3 et toute la partie du rempart comprise entre le ravin des Docks et celui du Laboratoire. Les Français de la gauche attaqueront le bastion n° 5, la redoute Schwarz et prendront ensuite à revers le bastion du Mât, n° 4. L'intendance, enfin, a préparé largement le service d'ambulances.

Ce sera pour le 8 septembre et, sur la demande du général Bosquet, à midi.

Dès le 5, les batteries commencent un feu terrible, mais intermittent, qui laisse l'ennemi dans l'incertitude de l'heure décisive. Quand sonnera celle-ci, toutes les directions des pièces seront relevées; les troupes d'assaut marcheront sous une voûte de boulets qui iront frapper au loin les réserves de l'ennemi.

En trois jours, quatre mille des assiégés sont mis hors de combat; vingt mille avaient péri depuis le 16 août; quarante-neuf mille restaient à la défense. Le feu de leurs batteries est à peu près éteint et ne pourra, comme au 18 juin, semer de cadavres le chemin de l'assaut. Enfin, leurs réserves sont condamnées à attendre, sous les abris éloignés des remparts, le moment d'agir; elles périraient en essayant de rester à proximité des feux de l'assiégeant.

Le 7, dans l'après-midi, le général Bosquet réunit les chefs qui doivent agir le lendemain. A chacun d'eux il donne les instructions les plus précises. Ce mérite de la précision dans les ordres et d'une prévoyance universelle caractérisait cet éminent homme de guerre et assurait, en général, le succès de ses entreprises.

La soirée fut employée à reconnaître et à fixer les emplacements de départ : les réserves (garde et Wimpfen) relevaient dans les tranchées les troupes d'assaut, qui devaient se reposer cette nuit. La grande tenue était prescrite pour le lendemain.

Le matin, chaque troupe occupa les emplacements désignés, par mouvements successifs, de façon à ne pas donner l'éveil à l'ennemi. Le général Bosquet, placé sur la parallèle la plus avancée, voit tout le terrain de l'attaque de Malakoff. Le général en chef est dans la redoute Brancion, prise le 7 juin. Toutes les montres ont été réglées sur celle du général en chef, et, sans nouveau signal, tout doit s'élancer à midi.

L'heure a sonné ! Chaque chef d'attaque apparaît sur le rempart, commandant : « En avant ! » Tambours et clairons battent et sonnent la charge ; tout s'élance à la fois !

En quelques instants, les soldats de Mac Mahon, leur général en tête, ont abordé Malakoff de tous côtés en même temps, franchi le fossé à travers les éboulements du rempart. Le drapeau français flotte sur le bastion !

Les Russes se précipitent hors de leurs traverses blindées; leurs réserves accourent, retardées par l'épaulement qui ferme Malakoff. Mais les premiers tombent sous les balles; le colonel du régiment de Modlin, le général de Bussau, commandant du plateau, tombent des premiers; les Russes avaient été surpris pendant leur repas. Quatorze cents hommes seulement résistaient, dans le bastion même, aux cinq mille neuf cents hommes du 1er zouaves et du 7e de ligne : les faces du bastion et les premières traverses qui le barraient à la gorge furent enlevées en quelques instants; les autres traverses, jusqu'au retranchement qui fermait, en arrière, la fortification du mamelon, la tour même qui en occupait le centre furent disputées avec acharnement. A deux heures seulement Mac Mahon en fut maître. Les Russes attribuent en grande partie leur échec à ce que ce vaillant chef put, jusqu'à la fin, conserver la direction de ses troupes, tandis que les leurs succombaient l'un après l'autre. Le commandant de Karabelnaïa, le général Khrouleff, qui, trompé sur l'heure de l'assaut, se tenait à son quartier général, fut blessé à son tour en attaquant avec ses dernières réserves la position enlevée par la 1re division.

La Motterouge et Dulac avaient donné avec le même ensemble et la même impétuosité; mais ils furent accueillis par le feu des ouvrages en arrière et pris en flanc par celui des vaisseaux; ils furent, après deux assauts, rejetés dans les tranchées.

Il en fut ainsi à la gauche et au centre. Deux attaques des Anglais sur le bastion n° 3 furent successivement repoussées. Au bastion 5 et à la redoute Schwarz, à gauche, les brigades Trochu et Coustou, s'élançant sur un terrain miné, accueillies par une grêle de balles et de mitraille, ne purent pénétrer dans la place et furent deux fois rejetées hors de la lunette Schwarz. La brigade Breton, accourant à leur aide à la suite de son général et du chef d'état-major Rivet, vit tomber ces deux braves officiers; le bastion 4, qui devait être tourné par cette attaque et envahi de front par les Sardes, ne fut pas assailli. A ce moment, le général en chef, comptant que la prise de Malakoff assurait celle de la place, envoie aux autres colonnes l'ordre de s'arrêter. Les Russes ont repoussé onze assauts sur cinq points différents ; mais le mamelon Malakoff, qui domine la Karabelnaïa et la ville, est au pouvoir des alliés : les batteries qu'ils peuvent y établir rendront intenable la place et la rade. Partout ailleurs, les feux d'infanterie et d'artillerie, disposés d'avance en arrière des remparts ou pouvant battre le terrain à parcourir par l'attaque, ont été préparés avec tant d'intelligence, ces moyens ont été mis en œuvre par les officiers et soldats russes avec tant de bravoure et de dévouement, qu'ils ont rendu inutile l'héroïque impétuosité de l'assaillant. A Malakoff même, à la vaillance de la division Mac Mahon, d'heureux hasards sont venus en aide : la pioche d'un sapeur du génie a mis à découvert le fil souterrain qui doit mettre le feu aux mines disposées pour bouleverser le terrain et engloutir les assaillants [1]. D'autre part, une cinquantaine de soldats et de matelots, avec trois officiers, devancés par les Français aux traverses en arrière de la tour, ont occupé celle-ci et s'y sont défendus jusqu'à trois heures. Mais tant d'efforts faits pour

---

[1] On raconte qu'à un officier qui accourait dire au général de Mac Mahon : « Mon général ! le terrain est miné ! nous allons sauter tous ! » le général répondait : « Peu importe ! cela est prévu et nous serons immédiatement remplacés. »

préserver ce qui reste de la flotte et les débris du grand arsenal maritime sont arrivés à leur terme. Après avoir longuement considéré l'état des choses du haut des remparts en arrière de la Karabelnaïa, le général Gortschakoff a décidé l'évacuation de la partie sud de Sébastopol; à l'aide du grand pont de radeaux récemment jeté à travers la rade (neuf cents mètres de longueur) et des embarcations de tous les navires, l'évacuation s'effectue avec ordre dans la nuit et dans la journée du 9, peu inquiétée d'ailleurs par le feu des alliés. Le 10, ceux-ci sont maîtres de Sébastopol; tous les dépôts de poudre que les Russes n'ont pu emporter ont sauté successivement. Les treize voiliers, les dix steamers qui restaient à flot ont disparu à leur tour; le complément de cette flotte de la mer Noire avait été déjà sacrifié pour fermer la rade, aux premiers jours du siége d'abord, puis en remplacement des vaisseaux déplacés par les grandes tempêtes de l'automne. C'en était fait de l'arsenal fondé par Catherine.

Restaient seulement ses annexes, Kherson et Nicolaïeff, aux embouchures du Bug et du Dniéper; ces deux fleuves se réunissent pour former le Liman, ouvert à l'ouest et fermé au sud par l'étroite langue de terre que défend le fort de Kinburn. Nous verrons les alliés poursuivre, sur ce point encore, les derniers ateliers de la marine de guerre dans les possessions russes du Sud.

Les opérations en Crimée furent désormais peu importantes. Les Russes avaient été renforcés jusqu'au chiffre de cent cinquante mille hommes. Ils s'étaient fortifiés au nord de Sébastopol, à Mackensie et à Pérékop : d'Eupatoria, entre ces deux positions principales, les alliés firent quelques tentatives sur leurs communications, et, à la fin de septembre, le général d'Allonville surprit la cavalerie du général Korff, la mit en déroute et lui enleva ses canons sur la route de Pérékop. En résumé, le rigoureux hiver de 1855-1856 détermina, dans la presqu'île, une sorte d'armistice entre les belligérants.

Mais l'objectif des alliés était désormais la destruction des arsenaux de Kherson (ateliers de construction de navires du commerce, à vingt-cinq kilomètres de l'embouchure du Dniéper) et de Nicolaïeff, arsenal de construction de navires de guerre, ville de quarante mille âmes, à proximité de l'embouchure du Bug, sur le Liman. Depuis la démission du général Canrobert, on suivait surtout les inspirations des Anglais.

Le 6 octobre, quatre mille cinq cents Anglais et quatre mille cent Français, sous le commandement du général Bazaine, s'embarquèrent à Kamiesch et Balaklava, se dirigeant vers Odessa, sous la conduite des flottes de guerre. Le 14, quatre-vingt-treize bâtiments, parmi lesquels trois canonnières cuirassées, précurseurs des navires de guerre de notre temps, apparurent devant Kinburn, à l'embouchure du Liman, sur l'étroite langue de terre qui court entre le Liman et la mer.

Le 17 octobre au matin, les troupes de débarquement avaient ouvert une parallèle des deux côtés du fort. A neuf heures et demie, l'attaque par les navires commença, la *Dévastation*, la *Lave*, la *Tonnante* s'embossant à huit cents mètres des remparts avec une audace que n'avaient pu avoir les navires en bois, audace qui resta impunie; d'autres navires pénétraient dans le Liman, et leurs feux contribuaient à écraser le fort. A deux heures, il dut ouvrir ses portes.

Le général Todleben avait été chargé, dès la chute de Sébastopol, de préparer la défense de Nikolaïeff. Les flottes alliées purent bloquer le Bug et le Dniéper, mais non pénétrer jusqu'aux deux places russes.

Le 1ᵉʳ février 1856, les préliminaires de paix furent signés à Vienne. Les conférences s'ouvrirent à Paris le 25; entre les puissances belligérantes, la Prusse et l'Autriche; les chefs des armées y prenaient part, l'amiral Bruat, mort pendant l'hiver, étant remplacé par son chef d'état-major, le contre-amiral Jurien de la Gravière.

Les opérations militaires furent suspendues le 27. La paix, signée le 30 mars, interdisait aux Russes le rétablissement d'une flotte de guerre dans la mer Noire. On sait que la Russie dénonça cette convention pendant le siége de Paris (1870-1871) quand les circonstances lui ôtèrent toute crainte d'une d'alliance nouvelle de l'Angleterre avec la France.

Le général Pellissier avait été nommé maréchal d'Empire après le 8 septembre. Les généraux Canrobert et Bosquet furent élevés à la même dignité au moment de la signature de la paix.

ITALIE

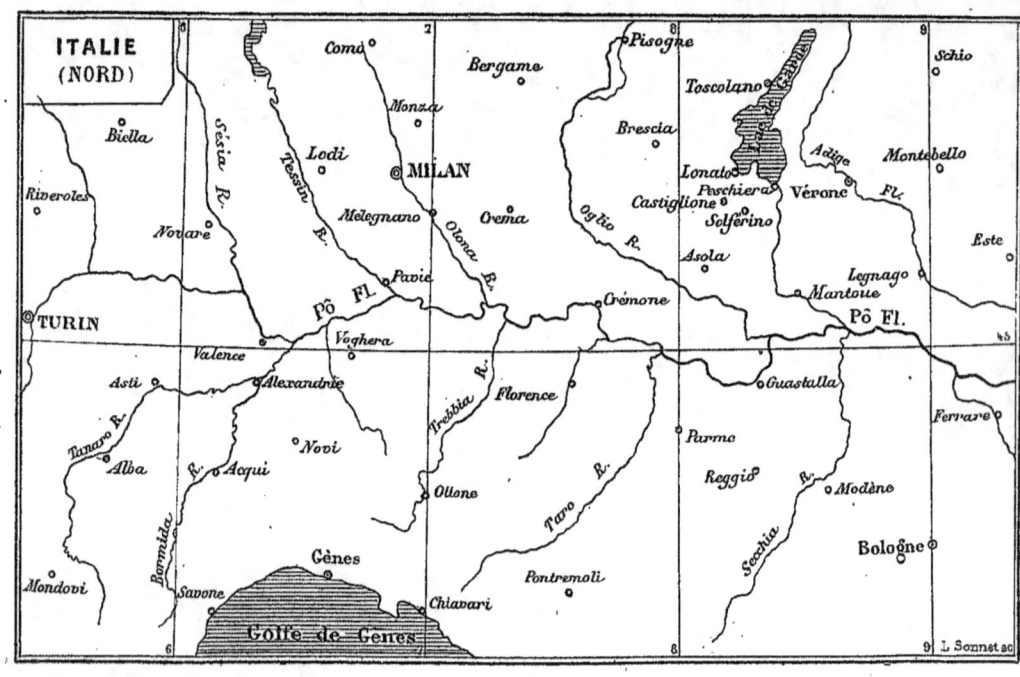

GUERRE D'ITALIE

(1859-1860)

Rappelons en quelques mots les origines de la guerre d'Italie.

Depuis la fin du quinzième siècle, la France disputait en Italie l'influence aux deux branches de la maison d'Autriche. Elle y avait complétement dominé sous l'Empire; mais, depuis 1814, et surtout depuis 1820, l'Autriche y exerçait une hégémonie presque complète. La Lombardie et la Vénétie faisaient partie de son empire, et sa deuxième armée y tenait garnison. Des archiducs régnaient à Modène et Florence; à Naples, elle exerçait une sorte de protectorat; c'est elle qui avait comprimé les révolutions essayées sur divers points de l'Italie et à diverses époques depuis 1819. A l'un de ces soulèvements, en 1831, avaient pris part les deux fils de la reine Hortense; le plus jeune de ces princes était devenu l'Empereur des Français.

Cependant, c'était une armée française qui avait remis le Pape en possession de Rome en 1849.

Depuis 1848, le Piémont avait pris la tête de l'insurrection du parti unitaire italien contre l'Autriche; un instant celle-ci, pressée de tous côtés par les révolutionnaires de Hongrie, de Bohême, de Vienne même, avait consenti à abandonner Milan et, en Vénétie, à se réduire au protectorat. Le roi Charles-Albert avait refusé ces conditions; mais il avait été vaincu sur le Mincio, puis à Novare, et l'Italie était revenue au *statu quo*, Charles-Albert cédant d'ailleurs le trône à son fils Victor-Emmanuel.

Celui-ci, secondé par un habile ministre, le comte de Cavour, et par les sympathies de l'empereur des Français, avait repris les desseins de son père et préparé de longue main leur exécution. Il s'était fait l'allié de la France et de l'Angleterre en joignant un corps auxiliaire à leur armée devant Sébastopol. Le comte de Cavour avait été, par suite, et sur l'initiative de la France, admis au congrès réuni pour la paix de Paris, et y avait protesté, devant les représentants de l'Europe, contre l'ingérence de l'Autriche en Italie.

En 1859, la lutte entre l'Autriche, d'une part, et, de l'autre, le roi de Sardaigne, appuyé par la France, arrivait à l'état aigu. Vainement l'Angleterre avait essayé de prévenir la guerre, soit par une convention de la France et de l'Autriche de renoncer à toute intervention en Italie, soit par l'arbitrage d'un congrès européen. L'Autriche ne croyait pas à l'impartialité de l'Europe; aussi, malgré la déclaration insérée au *Moniteur* français du 5 mars 1859 : « L'Empereur a promis au roi de Sardaigne de le défendre contre tout acte agressif de l'Autriche; rien de plus », elle se prépare à mettre fin, par la force, aux armements de la Sardaigne et aux menées que cette puissance multiplie contre elle. Elle a décrété, le 1er mars, la mobilisation de son armée d'Italie, déjà effectuée en partie; elle a fortifié les côtes de l'Adriatique et, dans l'intérieur, Plaisance et Pavie; elle complète les défenses du quadrilatère du Mincio et de l'Adige (Peschiera, Mantoue, Vérone, Legnago). Elle envoie une partie de sa première armée à l'aide de la deuxième (armée d'Italie), et réunit ainsi quatre-vingt-dix-neuf mille hommes sur la rive gauche du Tessin. Le comte Giulay, qui conserve, à soixante et un ans, une vigueur de jeune homme, commande en chef les deux armées; il a pour chef d'état-major un officier très-estimé, le colonel Kuhn.

Le 23 avril, le roi de Sardaigne reçut l'*ultimatum* de l'Autriche, en date du 19. Il était sommé de désarmer dans un délai de trois jours, sous peine d'être immédiatement attaqué.

La réponse négative, datée du 26, ne parvint que le 27 au quartier général autrichien. La Sardaigne en appelait à la France. Celle-ci aurait-elle le temps d'intervenir avant que l'Autriche fût en mesure d'accabler son faible adversaire? Le général Giulay ne peut-il cerner Turin et couper, à Novi, la route de Gênes à Alexandrie avant l'arrivée des premières troupes françaises?

Un instant, l'Autriche hésita, malgré le décret de mobilisation qu'elle avait, le 25 avril, étendu à toute son armée. Giulay ne se mit en marche que le 29. Ses IIIe, VIIIe, IIe corps (dans cet ordre) franchirent le Tessin à Gravellone, près de Pavie; les Ve et VIIe se portèrent sur la rive droite par des ponts jetés près de Bereguardo et de Vigevano; mais, le 3 mai, cette armée ne s'était avancée que de trente-deux kilomètres au delà du fleuve.

Déjà les cinq divisions de l'armée sarde ne sont plus seules devant elle; le jour même où sa sommation est parvenue à Turin, le 23 avril, les ordres de mouvement ont été donnés en France. Le 25, les têtes de colonne des 3ᵉ et 4ᵉ corps (maréchal Canrobert, général Niel) sont à Chambéry; le 1ᵉʳ corps (maréchal Baraguay d'Hilliers) s'embarque à Marseille et arrive, le 26, à Gênes; le 2 mai, le maréchal Canrobert est à Turin avec le gros de son corps, salué par les cris de joie et de reconnaissance de l'Italie.

L'armée française arrivait ainsi, dénuée, il est vrai, de tous les accessoires indispensables à l'entrée en campagne, sans artillerie, sans munitions, sans objets de campement; la marche des 3ᵉ et 4ᵉ corps à travers les Alpes avait été, par suite, très-pénible pour tous; mais la Sardaigne suppléerait à ce qui lui manquait; l'activité du maréchal Randon, remplaçant au ministère de la guerre le maréchal Vaillant, qui devenait major général de l'armée d'Italie, compléterait rapidement l'envoi des accessoires nécessaires. Suse et Gênes devinrent des bases d'approvisionnement alimentées par des entreprises bien payées et activement servies.

Le 1ᵉʳ, puis le 2ᵉ corps s'échelonnaient de Gênes à Gavi; ce dernier, formé surtout de troupes fournies par l'Algérie, était commandé par le général de Mac Mahon, arrivant lui-même d'Alger. Le 1ᵉʳ corps avait été envoyé par chemin de fer à Marseille; la garde l'avait suivi par la même voie, à raison de six mille hommes par jour, et l'escadre avait débarqué, le 29, à Gênes, ses premiers bataillons. L'amiral Jurien de la Gravière, qui la commandait, fut ensuite envoyé devant Venise pour y bloquer l'archiduc Maximilien, chef de la flotte autrichienne, et empêcher les ravitaillements par Trieste et la voie de mer. L'amiral venait de passer dans l'Adriatique la plus grande partie des années 1857 et 1858. Au Montenegro, son esprit de conciliation, sa constante bienveillance avaient empêché des collisions imminentes entre les Autrichiens, les Turcs et les Russes, présents à la fois sur ce champ de bataille toujours prêt.

Les 2 et 3 mai, parurent les déclarations de guerre de la Sardaigne et de la France : l'Empereur s'engageait à poursuivre la guerre jusqu'à ce que l'Italie fût rendue à elle-même. En même temps, le grand-duc de Toscane quittait Florence et se retirait en Autriche. Le 10 mai, l'empereur Napoléon partait de Paris; le 14, il arrivait à Alexandrie, au centre de la position occupée par l'armée française, entre Casale et

Gênes, position couverte par le Tanaro et le Pô : le 5ᵉ corps français (prince Napoléon) était en réserve à Gênes; les cinq divisions sardes en avant et à gauche des Français. Au loin à gauche, au pied des Alpes, Garibaldi et ses volontaires menaçaient la Lombardie; ils étaient surveillés par le feld-maréchal-lieutenant Urban, chargé de garder cette province.

Dès le 3 mai, à la nouvelle de l'arrivée du maréchal Canrobert, Giulay avait renoncé à l'offensive et était retourné sur le Pô. Concentré dans l'angle formé par le Pô et le Tessin, avec des divisions jetées au delà de ces deux cours d'eau, il attendait que le mouvement de l'armée alliée se prononçât, pour se jeter sur elle par sa droite ou par sa gauche. Il était évidemment préoccupé du souvenir de la campagne de 1796, dans laquelle le général Bonaparte, passant entre le Piémont, désarmé par l'armistice de Cherasco, et Gênes, dissimulant à peine sa malveillance, avait descendu jusqu'à Plaisance la vallée du Pô, surpris le passage du fleuve entre le Tessin et l'Adda, et couru battre Beaulieu à Lodi, en le coupant ainsi de Milan. Le neveu de l'audacieux général républicain allait-il reprendre les traditions de son oncle?

Entre Casale et Plaisance, la vallée est resserrée, sur la rive droite du Pô, par un contre-fort de l'Apennin qui vient mourir à Stradella et Montebello. C'est là qu'en 1800 le premier consul a barré le passage aux Autrichiens accourant de Gênes : cette fois, la situation est l'inverse de ce qu'elle était avant Marengo. Les Autrichiens occupent Stradella, et leurs patrouilles surveillent la vallée jusqu'à Bobbio; ils ont, sur ce point, un corps d'armée au delà du Pô.

Le 17 mai, le 3° zouaves occupa Bobbio. L'ennemi prit position, la droite à Cascina Nuova, sur le chemin de fer, au bord du fleuve, la gauche à Ginestrello, au pied de l'Apennin; Montebello était derrière lui.

La division Forey tenait la tête du 1ᵉʳ corps d'armée, formant la droite de l'armée française : le 20 mai, il arrivait en présence des Autrichiens. Sa résolution fut prise sur-le-champ : inférieur en nombre à ses adversaires, il se décida à garder la défensive dans la vallée et à attaquer vigoureusement du côté de la montagne. Un succès sur ce point forcerait l'ennemi à la retraite.

Cambriels, à Cascina Nuova, résiste, avec un bataillon du 74°, aux attaques de l'ennemi; il est bientôt secouru par les 91° et 93°, accourant sous les ordres du général Blanchard. Cependant, le reste du 74°, le 84°, le 17° chasseurs abordent impétueusement Ginestrello, l'enlèvent et marchent par les crêtes vers Montebello. L'artillerie, protégée par la cavalerie sarde de Sonnaz, s'avance parallèlement par la grande route; Montebello est enlevé, mais la brigade y a perdu son chef, le général Beuret. Les Autrichiens résistent dans le cimetière : leur droite recule de Cascina Nuova, dégagée par le succès de la brigade Beuret. Une dernière attaque rend Forey maître du cimetière de Montebello : les Autrichiens sont décidément en retraite, et cette première journée ouvre glorieusement la campagne.

Plus de doute, c'est à sa gauche que Giulay doit attendre l'attaque.

Cependant les journées s'écoulent sans que le mouvement de la droite française se prononce le long du Pô, sans que cette droite semble vouloir profiter de son succès de Montebello. Tout à coup, le 30 mai, le général Giulay apprend qu'à l'autre extrémité de la ligne de bataille, au nord même de la route de Turin à Milan, Palestro, qui commande un pont sur la Sesia, a été enlevé au poste autrichien qui le gardait. C'est, il est vrai, une division sarde, celle de Cialdini, qui a pris cette offensive. Elle fortifie à la hâte, sur la route de Bobbio, le plateau auquel aboutit cette route. Giulay ordonne à sa droite de l'en chasser et de reprendre ce passage sur le cours d'eau qui sépare les deux armées. Le feld-maréchal-lieutenant Zobel prescrit, pour cette opération, les dispositions suivantes aux deux divisions Lilia et Jellachich.

Le lendemain, 31 mai, la brigade Dondorf abordera Palestro par la grande route de Bobbio ; Veight débusquera les Sardes de leur avant-poste de Confienza, et se rabattra, par sa gauche, sur le plateau de Palestro. Szabo remontera la Sesia sur sa rive droite par la Bridda et Cascina San Pietro, pour aborder la position par le sud en traversant les canaux qui aboutissent à la rivière. La 4° brigade, Kudelka, restera en réserve à Robbio.

Les deux premières brigades replièrent les avant-postes sardes sur les routes de Bobbio et de Rozosco, mais ne purent prendre pied sur le plateau, où Cialdini résistait avec une inébranlable fermeté. Cependant, le long de la Sesia, leur colonne de gauche gagnait du terrain, s'emparait de la Bridda, battait de son artillerie un pont de bateaux qu'elle voyait jeter sur la Sesia, sur le chemin de Prarolo, enlevait encore, à six cents mètres, la Cascina di San Pietro, et franchissait le pont de Cavorcotti, sur un des canaux qui couvraient Palestro de ce côté. Cialdini résistera-t-il à une attaque nouvelle des deux premières brigades, menacé qu'il est ainsi sur son flanc droit?

Mais des canons apparaissent sur la rive droite de la Sesia et ouvrent le feu sur la gauche de Szabo; tout à coup, derrière lui, des zouaves, dissimulés jusque-là par les récoltes, accourent au canal qu'il vient de traverser : une batterie autrichienne, appuyée par les chasseurs tyroliens, arrêtera-t-elle ces assaillants inattendus? Vain espoir! les zouaves arrivent au bord du canal, le franchissent ayant de l'eau jusqu'aux épaules; leurs cartouches sont mouillées, mais ils attaquent à la baïonnette avec un irrésistible élan. Cinq canons sont tombés dans leurs mains; ils franchissent la route qui mène au pont de la Sesia. La brigade autrichienne, attaquée à ce moment par les Sardes, recule sur le chemin qu'elle a suivi; les zouaves appuient la poursuite; le roi Victor-Emmanuel s'est jeté dans leurs rangs; ce sont eux encore qui reprennent la ferme de la Bridda, les canons qui la défendent, le moulin et le pont du canal. La retraite est coupée à la gauche autri-

8.

chienne : plus de cinq cents hommes se noient dans la Sesia, beaucoup restent prisonniers. Les alliés sont maîtres de ce passage.

C'est qu'il ne s'agissait point, comme avaient pu le croire les Autrichiens, d'une diversion tentée par l'armée sarde pour faciliter la marche en avant de la droite française. L'armée alliée s'était dérobée, et, par une marche à gauche derrière le Pô et la Sesia, était venue se masser sur la droite de l'armée autrichienne : elle marchait directement sur Milan ; l'armée de Giulay devait faire face du nord pour s'y opposer. Le 1er zouaves avait été détaché du 3e corps à l'aide de Cialdini, et c'était le général Lebœuf qui jetait, sur la Sesia, le pont qui avait attiré les feux du canon de Szabo. Le 3e corps français (Canrobert) franchit la Sesia le lendemain et en fortifia le pont. A sa gauche, Niel occupe et dépasse Novare ; Mac Mahon le suit.

Ainsi la Sesia est franchie. L'armée autrichienne occupe encore les deux rives du Tessin ; mais l'armée française la laisse à sa droite en se dirigeant vers le Tessin à Turbigo. Giulay ramène ses forces principales sur la rive gauche du Tessin et se dispose à marcher vers le nord pour prendre en flanc la marche des Français sur Milan.

C'est Espinasse (division de gauche de Mac Mahon) qui occupe Trecate. La garde (général Camou) se dirige le 1er juin par Bobbio sur Turbigo, où le général Lebœuf doit jeter des ponts pour franchir le Tessin. Cette opération ne trouve d'ailleurs pas de résistance sérieuse. A deux heures du matin, un bataillon de chasseurs occupe Turbigo; le general Manèque s'y établit avec trois bataillons; le général Douai occupe, avec deux bataillons, un terrain boisé à droite. Decaen garde la rive droite avec sa brigade : la division Camou (voltigeurs de la garde) est mise sous les ordres du général de Mac Mahon.

Le 3 juin, celui-ci a franchi le Tessin et court reconnaître le terrain à Robecchetto, où il est sur le point d'être pris par les Autrichiens, qui remontent la rive gauche du Tessin. Mais ses divisions le suivent, et La Motterouge enlève Robecchetto : les Autrichiens se retirent au sud, vers le gros de leur armée, poursuivis par les turcos, le 45e et l'artillerie du général Auger.

Le même jour, l'autre division du 2e corps (général Espinasse) franchit le Tessin à San Martino, à six kilomètres en aval de Turbigo; la brigade de Castagny pousse jusqu'à Buffalora, à mi-chemin de Magenta, à deux kilomètres au nord du chemin de fer de Turin à Milan, par San Martino et Magenta. La brigade Gault reste à Cerano, face à Vigevano, couvrant, entre la Sesia et le Tessin, le mouvement de l'armée.

Mais les Autrichiens sont fixés maintenant sur le mouvement de l'armée française : ils ont massé leurs forces au delà du Tessin, après avoir brûlé leurs ponts sur cette rivière, et les Français vont les trouver partout sur la rive gauche, marchant au nord vers leur flanc droit. Toutefois, à Turbigo, à Buffalora, à San Martino, ils n'ont encore que des avant-gardes : le quartier général du général Giulay est à Robecco, sa droite à Magenta, sa gauche à Abbiate Grosso ; il occupe ainsi une ligne sud-ouest-nord-est oblique à la direction que suit l'armée française, sa droite sur la route même que cette armée doit suivre pour regagner Milan, le centre déjà à trois lieues de cette ligne. L'armée française marche, de son côté, la gauche en avant ; ses positions actuelles sont presque parallèles à celles des Autrichiens : elle marche vers l'est comme les Autrichiens vers le nord. C'est à Buffalora, vis-à-vis de sa gauche, que Giulay compte couper la route de Milan et isoler tout ce qui aura passé à Turbigo.

A Robecco, il est sur le Naviglio Grande, canal

très-important qui divise le terrain entre le Tessin et Milan. Sur ce terrain, le chemin de fer de Milan forme, entre San Martino et Ponte Nuovo de Magenta, un haut talus qu'a fortifié le génie autrichien et qu'appuie une redoute près du Naviglio.

Mais le pont de San Martino n'a été qu'imparfaitement détruit, et les sapeurs français y rétablissent le passage. Le général Mazure en jette un second sous la protection du général Mellinet : quelque hâte qu'apporte la garde à franchir cet obstacle, elle se trouvera bien peu nombreuse encore quand donnera le gros de l'armée autrichienne. Le général Wimpfen passe avec deux régiments de grenadiers et deux canons traînés à bras. Les colonels d'Alton et Metman avancent des deux côtés de la levée du chemin de fer, les canons tirant sur les batteries qu'on aperçoit sur la route et qui se retirent sur le Naviglio, à Ponte Nuovo de Magenta. Mais l'ennemi commence à montrer ses masses sur la droite. Wimpfen rétrograde jusqu'à cinq cents mètres de San Martino. Canrobert, dirigé d'abord sur Turbigo, hâte sa marche pour venir à San Martino à l'aide de la garde. Malheureusement, il croisera sur le chemin qu'il suit une partie du 4ᵉ corps, et la marche de tous en sera très-retardée.

Mac Mahon, déjà lancé sur la route de Turbigo à Buscate, averti de la présence des Autrichiens sur sa droite, fait à droite et marche à l'ennemi : il fait dire à l'Empereur que La Motterouge sera à deux heures à Buffalora, et Espinasse à trois heures à Magenta ; Camou marche en réserve.

Mais ces mouvements se combineront-ils à temps, et la garde pourra-t-elle empêcher la masse autrichienne de foncer entre Magenta et San Martino, arrêtant derrière le Tessin les 3ᵉ et 4ᵉ corps et isolant Mac Mahon sur la rive gauche? Là est le nœud de la bataille. Dès neuf heures et demie, La Motterouge a marché de Robecchetto sur Malvaggio, éclairé par le 7ᵉ chasseurs et le général Gaudin de Villaine ; les Sardes suivent. La division Fanti est, à midi, sur le chemin de Magenta.

La brigade Lefèvre (1ʳᵉ de La Motterouge) occupe Casate, puis Bernate, sur le Naviglio, à un kilomètre de Buffalora. Déjà, sous le feu des douze canons du colonel Baudouin, les turcos enlèvent les premières maisons de Buffalora ; ce feu est entendu de la garde et fait croire à l'arrivée immédiate du 2ᵉ corps.

Il n'en devait pas être ainsi : la droite des Autrichiens prononçait, à ce moment même, son mouvement en avant entre les deux divisions du 2ᵉ corps. Mac Mahon arrête le mouvement de sa droite, et ramène La Motterouge vers Espinasse. Inquiet de ne pas entendre le feu de celui-ci, il se lance, avec son chef d'état-major Lebrun et son peloton d'escorte, à travers cette plaine, traverse, sans s'arrêter, une ligne de tirailleurs autrichiens, arrive à Marcallo, où il trouve Espinasse. Celui-ci s'engage à garder à tout prix Marcallo, tout en s'étendant à droite pour appuyer La Motterouge. Il est deux heures, Camou arrive à Casate et s'étend en arrière et à gauche de La Motterouge. Cependant, que se passe-t-il à la droite des Français?

L'Empereur, au bruit du canon de Baudouin, s'est persuadé que Mac Mahon arrivait déjà; il ne veut pas le laisser combattre seul, et, obéissant au principe de marcher au feu, lance en avant, sur Ponte Nuovo, Wimpfen et ses cinq mille hommes; il envoie en même temps à Canrobert et à Niel l'ordre de hâter leur marche. Il n'y a plus lieu de se couvrir à droite sur la rive droite du Tessin; le danger est tout sur la rive gauche.

Mais les Autrichiens se hâtent aussi à travers les trois ponts du Naviglio dont ils sont maîtres, et le mouvement prématuré de la garde la met en présence de forces très-supérieures. D'ailleurs, le Naviglio couvre, comme d'un fossé de fortification, le front des Autrichiens ; leur droite, à Magenta, s'appuie en outre sur les solides constructions de la gare et de la douane, qu'ils ont, des deux côtés du chemin de fer, organisées défensivement.

Wimpfen marche avec Metman à droite, appuyé par quatre pièces, suivant la grande route ; le colonel d'Alton conduit à gauche le 2 grenadiers et quelques compagnies de zouaves de la garde. Ponte Nuovo et la redoute sont emportés. Le pont, auquel les Autrichiens ont mis le feu, peut être préservé.

A droite, sur Ponte Vecchio, trois compagnies de zouaves de la réserve, commandées par M. de Bellefonds, rejettent les Autrichiens au delà du Naviglio. Mais leurs renforts accourent de Robecco le long du canal ; M. de Bellefonds est blessé mortellement. Ponte Vecchio retombe aux mains de l'ennemi.

A Ponte Nuovo, le colonel de Tryon s'est emparé des maisons qui bordent le pont et y a trouvé les barils destinés à le faire sauter. Les zouaves du colonel Guignard traversent le canal et enlèvent la douane. Le général Cassaignoles accourt avec un escadron de chasseurs et charge, à gauche de la route, l'ennemi qui s'accroît sans cesse et dont le canon écrase la tête de l'attaque française ; les quatre canons de La Jaille tirent à mitraille sur les masses autrichiennes.

Et l'on n'entend plus le feu de Mac Mahon !

Le colonel Bretteville arrive avec trois cents hommes du 1ᵉʳ grenadiers. Ce faible renfort ne suffira pas longtemps. Heureusement, la division Renault, du 3ᵉ corps, écartant tous les *impedimenta* qui encombrent la route de Trecate à San Martino, a franchi le Tessin et, la brigade Picard en tête, atteint à deux heures le Naviglio, court à la redoute et dégage la droite de Wimpfen, qui peut ainsi respirer. Une charge vigoureuse du 23ᵉ (colonel Auzoui) arrache aux Autrichiens les maisons de Ponte Vecchio en deçà du canal. Les Autrichiens font feu des maisons au delà, et des forces écrasantes arrivent de Robecco, le long de la rive droite. A une sommation de mettre bas les armes, Picard répond en se jetant sur l'ennemi, qu'il repousse ; mais il ne peut se maintenir dans Ponte Vecchio. Hors d'haleine, il court de la redoute au village, qui est repris et reperdu. A ce moment arrive le 90ᵉ, qui se déploie entre la redoute et Ponte Vecchio sous un feu terrible. Son colonel, Charlier, est tué.

A gauche, en avant de Ponte Nuovo, le général Clerc résiste à grand'peine, et les Autrichiens font d'incessants progrès. Clerc est tué ; l'artillerie de La Jaille échappe à peine, en laissant aux mains de l'ennemi une pièce dont les servants et le chef ont été tués en la défendant.

Mais voici les premières troupes du 4ᵉ corps ; c'est Vinoy qui les commande, et Niel marche avec lui ; Ponte Nuovo est dégagé sur la rive droite. Le général de Martimprey, à Ponte Vecchio, secourt le 23ᵉ, épuisé de fatigue et de sang ; on a gagné quinze cents mètres sur la route de Magenta.

Il est quatre heures. Le canon de Mac Mahon se fait entendre de nouveau sur la droite et en arrière des défenseurs du Naviglio ; leur résistance faiblit ; Vinoy enlève de nouveau Ponte Vecchio de la rive droite ; mais le pont est détruit.

Revenons au 2ᵉ corps, que nous avons laissé reculant de Buffalora pour rapprocher ses deux ailes. Lui aussi, après une marche en avant relativement facile, s'est trouvé en face d'ennemis qui s'augmentent rapidement. La brigade Gault, établie solidement à Marcallo, sert d'appui à sa gauche ; le 71ᵉ (colonel Duportal) dégage le village à l'est, en repoussant l'ennemi à la baïonnette, le retrouve en rentrant à Marcallo, se fait jour et rejoint le 72°. Castagny se jette à droite sur l'ennemi, qui fait une pointe entre les deux divisions. A sa droite marche le 2° zouaves; à gauche, le 1er régiment de la légion étrangère, colonel Brayer, commence l'attaque, soutenue par le 2° étranger, colonel de Chabrières; celui-ci est tué, mais l'attaque a gagné du terrain sur toute la ligne.

Les Autrichiens, reformés, attaquent de nouveau et vont atteindre les cinq pièces amenées de Marcallo par Guillemard. Les Français attendent immobiles; mais la voix d'Espinasse retentit: « Lancez-vous, Castagny », dit-il. Et tout s'élance en effet; au feu de Castagny répondent d'autres feux en arrière des Autrichiens. Le 45°, de la division de La Motterouge, a obéi aux ordres de concentration donnés par le général de Mac Mahon.

Dès lors, toute résistance devient vaine. Brisés sur tous les points, les Autrichiens reculent sur Magenta en perdant un drapeau. A leur gauche, ils ont abandonné Buffalora, qu'occupent les grenadiers de d'Alton; La Motterouge leur a enlevé sept cents prisonniers à Cascina Nuova, route de Buffalora à Magenta.

C'est sur Magenta, en effet, que se dirigent les trois divisions du 2° corps. Mac Mahon leur a donné pour point de direction le clocher de la ville. Les Autrichiens occupent fortement Magenta et ses abords ; à l'ouest, La Motterouge attaque le chemin de fer et la batterie qu'il couvre ; Espinasse arrive, du côté du nord, sur le centre du village et envahit la rue qui part de la gare ; les Tyroliens font un feu meurtrier d'une grande maison qui arrête l'élan des Français et dont la porte résiste à leurs efforts. Espinasse ordonne d'enfoncer une fenêtre qu'il frappe du pommeau de son épée ; une balle l'abat, mais la fenêtre est enfoncée par les zouaves du colonel Tixier, et tous les défenseurs de la maison sont pris ou tués. Castagny passe outre à travers le feu des maisons.

Le général Gault a été rappelé de Marcallo ; il appuie les deux régiments étrangers et, pas à pas, gagne le chemin de fer ; un vigoureux élan de Brayer l'amène jusqu'à la place, où Castagny arrive au même instant. L'ennemi, épuisé, prononce son mouvement de retraite, poursuivi par nos boulets.

La droite française et la division Vinoy avaient repris, au bruit du canon de Mac Mahon, une

vigoureuse offensive et arrivaient de leur côté à
Magenta. Auger, avec trente pièces amenées sur
la chaussée, avait aidé l'attaque du général de
Martimprey ; de ce côté aussi, les maisons avaient
été enlevées une à une, et le gros des Autrichiens
reculait sur Robecco, pris d'écharpe et décimé
par le canon d'Auger, mis en batterie sur le chemin de fer. A Magenta, la bataille était décidée.

A Ponte Nuovo, la garde, dégagée, a repris
sa marche ; l'artillerie de Sévelinges l'appuie à
droite et bat les deux Ponte. Giulay ne se tient
pas pour battu, au contraire. L'impétueuse attaque des Français a été repoussée le matin ; ils ont
dû reculer, et, tandis que Mac Mahon et Martimprey entrent à Magenta, Renault et Jannin,
et, à leur droite, le reste de la division Vinoy,
puis Canrobert, avec les colonels Bellecourt et Mal-
roy, font face à une nouvelle attaque partie de
Robecco ; sous une pluie de balles et de boulets,
le colonel de Senneville tombe en chargeant les
Autrichiens. La division Trochu arrive à l'aide
de son général, faisant sonner et battre tous ses
clairons et ses tambours. L'élan des Autrichiens
est arrêté, mais ils bivouaquent à deux cents pas
des chasseurs français, tout prêts à recommencer
le lendemain. Dans la nuit, le génie français

rétablit le pont de Ponte Vecchio. Le général Vinoy fait élever des barricades et créneler les maisons, pour résister à l'attaque prévue de la gauche autrichienne.

Giulay, en effet, compte recommencer la lutte ; ses masses ont avancé sans cesse à sa gauche, et la fin de la journée le trouve en position d'offensive. Sa droite a perdu Magenta ; mais elle peut s'arrêter en ligne avec le reste de l'armée, face au nord ; toute la journée, ses télégrammes à l'Empereur ont annoncé des progrès. Si sa droite résiste et que sa gauche avance encore, son plan de couper l'armée française et de reconquérir la route de Milan peut réussir !

Vain espoir ! Il ne se rend pas compte de l'étendue du désastre de sa droite ! Ses Ier et IIe corps, qui ont soutenu la lutte contre Mac Mahon, ont reculé, désorganisés, et sont trop loin pour être ramenés sur la ligne de bataille : il faut renoncer à lutter, livrer Milan et préparer ailleurs des chances meilleures. Il laissait douze mille hommes sur le terrain ; cinq à six mille étaient prisonniers.

En résumé, après le combat de Montebello, l'armée française, défilant de sa droite à sa gauche autour de l'armée autrichienne, avait, en quinze jours, dépassé le gros de cette armée, et

s'était lancée sur la route directe de Milan : le
succès de Palestro lui avait livré le passage de la
Sesia, et elle n'avait rencontré que des avant-
gardes jusqu'au Tessin, qu'elle avait abordé le
3 juin, à Turbigo et à San Martino. Mais tandis
que sa gauche dépassait aisément le Tessin, que
sa droite faisait face au sud entre les deux rivières,
Giulay s'était dérobé, et, reporté presque entièrement au delà du Tessin, avait marché au nord,
surprenant, au centre, une faible avant-garde à
laquelle il avait arraché les ponts du Naviglio et
qu'il avait maintenue ou refoulée, malgré les renforts que l'Empereur avait appelés en toute hâte
de sa droite. Au delà, vers Magenta, les forces
étaient plus égales, les Autrichiens ayant, là,
plus de terrain à parcourir pour amener des
adversaires à Mac Mahon; cependant, leur premier élan avait menacé de séparer les deux divisions du 2ᵉ corps et dégagé Buffalora. L'effort
tenté pour percer la ligne française entre Mac
Mahon et la garde avait donc presque réussi. Ce
n'était qu'à force de vaillance que la garde,
secourue successivement par des fractions des
3ᵉ et 4ᵉ corps, avait pu se maintenir en avant de San
Martino, et que, d'autre part, Mac Mahon avait
fait des progrès incessamment disputés. Vers la fin

de la journée, il avait enfin donné la main à la garde à Buffalora et arraché Magenta à la droite épuisée de Giulay. C'est à bon droit que ce nom de Magenta sera ajouté à son nom déjà glorieux ; en même temps, il était élevé à la dignité de maréchal de France. Il en fut ainsi du général Niel : après Pellissier, Canrobert, Bosquet, arrivaient à ce haut rang le général qui avait commandé le génie devant Sébastopol et celui qui avait si brillamment enlevé Malakof.

Malgré le succès de Magenta, l'Empereur ne se crut pas en état de jeter l'armée sur l'ennemi ou de courir à Milan. L'armée autrichienne était en situation, en effet, soit d'accepter une bataille défensive derrière le Naviglio Grande, qu'elle tenait encore, soit, si l'armée alliée prononçait son mouvement sur Milan, de jeter sur son flanc droit le centre et la gauche, qui avaient combattu sans trop de désavantage le 4 juin. Aussi l'Empereur employa-t-il les journées qui suivirent à réunir ses troupes en vue d'une bataille possible en faisant traverser le Tessin aux troupes des 3°, 4° et 1er corps, qui n'avaient pu arriver à temps à la bataille. L'armée sarde revint sur la rive droite du Tessin pour la garder contre un retour offensif.

Dès le 5, en effet, on avait perdu le contact de l'armée ennemie : le feld-maréchal Hess, arrivé de Vienne au quartier général, avait délibéré avec le général Giulay sur la détermination à prendre. Deux considérations décidèrent la retraite des Autrichiens : l'aile droite des Français avait montré tant de solidité et de vigueur dans la journée du 4, qu'un succès contre elle n'était point à espérer, maintenant que l'arrivée des corps restés en arrière lui permettrait de combattre à nombre égal contre l'adversaire qui n'avait pas pu l'accabler quand il était considérablement supérieur; ensuite il était de principe, pour l'armée autrichienne, que son principal champ de bataille était le quadrilatère formé sur le Mincio et l'Adige par les quatre places fortes de Peschiera, Mantoue, Vérone et Legnago. On décida de se retirer à l'abri de ces places et d'aller ainsi au-devant des renforts envoyés par l'Empire. On ramena donc l'armée derrière le Naviglio, puis on prit la route de l'est, abandonnant aux alliés des approvisionnements importants à Abbiate Grasso et à Pavie.

La retraite se fit par la vallée du Pô, tandis que les alliés, assurés maintenant de leur victoire, se portaient en avant, par le pied des montagnes, sur Milan et Brescia, précédés par Garibaldi, marchant en avant de leur extrême gauche.

Le 7 juin seulement Mac Mahon entra à Milan, abandonnée depuis deux jours par les Autrichiens. Les deux souverains y firent, le 8, leur entrée solennelle, accueillis par l'enthousiasme de la population.

Ce même jour, les Autrichiens atteignaient l'Adda à Lodi, sans que leur marche eût été inquiétée. Ils envoyèrent des reconnaissances jusqu'au Tessin, sans y voir d'ennemis, et, sur la route de Milan, firent occuper par les VIII° et III° corps Melegnano (Marignan), sur la route de Milan à Lodi, à seize kilomètres de chacune de ces deux villes, et Landriano, sur le Lambro, qui coule entre le Tessin et l'Adda.

L'armée alliée ne pouvait laisser sans réponse ce mouvement offensif qui menaçait sa droite. Le 1ᵉʳ corps, qui n'avait pas combattu à Magenta et se trouvait en arrière, reçut l'ordre d'enlever le détachement aventuré à Melegnano. Le 2ᵉ corps dut marcher à l'est du premier, de façon à couper, à Sordio, la route de Melegnano à Lodi. Le maréchal Baraguay d'Hilliers n'a traversé le Tessin que le 6 et a campé, le 7, à San Pietro l'Olma, à deux lieues de Buffalora, sur la route de Milan. Il dirige ses trois divisions sur Melegnano, que Ladmirault doit aborder par Zivido et San Brera, à l'est de la grande route, Forey à l'ouest, par Civesio et Pedriana, Bazaine directement, par la grande route de Milan.

Mais on est parti tard, mesurant seulement la distance à parcourir et sans tenir compte des difficultés d'une contrée coupée de mille canaux, complantée d'arbres, où la marche est presque impossible hors des grandes routes, où la vue ne s'étend jamais à quatre cents mètres. Le canal, entre autres, de Pedriano au Lambro, couvre Melegnano, à trois cents mètres, d'un obstacle très-sérieux. Il barre la route à Forey, qui n'est en mesure d'agir que par son artillerie.

Le maréchal voyait venir la fin du jour; à six heures du soir seulement, il arrivait à une lieue de la ville. Sans attendre la coopération de ses deux premières divisions ni l'arrivée de Mac Mahon sur sa gauche, il fit ouvrir le feu par toute l'artillerie disponible; puis le 1er zouaves, de la division Goze, et le 33e régiment déposèrent leurs sacs et se lancèrent à l'attaque, sous le feu d'une artillerie qui n'avait point été dominée. Cette attaque fut si impétueuse qu'elle pénétra dans la place, et les zouaves se logèrent dans les premières maisons. Mais leur colonel, Paulze d'Yvoi, était atteint mortellement ; le lieutenant-colonel Brincourt avait reçu une grave blessure. Pendant ce temps, la division Ladmirault avait enlevé les fermes qui couvraient, de son côté, l'abord de la ville, et un petit nombre de ses soldats, se coulant le long du Lambro, enlevaient le pont, s'emparaient de six pièces de canon et mettaient en fuite le bataillon frontière qui gardait ce point.

Mais en cet instant arrivait au secours de la brigade Roden la brigade Boër, envoyée de Lodi par le général Benedek. Elle reprit le pont au faible détachement de Ladmirault, rétablit le combat sur ce point et couvrit la retraite de Roden. Boër et son aide de camp furent tués.

A huit heures du soir, les Français étaient maîtres de la ville. L'obscurité et un violent orage mirent fin à la lutte. La retraite des Autrichiens ne fut inquiétée que par le feu de quelques canons du 1ᵉʳ corps, à Li Capuccini, qui touche à la ville, et celui des canons de Mac Mahon, arrivant seulement alors à Dresano, à hauteur de Melegnano, et à huit kilomètres de Sordio, son objectif. La manœuvre projetée avait donc manqué : les Français avaient acheté la prise de Melegnano par une perte d'un millier d'hommes. Les Autrichiens n'avaient guère compté qu'un tiers de ce nombre en tués et blessés; mais on leur avait fait douze cents prisonniers, et l'effet moral de ce sanglant combat dépassait son importance réelle. La reconnaissance envoyée sur Landriano avait reculé sans combattre devant le 4° corps.

Les Français étaient donc à portée de s'opposer à tout mouvement en avant de l'armée autrichienne. Celle-ci reprit sa marche vers le Mincio, abandonnant Plaisance, comme Milan et Pavie. Si, en effet, les deux armées s'arrêtaient dans les positions actuelles, l'avantage était tout aux alliés, pour qui la Lombardie était un pays ami, qu'ils organiseraient à loisir, tandis que les Autrichiens seraient presque bloqués à Plaisance, tant par l'hostilité du pays que par la position de l'armée des alliés dans l'angle formé par le Pô vis-à-vis de cette ville; ils seraient d'ailleurs plus difficilement joints par les X° et XI° corps et la cavalerie Zedwitz, qui venaient de l'intérieur de l'empire. La retraite sur le quadrilatère s'imposait donc. Parme se soulevait au même moment, et la garnison de Plaisance dut rejoindre l'armée par la rive gauche du Pô. On l'attendit le 9 juin sur l'Adda, le V° corps restant chargé de la recueillir. Le 10, l'armée autrichienne marcha au delà de l'Adda, emmenant la garnison de Pizzighitone. Les sacs des soldats étaient mis aux bagages, et, par ordre de l'empereur François-Joseph, ils ne portaient plus que leur pain et une paire de souliers. Pour ces troupes jeunes en général et peu faites aux fatigues, ce fut un grand soulagement.

Les alliés suivirent parallèlement, à quelque distance au nord, le mouvement de l'ennemi. Le 11 seulement, comme les Autrichiens atteignaient l'Oglio, les Sardes arrivaient sur le haut Adda. Les alliés se dirigeaient donc sur Brescia, dont l'empereur François-Joseph rappela la garnison et qu'occupa Garibaldi. L'armée autrichienne put, sans être abordée de nouveau, se diriger vers Peschiera et le Mincio supérieur, ne laissant sur la route de Mantoue que le IX⁰ corps, qui avait devancé en Italie la première armée, dont ce corps faisait partie et qu'il devait retrouver sur le Mincio moyen. Quant au général Urban, aventuré à l'extrême droite autrichienne jusqu'au Tessin, où il avait appris, le 5 juin, la bataille de Magenta, il avait reculé à grandes journées et avait pu, grâce à la lenteur du mouvement des alliés, se remettre, sans échec grave, en ligne avec le reste de l'ar-

mée autrichienne. Garibaldi le suivait sur Brescia.
Il était entré le 8 à Bergame, dont Urban avait
emmené la garnison, et s'était renforcé des volontaires accourant de toutes les parties de la Lombardie.

L'empereur Napoléon se gardait toujours contre
une attaque possible des Autrichiens; il tenait
son armée concentrée et, par suite, ne se mouvait qu'avec lenteur et difficulté. La présence des
corps sur un petit nombre de routes ajoutait aux
fatigues dues à la chaleur.

Cependant les directions des deux armées convergeaient vers la pointe du lac de Garde, les
Autrichiens ayant l'avance, les Sardes, et surtout
Garibaldi, arrivant seuls à leur portée; le 15 eut
lieu, près de Ciliverghe, en avant de Brescia, une
rencontre des corps francs avec Urban, qui tenait
l'extrême droite autrichienne : on y perdit, de
part et d'autre, une centaine d'hommes. Le roi
Victor-Emmanuel accourut au bruit du combat et
s'établit, le 16 juin, en avant de Brescia, sur le
chemin de fer de Milan à Venise. Les Autrichiens
atteignaient la Chiese, occupant, derrière leur
droite, Dezenzano, sur le lac de Garde. Garibaldi,
appuyé par le Roi, est seul au contact. Les Français sont à une étape en arrière.

Le 16, une partie de l'armée autrichienne avait atteint le Mincio, quand un ordre de l'empereur François-Joseph arriva de s'établir derrière la Chiese, la droite au lac, sur le terrain montueux qui s'étend au sud du lac de Garde. On se préparait à une bataille qui devait commencer, le 20, par une conversion à droite, le VIIe corps formant pivot à Lonato, la gauche remontant au nord entre la Chiese et le Mincio : tous les renforts étaient arrivés avec le jeune Empereur, et celui-ci ne voulait plus reculer sans combattre.

Les Français n'avaient fait que cent trente kilomètres en seize jours ; ce n'était qu'à grand'peine et en s'aidant du bon vouloir des Lombards qu'ils parvenaient à vivre en route et à rétablir les ponts détruits, les communications par chemins de fer arrêtées par des coupures et par l'enlèvement du matériel. Mais enfin, ils étaient à portée d'accepter la bataille que préparaient les Autrichiens.

Cependant le 5e corps français, prince Napoléon, avait débarqué à Livourne du 23 au 25 mai : sa mission était d'appuyer et de contenir à la fois le mouvement d'insurrection qui soulevait la Toscane. Mais, dès le 12 juin, ce corps, précédé du corps toscan d'Ulloa, se mit en marche à travers le duché de Modène, pour venir coopérer avec l'armée principale. Son approche influa sans doute sur la détermination de l'empereur François-Joseph de reprendre l'offensive et de revenir vers le Mincio. Il ramenait aussi à la gauche du Pô les deux brigades qui, jusque-là, avaient occupé Ancône et les Légations. Les Autrichiens réunissaient ainsi toutes leurs forces disponibles ; toutefois, ils laissaient dans les places les 4es bataillons des régiments et les trois régiments italiens de leur armée, sur lesquels ils ne comptaient qu'à demi. Leur X^e corps, renforcé des deux brigades des Légations, couvrait les débouchés du Pô inférieur. Le IIe, maintenu près de Mantoue, servait de réserve soit au Xe, soit au reste de l'armée concentrée vers le haut Mincio : peut-être y avait-il, de ce côté, exagération de précautions ou crainte d'une pointe audacieuse du 5e corps et des Toscans au-dessous de Mantoue.

Ainsi 30,000 hommes étaient détachés sur le bas Pô. Il restait aux première et deuxième armées, sur le Mincio, 160,000 hommes et 800 pièces d'artillerie. Les Autrichiens avaient perdu 15,000 hommes dans les combats. Ils avaient, ce qui est plus grave encore, 50,000 malades dans les hôpitaux. On les avait transportés en arrière jusqu'en Galicie et en Bohême.

Le 16 juin, l'empereur François-Joseph arrivait à Villafranca pour prendre le commandement de son armée, et y recevait le général Giulay, qui demandait à se retirer. Le général Wimpfen commanda la première armée ; la deuxième eut pour chef le général de cavalerie comte Schlik. De nombreuses mutations eurent lieu dans l'état-major, et, le jour de la bataille de Solférino, la moitié des généraux de division commandaient leurs troupes pour la première fois.

L'armée alliée, surtout les Français, avait aussi perdu beaucoup de monde par les combats, et surtout par la maladie. Elle ne comptait guère, à Solférino, que cent cinquante mille hommes, dont quarante-quatre mille Sardes, et seulement quatre cents pièces d'artillerie. Mais celles-ci étaient, en général, des pièces rayées, du système Treuille de Beaulieu, dont la portée et la justesse leur assuraient une supériorité décisive.

Le 21 juin, le 4ᵉ corps, appuyé par les deux divisions de cavalerie Desvaux et Partouneaux, destinées à agir avec lui dans un terrain assez ouvert, passait la Chiese vers Carpenedolo (huit kilomètres de Castiglione). A sa gauche, le 2ᵉ corps passa à Montechiaro et envoya ses avant-postes à Lonato et Castiglione. Un peu en amont, à Rho, le Ier corps atteignait la Chiese; la garde remplaçait Niel à Carpenedolo. Le maréchal Canrobert couvrait, à Mezzano (six kilomètres de Carpenedolo), la droite de l'armée. A l'extrême gauche, les Sardes franchirent la Chiese au-dessus de Calcinato, et occupèrent Dezenzano et Lonato, près du lac. De Dezenzano à Mezzano, on compte vingt-deux kilomètres.

Le 22, Mac Mahon occupa Castiglione; la garde le remplaça à Montechiaro. Une patrouille de cavalerie de Niel rencontra l'ennemi au sud de Castel Goffredo. L'armée autrichienne avait sa première ligne sur le Mincio, la deuxième en arrière; le quartier général de l'Empereur à Villafranca; celui du général Schlik à Valeggio, sur le Mincio; celui du général Wimpfen à Roverbella, à quinze kilomètres au sud-est et à quatre kilomètres de la vallée. Trois corps, les VIIIe, Ve, IIIe, occupaient, en avant du Mincio, les positions de Monzambano, Monticelli et Volta. Ils étaient ainsi à gauche de la direction suivie par l'armée alliée; les Autrichiens avaient en outre conservé, fortifié et couvert de forts détachements trois ponts militaires, à Ferri et à Goïto, de façon à profiter, pour une concentration rapide en vue de l'offensive, des routes nombreuses qui sillonnent le terrain. L'approche des alliés empêcha de donner aux Autrichiens un jour de repos dont ils auraient eu besoin : ils se mirent en mouvement dès le 23. A droite, le VIII° corps, général Benedek, appuyé de la brigade Reichlin, franchit le Mincio à Salionze (quatre kilomètres en aval de Peschiera) et se porte à Pozzolengo. Puis vient le V° (comte Stadion), qui va, de Valeggio, s'établir à Solférino (cinq kilomètres sud-ouest de Pozzolengo). Le Ier corps (Clam) s'arrête à la gauche du V°, à Cavriana. Les III° et VII° corps passent à Ferri (six kilomètres en aval de Valeggio), le III° (Schwartzemberg) s'arrête à Guidizzolo, à hauteur et à cinq kilomètres au sud de Solférino ; le VII° (Zobel) en arrière, à Foresto et Volta. La cavalerie Mensdorff campe à Tezze, entre le Ier et le III°. La cavalerie Zedwitz à Guidizzolo, à Medole (cinq kilomètres en avant). Le IX° (Schaffgotsche) va de Goïto à Guidizzolo ; le XI° (Veigt) s'arrête, à quatre kilomètres en arrière, à Cereta, à gauche du VII° corps. Tous ces mouvements s'achevaient le 23, quelques-uns très-tard dans la soirée.

Au quartier général des alliés, on savait que les Autrichiens s'étaient retirés derrière le Mincio : on ignorait leur retour sur la rive droite. A

Castiglione, on avait élevé un ballon captif qui, dans ce pays couvert, n'avait pu apercevoir et signaler aucun mouvement décisif; on était donc resté, le 23, sur les positions de la veille, si ce n'est que le Ier corps, s'avançant de Rho à Esenta, s'était rapproché de l'armée sarde. En réalité, l'armée alliée était en position d'offensive près du lac et d'observation sur sa droite, tandis que l'armée autrichienne était à demi massée vers Guidizzolo.

L'empereur Napoléon se portait vers le Mincio, où il s'attendait à trouver l'ennemi, mais lentement, parce que un jour plus tard il aurait reçu la division d'Autemarre, du 5e corps, qui, ayant franchi le Pô à Plaisance, arrivait sur l'Oglio à Piadena : ce mouvement, imparfaitement connu de l'armée autrichienne, avait hâté son action.

On marchait donc à la rencontre les uns des autres. Mais les Autrichiens, arrivés tard à l'étape du 23, ne devaient se mettre en marche que tard, tandis que les Français partaient au point du jour pour éviter la chaleur. On était plus rapproché dans la partie montagneuse du champ de bataille, entre le lac et Solférino, et, de ce côté précisément, les alliés étaient supérieurs en nombre; il est vrai que le terrain se prêtait à la défensive et que, si les Autrichiens pouvaient y tenir, leur supériorité dans la plaine pourrait décider le succès.

Le terrain s'élève par gradins concentriques autour de la pointe du lac; le point dominant est, près de Solférino, la Rocca, à cent vingt-cinq mètres environ au-dessus du lac; la vue embrasse de là le terrain au loin. On nomme la tour qui s'élève en ce point la Spia d'Italia (l'espion d'Italie).

Le soir du 23 juin, le maréchal Baraguay d'Hilliers avait su, par le rapport de ses officiers d'état-major, que Solférino était fortement occupé : on y évaluait les Autrichiens à six mille hommes. Il se disposa à les attaquer; à quatre heures du matin, la division Forey se mit en marche d'Esenta (cinq kilomètres au sud de Lonato), tourna Castiglione et rencontra les avant-postes ennemis à Le Fontane (route de Castiglione à Cavriana, cinq kilomètres cinq cents mètres de Solférino), les refoula, atteignit le Grole (trois kilomètres plus loin) et occupa le mont Fenile, position avantageuse à deux kilomètres de Solférino. Ladmirault, parti une heure plus tôt, mais parcourant, à la gauche de Forey, un terrain plus difficile, n'entra en ligne qu'à ce moment (huit heures du matin); Bazaine, parti à six heures, arrivait en arrière. Les Autrichiens développèrent trois brigades sur les Monte Mezzane et Carnal, parallèlement à la grande route de Castiglione, leur gauche à Solférino.

En deuxième ligne, ils occupaient Centrada di San Martino et Pagliete di Solférino ; ils tenaient ainsi le bord des hauteurs de Solférino, face au sud-ouest. Là, ils furent canonnés du Monte Fenile, puis attaqués en front par la brigade Dieu, de la division Forey, et à gauche par Ladmirault. Sur les pentes abruptes et plantées de vigne qu'il faut gravir pour les atteindre, les Français sont repoussés des deux parts : Dieu est blessé mortellement.

Au sud-est de la double crête et touchant le mont Carnal est le beau château de Solférino, avec l'église et des bâtiments d'exploitation, dominés par la tour élevée sur la Rocca en avant ; à deux cent cinquante mètres est le cimetière, enclos par un mur de deux mètres de hauteur. Le village est au pied du mont, dans une vallée qui débouche, au sud, à Contrada Catena; cette vallée, qui offrait l'accès le plus facile vers la position des Autrichiens, était battue de tous leurs feux.

L'attaque des Piémontais, à l'extrême gauche, avait devancé celle de Solférino par le Ier corps. Dès six heures et demie, Cucchiari avait refoulé, à Ponticello, les avant-gardes du VIIIe corps (Benedek). La brigade Waterfliet accourut et l'arrêta au pied de la petite chaîne qui couvre Pozzolengo. Molard, marchant le long du chemin de fer de Vérone, arriva à la gauche de Cucchiari ; mais, en même temps, le VIIIe corps autrichien, campé au nord-ouest de Pozzolengo, prit les armes et vint aider sa brigade d'avant-garde. Vers neuf heures, les Piémontais, repoussés malgré une vigoureuse défense, reculaient de quatre kilomètres, jusqu'au chemin de fer, vers Canova.

Le 2e corps était parti, à trois heures et demie du matin, de Castiglione, par la route de Mantoue. A cinq heures et demie, son avant-garde engageait la fusillade à Casa Morino, à mi-chemin de Medole à Solférino (quatre kilomètres environ du Monte Fenile), avec les avant-postes de la gauche autrichienne. Il se passa plusieurs heures avant que le corps, arrivant en colonne par la route de Castiglione, pût engager sérieusement le combat. Cependant le feu redoublait à la gauche de Mac Mahon ; il fit prier le maréchal Niel de hâter sa marche pour que lui-même pût aller à l'aide de Baraguay d'Hilliers sans dégarnir le centre de la ligne française. Là était la condition de la victoire. Mais Niel, parti à quatre heures et demie de Carpenedolo, avait trouvé Medole occupé par la cavalerie de Zedwitz appuyée de deux bataillons, et avait dû la déloger à sept heures. La division Luzy prit là deux pièces de canon.

A ce moment, le 3ᵉ corps, parti à deux heures et demie de Mezzane, au delà de la Chiese, arrivait à Castel Goffredo (quatre kilomètres sud-sud-est de Medole) et en délogeait une grand'garde de Zedwitz. Le maréchal accourut à Medole; mais il constata que Niel était menacé d'une attaque sur sa droite : le 3ᵉ corps avait, d'ailleurs, l'ordre de surveiller le mouvement du corps autrichien qu'on supposait pouvoir venir de Mantoue. Enfin, la queue du corps défilait encore sur le pont jeté sur la Chiese à Visano. Il ne put donc appuyer fortement Niel pour permettre à celui-ci de remplacer Mac Mahon au centre.

A huit heures et demie, celui-ci enlevait Casa Morino et arrivait au bord du Campo Medole, carré découvert de quatre kilomètres de côté que traverse, à deux mille cinq cents mètres de Medole, la grande route de Castiglione à Guidizzolo. Ce terrain, facile à la cavalerie et à l'artillerie, allait devenir le champ de bataille de la droite. Mac Mahon, forcé de faire face au sud-est, au lieu de marcher au nord-est vers Solférino, forma sa 2° division à gauche de la route; la 1ʳᵉ, moitié déployée à droite de la route, moitié en réserve derrière la gauche. Le général Auger disposa devant le front vingt-six pièces dont le feu battait la route et le Campo : cet officier général, très-distingué, y fut blessé mortellement d'un boulet de 3 dans l'épaule. Les divisions de cavalerie Desvaux et Partouneaux couvrirent la communication avec Niel, et leurs douze pièces battirent, de leur côté, le Campo Medole.

Niel poursuivait sur Rebecco (mi-chemin de Medole à Guidizzolo) les Autrichiens délogés de Medole : il laissait ainsi à deux kilomètres cinq cents mètres à sa gauche la cavalerie et Campo Medole. Sa 3ᵉ division (Vinoy) se dirigea vers Mac Mahon et enleva Casa Nuova, près du bord sud du Campo Medole. Trente pièces, dirigées par le général Soleille, se joignirent aux douze pièces de la cavalerie. Soixante-huit pièces françaises battaient ainsi le Campo, redoutables par leur nombre et, plus encore, par une justesse de tir inconnue jusque-là. La ligne du 4ᵉ corps se compléta par la division de Failly à Baite, entre Rebecco et Casa Nuova : quarante-quatre mille Français s'opposaient ainsi aux soixante-cinq mille hommes des IIIᵉ, IXᵉ et XIᵉ corps formant la gauche des Autrichiens; mais la moitié de ceux-ci étaient encore en marche, venant de l'est. De plus, la cavalerie Zedwitz, chassée de Castel Goffredo et de Medole, battue par l'artillerie Luzy, avait quitté le champ de bataille et n'y reparut plus.

L'artillerie française maintenait sa supériorité et repoussait successivement les différentes fractions de l'artillerie autrichienne qui essayaient de préparer l'attaque de leurs troupes; cependant une pointe d'une partie de la cavalerie Mensdorff parvint, entre Niel et Mac Mahon, jusque sur les derrières du 2ᵉ corps, mais dut revenir sans avoir rien accompli d'important. A dix heures, l'empereur Napoléon jeta la cavalerie de la garde entre les 1ᵉʳ et 2ᵉ corps, et l'infanterie, sa seule réserve, vers Solférino.

L'empereur François-Joseph ne connut qu'à neuf heures et demie, à Volta, l'importance de la lutte engagée à Solférino et en avant de Guidizzolo. Le Iᵉʳ corps soutenait déjà le Vᵉ à Solférino;

le VII° dut se diriger sur le même point. La première armée, formant la gauche, dut s'avancer vers Carpenedolo pour dégager la droite.

A Solférino, dès dix heures, la division de Ladmirault gagnait du terrain sur l'étroite crête sillonnée de fossés du mont Carnal : le général de Ladmirault, deux fois blessé, dut se retirer du champ de bataille; mais les Autrichiens, menacés d'être tournés par la crête du mont, reculèrent jusqu'au cimetière. Bazaine, arrivant à l'aide de Ladmirault, fut repoussé d'abord et dut faire préparer une attaque nouvelle par de l'artillerie placée au point étroit et très-exposé où se joignent les monts Carnal et Mezzana. Leur feu battit le cimetière, le château et le mont aux Cyprès, en avant de la gauche autrichienne, où se trouvait une batterie ennemie.

A ce moment, midi, trente-cinq mille Autrichiens défendaient les hauteurs des deux côtés de Solférino contre vingt-quatre mille Français : leur Ier corps (Clam Gallas) s'était placé à gauche du V°. Mais l'infanterie de la garde, partie de Montechiaro à cinq heures du matin, arrivait par Castiglione à le Grole vers onze heures, les voltigeurs (Camou) en tête, les grenadiers et zouaves (Mellinet) suivant en colonne double par divisions; l'artillerie les accompagnait. La situation semblait assez grave pour que le mouvement de la brigade Gaal, lancée à droite contre une brigade piémontaise, appelée vers Solférino sur les instances de l'Empereur, s'arrêtât près de la Madonna della Scoperta, à hauteur et à deux mille mètres de la droite du Ve corps. L'armée sarde faisait alors face au VIIIe corps, au sud-est, sur une étendue de six kilomètres entre Madonna et San Martino, près du chemin de fer. Le général Benedek avait occupé, après la première attaque du matin, le plateau de San Martino, qui domine les terrains voisins et offre une bonne position défensive; il avait devant lui la gauche des Piémontais et leurs forces principales. A dix heures, il avait repoussé deux attaques de la division Mollard; la division Cucchiari, arrivant alors, attaqua de nouveau, s'empara de quelques cassines, puis fut rejetée sur la route de Rivoltella : il était midi et demi; partout, sur le champ de bataille, la lutte était suspendue à ce moment; on reprenait haleine des deux parts.

Dès onze heures et demie, le général Wimpfen avait reçu de l'empereur François-Joseph, arrivé à Cavriana, l'ordre de diriger la première armée non plus sur Carpenedolo, mais sur Castiglione; le

XIᵉ corps, arrivant à Guidizzolo, se partagea pour aller soutenir le IXᵉ, à gauche, vers Rebecco, et le IIIᵉ, à droite, combattant Mac Mahon, au nord du Campo Medole.

Du côté des Français, la brigade Janin et cinq bataillons de la division Renault appuyaient, vers Rebecco, la droite de Niel; mais le reste du 3ᵉ corps se réservait pour arrêter un corps autrichien de vingt à trente mille hommes qui, d'après les avis du quartier général, devait arriver de Mantoue par la route de Castiglione. Cependant, à une heure, il envoya encore la brigade Bataille à l'appui du 4ᵉ corps. La cavalerie couvrait la gauche de celui-ci et l'espace compris entre lui et le 2ᵉ corps. A deux heures, la division Luzy, appuyée d'un régiment (le 73ᵉ) de la division Renault, enleva Rebecco. A Casa Baite et à Casa Nuova, le combat se soutenait avec une grande vigueur; les Français, au nombre de trente mille fantassins contre cinquante mille, étaient, d'autre part, supérieurs en cavalerie et surtout en artillerie.

Revenons à Solférino. Le Iʳ corps autrichien y relevait le Vᵉ, au moment même où la garde, vers une heure, venait appuyer le général Forey; une vigoureuse attaque de celui-ci enleva, à droite, le Monte Ravello; à gauche, le mont aux Cyprès. La Rocca fut ensuite arrachée au V° corps, et les Français pénétrèrent dans la partie sud de Solférino, où quatre pièces tombèrent entre leurs mains; en même temps la division de Ladmirault entrait dans le cimetière, puis prenait Solférino par le nord. Il était deux heures; sur ce point décisif, après six heures d'une lutte acharnée, la bataille était gagnée.

A ce moment, deux heures, les premières troupes du VII° corps autrichien apparaissaient sur le terrain entre Cavriana et San Cassiano, à gauche de la position de Solférino; mais Mac Mahon, laissant entre lui et Niel la cavalerie de Desvaux et de Partouneaux augmentées de celle de la garde, se portait à l'appui de Baraguay d'Hilliers et engageait la lutte avec le VII° corps. La retraite des deux corps qui avaient combattu à Solférino ne put donc être arrêtée; le I°r reculait sur Valeggio; le V°, plus au nord vers Pozzolengo, où se retira aussi la brigade Gaal, de la Madonna. Celle-ci fut suivie par la brigade Piémont, de la division Fanti, puis par la division Bazaine. Forey suivit le I°r corps autrichien sur Valeggio et Ladmirault garda Solférino. Ces divisions du I°r corps étaient, d'ailleurs, accablées de fatigue et hors d'état de poursuivre vivement leur victoire.

La garde et le 2ᵉ corps convergeaient, à droite de Solférino, vers Cassiano, qu'enlevèrent les turcos et le 45ᵉ de ligne. Les Autrichiens se reformèrent sur le Monte Fontana, et, en arrière, à Cavriana et à Croce Riva Blanca.

Le général Wimpfen donna avis à l'Empereur qu'il se voyait forcé de battre en retraite. Cependant le Monte Fontana ne fut enlevé par les divisions Decaen et de La Motterouge qu'au prix de grandes pertes et d'efforts répétés. Elles y trouvaient en effet les troupes fraîches du prince de Hesse, et n'entrèrent à Cavriana que vers quatre heures et demie. A ce moment, un violent orage suspendit le combat.

Plus au sud, les Autrichiens avaient pris l'offensive, à trois heures et demie, de Guidizzolo contre la droite de Niel. Mais cette droite était appuyée par la brigade Bataille, du 3ᵉ corps, plus fraîche que les troupes du 4ᵉ; aidée par la cavalerie Desvaux, elle ramena les Autrichiens dans Guidizzolo; là aussi l'orage mit un terme à la lutte.

Le dernier de l'armée autrichienne, Benedek, quitta le champ de bataille, après avoir, pendant l'orage même, repoussé une dernière attaque de l'armée sarde à San Martino. Il perdit, au commencement de la poursuite, trois pièces d'artillerie. Pozzolengo ne fut évacuée qu'au milieu de la nuit.

Les Autrichiens se retiraient péniblement derrière le Mincio, et leur retraite eût pu être désastreuse si la cavalerie française se fût jetée, comme le demandait le général Desvaux, entre eux et le Mincio. Mais le général Morris jugea que le pays était trop coupé de bois et de cours d'eau pour lancer la cavalerie seule; quant à l'infanterie, qui avait dû faire plusieurs lieues pour arriver sur le champ de bataille et soutenir, pendant toute la journée, une lutte acharnée, elle était à bout de forces.

Le 25 trouva donc les Autrichiens en ligne, au delà du Mincio, de Peschiera jusqu'à six kilomètres de Mantoue. L'empereur Napoléon avait passé la nuit à Cavriana; les armées alliées, sur les points où elles avaient terminé la bataille, de San Martino à Rebecco.

La bataille de Solférino avait surpris les alliés, qui, sachant les Autrichiens retirés derrière le Mincio, s'étaient mis en route de la Chiese, comptant sur une journée de marche plutôt que de bataille ; les Piémontais, le Ier corps et le 2e avaient rencontré l'ennemi (de la gauche à la droite) devant Pozzolengo, Solférino, Medole ; mais on avait compris, dans les deux armées, que la bataille se déciderait dans la région montagneuse de Solférino, et l'empereur Napoléon y avait dirigé sa garde à l'aide du 1er corps, tandis que le 2e et le 4e empêchaient la première armée autrichienne de secourir les siens en lui résistant, dans la plaine, avec une opiniâtreté victorieuse. Le 3e corps avait été, en partie, paralysé par le mouvement de Jellacich sur la route de Mantoue, tandis que celui-ci était empêché de prendre part au combat par l'appréhension de l'arrivée du 5e corps français. Presque en même temps, l'offensive du Ier corps, appuyé par la brigade Manèque, de la garde, réussit contre Solférino, et Mac Mahon, bien secondé par la cavalerie et l'artillerie des 3e et 4e corps, put passer de la défensive à l'offensive. A partir de deux heures, l'armée française attaquait sur tous les points et, à quatre heures, poursuivait la retraite des deux armées autrichiennes. A l'extrême droite de ceux-ci, Benedek, avec son VIIIe corps, avait honorablement soutenu, toute la journée, la lutte contre l'armée piémontaise, dont une seule brigade avait appuyé l'attaque sur Solférino.

Les journées qui suivirent furent des journées de marche sans affaires importantes. L'armée autrichienne, diminuée de vingt mille hommes, se replia d'abord derrière le Mincio, puis autour de Vérone. L'armée alliée, dont les pertes étaient presque égales aux siennes (cinq mille cinq cents hommes pour l'armée sarde; douze mille sept cent vingt pour l'armée française, dont quatre mille huit cents pour le seul 4e corps, Niel), la suivit lentement. L'armée sarde s'établit autour de Peschiera, tandis que le génie et l'intendance français parvenaient à rétablir la circulation sur le chemin de fer de Venise, de façon à permettre d'amener jusqu'au lac de Garde les canonnières qu'on y devait remonter pour bloquer Peschiera de ce côté; en même temps l'escadre de l'amiral Romain Desfossés, portant la division Wimpfen, envahissait l'Adriatique, où le contre-amiral Jurien de la Gravière avait seul, jusque-là, maintenu le blocus de Venise avec deux vaisseaux et une frégate : Garibaldi apparaissait sur le haut Adige; et c'était avec des finances épuisées, une armée atteinte dans son moral malgré la bravoure qui l'avait honorée pendant la lutte, que l'Autriche devait résister aux nouveaux dangers qui la menaçaient. Il est vrai que la Prusse armait, sous prétexte que le territoire allemand commençait à l'Istrie et qu'il était menacé par le progrès des alliés. Mais la protection de la Prusse semblait dangereuse et quelque peu humiliante à l'Autriche.

D'autre part, l'empereur Napoléon jugeait que la France avait fait un effort considérable en faveur de l'Italie, et avait assuré son indépendance vis-à-vis de l'Autriche ; qu'il dépasserait la limite de l'assistance promise au Piémont s'il risquait une guerre nouvelle contre la confédération germanique. Les deux parties se trouvèrent donc disposées à mettre fin à la guerre, et l'empereur Napoléon envoya le général Fleury porter à l'empereur François-Joseph des propositions d'armistice qui furent immédiatement acceptées (8 juillet). Le 11 juillet, les Empereurs se rencontrèrent à Villafranca, et les préliminaires de paix furent signés le 12.

CHINE

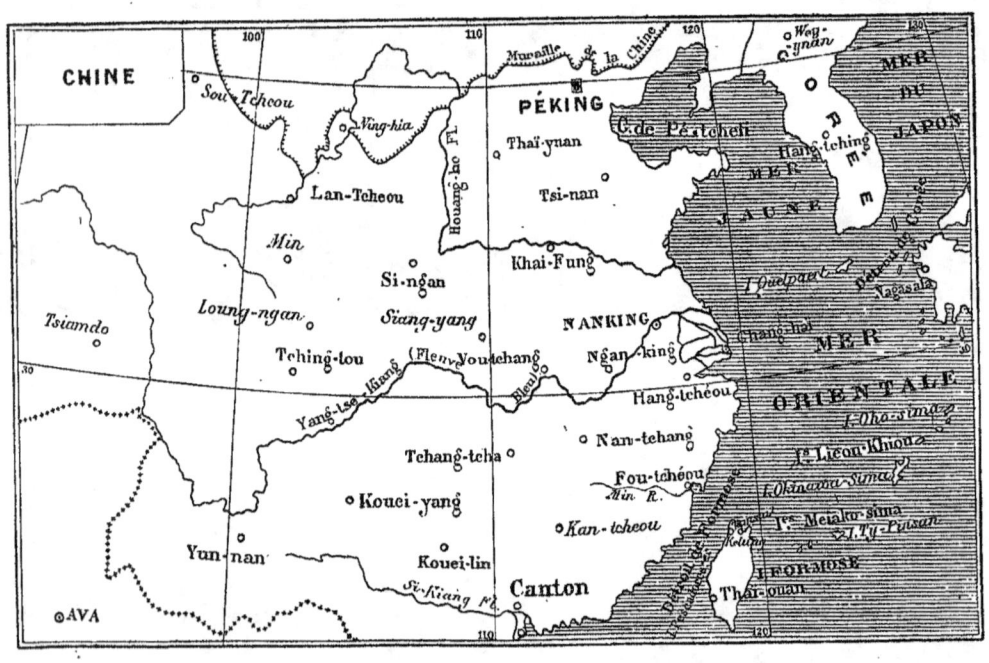

GUERRE DE CHINE

(1859-1860)

Tandis que se consommait, à Magenta et à Solférino, l'œuvre de l'affranchissement de l'Italie, l'action commune de la France et de l'Angleterre et l'union des deux politiques se renouvelaient à l'autre extrémité du vieux monde.

Depuis 1840, l'Angleterre s'efforçait d'ouvrir à son commerce le vaste empire de la Chine, fermé jusque-là à toutes les nations. Les autres peuples de l'Europe et de l'Amérique du Nord comptaient pénétrer à sa suite dans la brèche qu'elle avait ouverte. Depuis 1842, elle possédait, à l'entrée de la rivière de Canton, l'île de Hong-kong, qu'elle avait transformée de rocher stérile en florissante place de commerce; le même traité lui ouvrait les cinq grands ports de la Chine. En 1844, la France et l'Amérique avaient obtenu d'être associées à ses priviléges.

Dans l'extrême Orient, en effet, il existe une

certaine solidarité entre les nations d'origine européenne. Cette solidarité s'affirma quand, le 15 décembre 1856, à la suite d'une querelle particulière entre les Anglais et le vice-roi de Canton, toutes les factoreries européennes furent brûlées dans la ville de ce nom.

Aussi, les 28 et 29 décembre 1857, la ville de Canton était enlevée par les efforts combinés des amiraux Seymour et Rigault de Genouilly.

A la suite de cette action de guerre, des négociations furent entamées : la diplomatie chinoise les traîna en longueur.

Le 20 mai 1858, les ministres des deux nations, baron Gros et lord Elgin, signifièrent au commissaire impérial qu'ils voulaient aller traiter directement avec le gouvernement de Pékin et s'ouvriraient au besoin, par la force, le passage du Peïho. Les forts qui défendent l'entrée du fleuve furent attaqués et enlevés à l'heure dite. A grand'peine, on effectua la remontée jusqu'à Tien-tsin, au point de réunion du Peïho et du grand canal Impérial, à cent kilomètres de Pékin. Là fut signé le traité du 27 juin 1858, qui devait être ratifié le plus tôt possible.

L'année suivante, les ministres Bourboulon et Bruce, porteurs des ratifications de la France et de l'Angleterre, arrivèrent au Peïho le 20 juin. Ils ne purent obtenir de la Chine la ratification du traité, et, le 25, résolurent de s'ouvrir de nouveau, par la force, l'accès de Tien-tsin.

Mais quand on voulut remonter le Peïho, les forces dont disposaient les deux ministres se trouvèrent insuffisantes pour triompher de la défensive longuement préparée par les Chinois. Le 25 juin, les Anglais furent repoussés avec perte de quatre cent trente hommes tués ou blessés, de trois canonnières coulées. Les Français, qui n'avaient là que deux bâtiments portant le ministre, perdaient quinze matelots et un officier. Les commandants des deux nations, amiral Hope et capitaine de vaisseau Tricault, étaient blessés. Les alliés rallièrent Shanghaï et avisèrent leurs gouvernements : ceux-ci décidèrent de ne pas rester sous le coup d'un échec qui compromettait tous les progrès accomplis jusque-là et d'unir leurs forces pour le venger.

Le 13 décembre 1859, le général Montauban, commandant de la province d'Oran, fut désigné pour conduire en Chine le contingent français : il était investi des pouvoirs diplomatiques et du commandement supérieur des forces de terre et de mer. Plus tard, un négociateur spécial fut envoyé en Orient, et le vice-amiral Charner dut diriger la marine. Les négociateurs désignés furent le baron Gros et lord Elgin, les signataires du traité de 1858.

La marche de l'armée dut être combinée sans cesse avec celle des navires, servant de forteresses mobiles, d'hôpitaux, de magasins.

Les hommes (1,600 d'infanterie de marine 5,800 de la guerre, dont 4,000 d'infanterie, 1,200 d'artillerie, 320 du génie, 300 d'administration), étaient recrutés parmi les hommes de bonne volonté qui s'étaient offerts en grand nombre, les officiers choisis parmi les plus vigoureux, la tenue calculée en vue de la santé et du bien-être de la troupe, la solde augmentée dans le même but. Le maréchal Randon, ministre de la guerre, avait apporté toute sa sollicitude à la formation de cette petite armée. Son chef était un vieux soldat d'Afrique, dont les qualités militaires avaient été éprouvées.

L'embarquement eut lieu, à Brest et à Toulon, du 14 décembre 1859 au 11 janvier 1860. Ce fut seulement en avril qu'on apprit à Paris la composition sommaire des troupes anglaises de l'Inde envoyées sous le commandement du lieutenant général sir Hope Grant. Elles comprenaient 12,613 hommes, dont 7,800 Anglais; le reste Indiens : le brigadier Pattle commandait 1,200 cavaliers.

Le 12 janvier, le général Montauban s'embarqua à Marseille avec les chefs de service : il prenait par l'Égypte et Suez : devançant ainsi ses troupes, il prit terre à Hong-kong le 26 février. Il y vit les contre-amiraux Page et Hope, commandants des stations navales française et anglaise des mers de Chine. Il fit renouveler le bail de l'hôpital de Macao, qui parut plus sain que Hong-Kong ou Canton.

Le 12 mars, il arriva à Shanghaï. Il fallait tirer du pays toutes les ressources que, par économie, on n'emportait pas de France. La principale difficulté fut levée par l'achat de onze cents chevaux au Japon; les capitaines de Cools et Montauban, secondés par le consul général de Bellecourt et par deux maisons françaises de Shanghaï, triomphaient des difficultés opposées par le gouvernement japonais; quelques bêtes de somme vinrent aussi de Manille, peu de Chine même; mille coolies furent engagés pour les transports; on emmagasina des échelles, des nattes, des bambous, des sacs à terre, des fascinages. La présence anticipée de l'état-major avait donc été très-utile. Le général fit, en outre, reconnaître, au nord et au sud du Peïho, les points de débarquement possibles.

Le 8 avril fut notifié à MM. Bruce et Bourboulon le refus du gouvernement chinois de fournir les réparations réclamées dès le 12 mars. On avait avis d'ailleurs qu'on travaillait activement à augmenter les défenses de Peïho et les troupes qui devaient y combattre.

Le 6 avril, le général Hope était arrivé à Shanghaï, et toutes les mesures à prendre étaient discutées entre les chefs des armées et des flottes. La première résolution fut de renoncer au blocus prescrit par le gouvernement anglais, et, en général, de ne pas faire sentir aux populations le poids de la guerre. On obtint ainsi presque toujours la neutralité des indigènes, et même leurs services, en payant, bien entendu.

D'autre part, le général Montauban accéda, sur l'insistance des Anglais, au projet d'une première attaque sur l'île de Chusan; et, ne pouvant attendre les troupes de France, il joignit aux troupes anglaises deux cents hommes d'infanterie de marine tenant garnison à Canton depuis l'expédition de 1858. L'île de Kintang fut fixée pour point de réunion. On dut s'y trouver le 21 avril.

Chusan ne résista point et dut servir de base d'opérations à la campagne sur le Peïho. Une convention passée avec les mandarins civils et militaires mit l'île sous une sorte de protectorat exercé, pour la France, par le lieutenant-colonel des Pallières, de l'infanterie de marine, et par le commissaire de Meritens, attaché de la légation ; pour l'Angleterre, par le brigadier Reaves. Plus tard, le capitaine Dabry, du 51ᵉ de ligne, remplaça M. de Meritens et seconda activement le lieutenant-colonel pour la répression de la piraterie.

Au moment où arrivèrent les troupes, l'envoi du vice-amiral Charner, des ambassadeurs baron Gros et le lord Elgin, réduisit le rôle du général Montauban au commandement des troupes de terre. Heureusement, l'entente fut toujours si complète entre l'amiral et le général en chef que le service ne souffrit pas de ce partage.

Le 1ᵉʳ mai, les 101ᵉ et 102ᵉ de ligne abordaient à Woosung (Shanghaï) sous le commandement du général Jamin. Le 20 seulement, l'entente s'établit avec les chefs anglais sur les positions à occuper pour l'attaque du Peïho : la presqu'île de Tchefou, au sud du golfe de Petchili, était laissée aux Français ; les Anglais devaient, du 10 au 15 juin, occuper Ta-lien-houan, à la pointe nord de ce même golfe. Le 17 mai, l'*Isère* échoua sur un rocher de la rade d'Amoy; on put sauver tout ce qu'elle portait. Le lieutenant-colonel Schmitz, chef d'état-major, rapporta sur son navire les harnachements impatiemment attendus de l'artillerie.

Au 1er juin, la plupart des transports français étaient réunis à Shanghaï. Grâce à des précautions de toute nature, trente-trois hommes seulement avaient succombé pendant la traversée; le général Jamin partit pour Tchefou, où il débarqua, le 8, sans trouver de résistance. Le marché était approvisionné dès le lendemain. Les troupes y furent à peu près réunies à la fin du mois et les chevaux commencèrent à y arriver du Japon. Malheureusement, la plupart des effets de campement avaient péri dans l'incendie qui, le 3 juin, détruisit la *Reine des Clippers* dans la rade de Macao.

Avant de s'embarquer sur le *Forbin*, qui l'amena le 6 juillet à Tchefou, le général avait pourvu à la sécurité de Shanghaï : cette ville était menacée par les rebelles chinois qui venaient d'enlever, devant Nankin, le camp des Impériaux et de prendre Hang-tcheou, puis Soutcheou, le centre commercial le plus important de la province, qu'ils avaient incendié. Les alliés pourvurent à la défense de Shanghaï, qui fut confiée, à l'est, aux marins français débarqués de la *Vengeance*, à l'ouest, aux Anglais. La canonnière *la Mitraille* et le vaisseau anglais *Nemrod* remontèrent le fleuve : les Taïpings furent sommés de quitter les environs de Shanghaï et obéirent à la sommation. Quatre cents hommes furent laissés à la garde de Shanghaï, dont les portes furent murées, à l'exception de celles de l'est et de l'ouest. Les Taïpings y revinrent les 18, 19 et 20 août : ils brûlèrent ou pillèrent une grande partie de la ville chinoise, mais reculèrent devant la ville européenne, résolûment défendue par le lieutenant-colonel Favre, de l'artillerie de marine, et le colonel Marsh, en se plaignant de l'hostilité inattendue des Européens. Il semble, en effet, que quelques Anglais aient cru possible de s'allier à ces rebelles pour mettre en échec la dynastie mantchoue, et de rapprocher du protestantisme chrétien leur religion mal définie.

Revenons à l'armée expéditionnaire, partagée entre les deux extrémités de l'arc que forme le golfe du Petchili. Cette mer intérieure, de quatre cent vingt kilomètres environ du nord au sud, présente, à l'est, sur la mer Jaune, une ouverture de cent kilomètres dont les points extrêmes sont Tchefou, au sud, occupée par les Français, et au nord, Ta-lien-houan, base d'opérations des Anglais. A trois cents kilomètres de cette ouverture, dans un enfoncement du golfe, débouche le Peïho, dont les affluents, qui enveloppent Pékin, se réunissent à Tien-tsin, à cinquante kilomètres en amont; au nord, et très-près de l'embouchure du Peïho, débouche un cours d'eau beaucoup moins important, le Pehtangho, par lequel les chefs de l'armée résolurent de tourner les défenses accumulées dans le Peïho et dans les forts qui gardaient les deux rives du fleuve.

Le 26 juillet, les deux armées quittaient Tchefou et Ta-lien-houan, en y laissant chacune deux ou trois cents hommes, et venaient, le 28, se réunir sous l'île de Sha-lui-tien, à vingt kilomètres du Pehtangho, que l'on fit reconnaître sur une longueur de cinq mille cinq cents mètres : là, le débarquement fut jugé possible, quoique sur un sol de boue.

Le 1ᵉʳ août, un corps composé du 2ᵉ bataillon de chasseurs, sept cent cinquante hommes, de huit cent vingt hommes des 101ᵉ et 102ᵉ, quatre cent trente fusiliers marins, soixante sapeurs du génie, remonta le fleuve dans des canots et des jonques remorqués par des vapeurs de moins de trois mètres de tirant d'eau, et alla débarquer au point indiqué. La batterie de montagne et ses trente-six mulets, la batterie de 4 avec un caisson pour deux pièces, les chevaux des états-majors et de l'escorte les suivaient. Deux mille Anglais, avec une batterie d'obusiers, s'avançaient parallèlement entre les balises placées la veille. A trois heures, les deux armées débarquaient à trois kilomètres des forts de Pehtang, sur lesquels on voyait des Chinois agiter des drapeaux; à quatre heures, les troupes étaient rangées dans la plaine : la batterie de montagne avait pu seule les accompagner; les deux autres étaient trop lourdes.

On s'empara d'un pont où la chaussée qui relie Pehtang à Sinko sur le Peïho franchit les terrains inondés à marée basse, et l'on bivouaqua sur cette chaussée. Mais le soir même, une reconnaissance faite par le colonel Dupin et un officier anglais constatait que Pehtang n'était pas défendue : on fit visiter les forts par les sapeurs du colonel Divet, qui éventèrent des piéges préparés pour faire périr les assaillants au moment où ils mettraient le pied sur des trappes correspondant à des fougasses.

Le 2 août au matin, la flotte et l'armée occupaient Pehtang, gros bourg de trente mille âmes, qui devint le point de départ des opérations ultérieures. On y réunit des approvisionnements de toute sorte.

Le 3 août, le général Collineau reconnut la chaussée jusqu'à cinq kilomètres de Pehtang; au delà d'un pont, à quatre kilomètres, le terrain devenait plus solide et le chemin se bifurquait; la branche de gauche descendait vers les forts du Peïho, qu'on voyait à sept ou huit kilomètres de distance; celle de droite aboutissait, à travers les tombeaux dont la plaine est couverte, à un camp d'infanterie chinoise; en face était un ensemble de redans en terre, crénelés. Le 9, pendant une suspension de la pluie torrentielle qui interdisait toute opération, les Anglais constatèrent l'existence d'un chemin parallèle à la chaussée, dénommé route de Tien-tsin et assis en terrain plus solide; ils durent le suivre pour appuyer l'attaque principale par la chaussée.

Le 12, enfin, le temps se remit. A cinq heures du matin, le général Napier s'engagea sur la route de Tien-tsin avec deux mille hommes, la batterie Armstrong et la cavalerie anglaise. Les deux commandants en chef suivirent la chaussée avec le reste des troupes, sauf la brigade Collineau, laissée en réserve à Pehtang.

En avant de la troupe principale, le général Staveley fit marcher l'artillerie, tirant sur les retranchements à quatre cents mètres, puis s'avançant successivement pendant une demi-heure. L'unique pièce et les gingoks (fusils de rempart) qui garnissaient les retranchements cessèrent le feu; au bout d'une demi-heure, les défenseurs se réfugièrent au camp et dans les forts, et les alliés entrèrent à Sinko. En même temps, le général Napier avait pu, après une marche pénible, repousser et disperser par son feu la cavalerie chinoise; il rejoignait à Sinko.

Il s'agissait maintenant d'aborder les forts du Peïho, qui se trouvaient ainsi tournés par les alliés, et, avant eux, le camp de Tangko, qui les précède. A grand'peine on amena à Sinko les deux batteries de 12, et les marins armèrent des embarcations trouvées sur le fleuve. La journée du 13 fut employée à améliorer un chemin qui longe la rive gauche et que devait suivre l'attaque principale.

Le 14, entre le fleuve et la chaussée, deux

colonnes durent descendre la vallée, les Anglais à droite, longeant le Peïho, les Français à gauche; des deux parts, l'artillerie précédait; on évitait d'exposer les fantassins aux feux de l'ennemi; on avait reconnu d'ailleurs qu'on n'avait pas à craindre, pour les canons, une attaque corps à corps. Deux compagnies de chasseurs à pied, deux cents matelots fusiliers, une compagnie du génie suivaient la chaussée et flanquaient à gauche la colonne des généraux Jamin et Collineau.

Le colonel de Bentzman fit feu en avant par batterie et arriva ainsi jusqu'à bonne distance même pour les pièces de montagne. A quatre cents mètres, il avait à peu près éteint le feu des pièces ennemies : il était neuf heures du matin.

L'ordre de l'assaut est donné : le colonel Schmitz s'élance avec deux compagnies de chasseurs et les marins; ceux-ci le suivent à travers le fossé plein d'eau et escaladent les parapets au moyen d'échelles, tandis que le génie et les chasseurs brisent les portes. Au moment où le drapeau français flotte sur le parapet, les Anglais, retardés par la difficulté du chemin qu'ils ont suivi le long de la rivière, débouchent dans l'ouvrage. Poursuivis des deux côtés, les défenseurs du camp retranché s'enfuient par la chaussée de Yukiapou, sans même en détruire le pont; ils laissaient dix-huit pièces aux mains des alliés. Grâce à l'artillerie qui avait préparé l'attaque, les pertes de ceux-ci étaient presque nulles.

Les jours suivants furent employés à faire venir de Pehtang le matériel et les approvisionnements. Le colonel du génie Livet, avec une compagnie du génie et les marins du capitaine de frégate Jauréguiberry, traversa le fleuve et s'empara du village de Sia-o-lèantz, en en chassant la cavalerie chinoise. Comme il arriva toujours dans cette guerre, celle-ci n'abordait pas à fond une infanterie solide et ne supportait pas le feu de l'artillerie. On prépara un pont entre Sinko et Sia-o-lèantz, et le général Jamin s'établit sur la rive droite et reconnut les abords des forts de ce côté; sa présence menaçait la retraite des défenseurs de ces forts. Mais, sans attendre que le pont de trois mètres fût achevé, les commandants en chef résolurent d'attaquer le fort en amont de la rive gauche, qui n'est qu'à six mille mètres de Tangko; le 20 août, la route à suivre fut mise en bon état par les soins du général Napier.

L'attaque fut disposée comme celle qui avait

réussi sur Tangko. L'artillerie la prépara en se portant en avant de l'infanterie et s'approchant des remparts à mesure que se ralentissait le feu de ceux-ci, qui avait commencé très-vivement. Vers sept heures retentit une explosion formidable ; le magasin à poudre du fort d'amont avait sauté. Une demi-heure après, le feu des canonnières, attaquant le fort d'aval avec leurs pièces à longue portée, y détermina une explosion semblable. Cette double catastrophe accabla les Chinois et démoralisa leur général Sankolitsin, qui dirigeait la défense du Peïho. Cependant les défenseurs du fort d'amont continuent un feu de mousqueterie très-actif ; mais ce feu n'arrête pas les colonnes d'assaut. Le colonel O'Malley guide, à droite, les voltigeurs et la 4º compagnie de son 102º ; les échelles d'assaut servent d'abord de ponts pour franchir les divers obstacles accumulés devant le rempart, puis se dressent contre le saillant de droite ; trois compagnies d'infanterie de marine accourent au soutien des assaillants ; quelques soldats escaladent le rempart, tandis que les sapeurs du capitaine Béziat ouvrent un passage à travers une poterne barricadée et bourrée de terre. Les Chinois se sont défendus avec acharnement, mais ils sont en pleine déroute au moment où les Anglais arrivent à leur tour, et s'enfuient poursuivis par les balles des alliés. Ceux-ci ont environ quatre cents hommes hors de combat; les assiégés en ont perdu trois fois davantage, et le commandant du fort est parmi les morts.

Il était neuf heures du matin; le feu de la rive droite, qu'il avait fallu combattre depuis le départ, avait cessé, et des drapeaux blancs flottaient sur les batteries de cette rive; le succès de l'assaut achevait l'œuvre de démoralisation déterminée par la double explosion du matin. Quand, à deux heures, les alliés escaladent le rempart du fort d'aval, ils trouvent la garnison de trois mille hommes immobile et sans défense. On renvoya ces hommes après les avoir désarmés; on ne voulut pas avoir à les nourrir, et d'ailleurs on croyait, à ce moment, la guerre terminée. Les forts de la rive droite avaient été remis et le fleuve ouvert aux flottes par le vice-roi du Petchili; l'armée chinoise reculait sur Tien-tsin; elle laissait aux alliés cinq cent dix-huit pièces, dont cent dix en bronze, beaucoup d'armes et de munitions. Immédiatement, on travailla à ouvrir un passage aux canonnières à travers les obstacles accumulés dans le bas du fleuve, les Chinois donnant d'ailleurs les indications nécessaires, et le 23, l'amiral anglais Hope remonta vers Tien-tsin avec trois canonnières; l'amiral Charner le suivit. Les forts de Tien-tsin se turent et les habitants ouvrirent leurs portes; les troupes alliées s'y installèrent le 27; elles furent campées dans les forts en amont de la ville, et les chefs veillèrent à ce que celle-ci fût respectée; les provisions du pays y affluèrent aussitôt. Cette guerre étrange ne sévissait que par places et par intermittence.

C'est à Tien-tsin que les alliés devaient traiter, leur présence sur ce point constatant la revanche de l'échec de l'année précédente. On tomba d'accord, en effet, des conditions de la paix avec le haut commissaire Kweliang, et l'on convint de se rendre à Pékin pour l'échange des ratifications. Mais, le 7 septembre, Kweliang se déclara désavoué par sa cour; l'influence de Sankolitsin l'emportait et les Chinois avaient seulement gagné quelques jours pour leurs préparatifs militaires. On dut se préparer à marcher en avant, et les ambassadeurs décidèrent de ne plus écouter de propositions de paix qu'à Tunchao, à vingt kilomètres de la capitale. L'armée se mit en marche, les Anglais au nombre de deux mille hommes, y compris toute leur cavalerie; les

Français laissaient à Tien-tsin quatre mille huit cents hommes et marchaient avec deux mille neuf cents hommes, dont dix-neuf cents hommes d'infanterie, une batterie de 4 et une de 12. Le reste de l'infanterie de marine occupait les forts du Peïho, rive gauche; les Anglais, ceux de la rive droite.

A la première étape, les coolies chinois profitèrent d'un violent orage pour s'échapper avec leurs chevaux ou mulets, ce qui dut faire soupçonner la bonne foi du gouvernement. Le service des transports fut organisé au moyen de barques saisies sur le Peïho; les pontonniers assurèrent et régularisèrent ce service.

A deux jours de là, nouvelle ambassade du prince Tsaï, de la famille impériale, et du ministre de la guerre Khou. On devait terminer les négociations à Tunchao. Malgré quelques défiances, bien justifiées par les antécédents, on crut assez à la bonne foi chinoise pour envoyer des officiers chargés de préparer à Tunchao le campement et l'approvisionnement de l'armée.

Ici se place un douloureux incident qui a jeté sur cette campagne une inoubliable impression de tristesse. Une fois de plus, nos ministres s'étaient laissé tromper par les diplomates chinois, et les infortunés envoyés de Khoseyou à Kunchao devaient être victimes de leur confiance.

Quand l'armée, les Anglais en tête, arriva au tiers de la dernière étape, elle trouva la route barrée par un ennemi dix fois supérieur en nombre; la chaussée qu'elle suivait était occupée par l'infanterie, avec soixante-seize pièces de canon dans ses intervalles; des deux parts se rangeait la cavalerie tartare sur une étendue de plus de cinq mille mètres. Tout en écoutant encore un mandarin parlementaire, les généraux massèrent leurs bagages dans le village qu'ils quittaient et rangèrent leur petite troupe, les Anglais à gauche, les Français à droite. On avait laissé une partie de l'armée à Khoseyou, croyant à une marche pacifique. Le capitaine d'état-major Chanoine rejoignit à ce moment; il avait pu traverser l'armée chinoise en affirmant qu'il portait des propositions de paix; il ne laissait guère de doute sur le guet-apens préparé par Sankolitsin. Bientôt il fut impossible d'en conserver; le colonel anglais Walker arrivait à son tour à toute vitesse, poursuivi par tous les feux de l'artillerie chinoise. Il rapportait que cette artillerie, peu mobile, était tout entière dirigée sur le débouché de la plaine. Les deux généraux résolurent, en conséquence, de tourner l'armée ennemie par les deux ailes. Une offensive résolue pouvait seule compenser l'infériorité des forces.

Le général Montauban, avec un millier de fantassins, une batterie de 4 et un escadron de sikhs envoyé par sir Hope Grant à l'appui de nos quelques chasseurs et spahis, avait devant lui le village boisé de Liotsang, où s'appuyait la gauche ennemie ; il le fit fouiller par son artillerie, puis occuper par les chasseurs à pied ; les canons du colonel Bentzman se tournèrent alors à gauche contre le village de Léost, que tourna une vigoureuse charge de notre petite cavalerie ; elle sabra l'infanterie massée derrière, tandis que le colonel Pouget, la suivant avec ses fantassins, enlevait le village même. L'artillerie dépassa le village, et le mouvement convenu avec les Anglais se poursuivit, refoulant l'ennemi sous le feu des alliés, sur une étendue de trois kilomètres.

Du côté des Anglais, sir Hope Grant marchait vers la droite de l'infanterie tartare, précédé de ses canons, dont le feu faisait le vide devant lui ; plus à gauche, le général Mitchell chargeait la cavalerie tartare, mise en désordre par les deux artilleries des alliés, et la dispersait ; à trois heures, les deux colonnes d'attaque se réunissaient à

Khouat-tsun ; les atermoiements, les ruses, les grands préparatifs de Sankolitsin aboutissaient à une nouvelle défaite. Ses troupes, quelle que fût leur bravoure, n'étaient pas en état de tenir contre le courage savant et méthodique de ses adversaires. On en allait voir encore une preuve nouvelle : il essayerait en vain de leur interdire l'approche de la capitale, que l'Empereur, du reste, venait de quitter sur son conseil, pour que les résolutions du général ne fussent pas troublées par le souci du salut d'une tête si précieuse.

On bivouaqua, les Français à Khouat-tsun, à dix kilomètres de Tunchao, les Anglais à cinq kilomètres plus loin, à Tchan-kia-ouang, ville naguère florissante et qu'ils trouvaient abandonnée de ses habitants. Ceux-ci, dans ce voisinage de Pékin, obéissaient aux ordres du gouvernement.

L'interprète anglais, M. Wade, put se rendre auprès du gouverneur de Tunchao. On ignorait encore le sort des malheureux qui avaient, le 17 septembre, traversé les lignes ennemies, et l'on craignait de l'aggraver en avançant sans parlementer. M. Wade somma le gouverneur de les faire rendre aux alliés, qui, à défaut de cette restitution immédiate, marcheraient sur Pékin même ; il rapporta que de nombreux camps étaient occupés au nord-ouest de la ville. Les captifs ne reparaissaient pas; on en avait vu emmener quelques-uns vers Pékin.

Le 20 septembre, on reconnut les positions chinoises. Tungchao est une ville de quatre cent mille âmes, entourée de murs et reliée à Pékin par une voie de douze kilomètres de longueur qui franchit, sur le pont de pierre de Palikao, le canal qui va du Peïho à la capitale. Les camps du Sen-wang (généralissime) étaient assis des deux côtés de ce pont. C'est sur ce point que dut marcher directement, en laissant Tungchao de coté, le général Montauban, que la brigade Collineau avait rejoint la veille. Les Anglais durent se diriger sur un pont de bois, à trois kilomètres du pont de pierre et se rabattre de là vers les Français. Ceux-ci comptaient maintenant deux mille huit cents hommes.

Le 21, à cinq heures du matin, la colonne française, laissant les bagages sous la protection de deux compagnies, marcha vers le camp central de l'infanterie chinoise, un peu à gauche du village de Oua-koua-ye, placé à quinze cents mètres du pont de Palikao. De ce village partit une forte canonnade, à laquelle le général Jamin, à droite, fit répondre par la batterie de 12 (9ᵉ du

14ᵉ) et les fuséens, en étendant son infanterie à droite; il était ainsi séparé du général Collineau, que les Anglais, toujours plus lents dans leurs mouvements, n'appuyaient pas encore à gauche. Sankolitsin lança toute la cavalerie sur ce corps ainsi isolé de toute part.

Mais Collineau le fit mitrailler à gauche par sa batterie de 4 (10ᵉ du 14ᵉ) tandis que tout pliait, en face, sous le feu de son infanterie. Pendant ce temps, la brigade Jamin recevait avec la même fermeté les attaques de la cavalerie sur sa droite, de l'infanterie sur son front. Les cavaliers chinois ne valaient pas les mameluks de la bataille des Pyramides; ils se lassèrent de perdre du monde à chaque mouvement offensif sans faire aucun progrès, et commencèrent à défiler vers la gauche; mais l'armée anglaise apparaissait enfin de ce côté. Le général Montauban lança la colonne Collineau jusqu'au canal, entre les deux ponts, tandis que la brigade Jamin marchait directement sur Palikao; celle-ci enleva le village de Ouakoua-ye, malgré la vigoureuse défense de l'infanterie chinoise, et occupa les maisons le long du canal.

Le pont était occupé par les Tartares des bannières impériales, l'élite de l'armée ennemie;

l'artillerie Jamin le battait de front; l'artillerie Collineau le prenait en écharpe. Le feu des canons qui le défendaient fut éteint; beaucoup de fantassins furent tués; une charge vigoureuse du général Collineau dépassa le pont, et le général Montauban suivit son lieutenant sur la grande route de Pékin.

Les Anglais s'étaient rapprochés de la brigade Collineau; mais voyant la cavalerie tartare manœuvrer pour tourner sa gauche, le général Hope s'était jeté sur elle avec la cavalerie Mitchell et l'avait dispersée au loin. La cavalerie tartare ne savait agir que par son feu et était incapable de soutenir une charge. L'infanterie du général Sutton avait gagné le pont de bois, précédée par ses canons, dont le feu faisait évacuer successivement tous les postes occupés par l'ennemi; l'état du pont ne permettant pas d'y faire passer l'artillerie, les Anglais campèrent sur le bord du canal, les Français au delà. Quelques heures avaient suffi à ces quelques soldats disciplinés et habilement conduits pour disperser un adversaire dix fois supérieur en nombre. Les pertes éprouvées par les alliés étaient d'une quarantaine d'hommes mis hors de combat; l'action principale avait été exercée par l'artillerie; la cavalerie même n'avait été que peu exposée au feu de l'ennemi. Celui-ci abandonnait dix-sept canons en bronze, beaucoup de fusils à mèche et de flèches, et l'infériorité de son armement expliquait l'énorme différence des pertes.

Du 22 septembre au 15 octobre, les armées alliées restèrent campées au pont de Palikao, refaisant leurs approvisionnements et appelant à elles tout ce qui était resté à Tien-tsin ; les ambassadeurs se mettaient en communication avec un nouveau plénipotentiaire, le prince Kong, frère de l'Empereur ; mais la première condition imposée par eux était nécessairement la reddition des captifs du 17 ; cette condition n'était pas et, malheureusement, ne pouvait pas être accomplie.

Les deux armées, complétées à quatre mille hommes chacune, environ, marchèrent donc sur Pékin le 5 octobre, avec quelques canons de siége, en laissant quelques postes à Palikao et à Tungchao pour assurer les communications avec Tien-tsin ; le soir, on campa dans un riche village, en vue et à cinq kilomètres à l'est de la grande capitale chinoise. On ne voyait que peu d'ennemis, mais on croyait à l'existence d'un camp considérable au delà de la ville.

On résolut de marcher directement sur ce

camp, en laissant Pékin à gauche : à dix heures, on abordait ce camp, que l'on trouva vide. L'armée tartare s'était, selon les rapports adressés au général sir Hope Grant, retirée vers la résidence impériale de Yuen-min-yuen, au nord-ouest de Pékin; les deux armées se perdirent de vue pendant la marche de chacune d'elles vers ce nouveau but : les Français, guidés par un prisonnier, arrivèrent à sept heures du soir au palais d'Été. Le général Montauban y envoya en reconnaissance deux compagnies de marine commandées par le chef d'escadrons Campenon. Les premiers officiers qui pénétrèrent dans le palais furent accueillis par des coups de feu, et le général en chef, craignant une résistance sérieuse et les surprises de la nuit, fit camper, dans la première cour, la brigade Collineau.

Sir Hope Grant ayant, dans sa marche à travers un pays très-planté, très-couvert, perdu de vue sa cavalerie et l'armée française, avait incliné à gauche et campait près de la porte nord-ouest de Pékin. Le matin, son canon appela le brigadier Pattle, dont les cavaliers avaient bivouaqué avec l'armée française. A onze heures et demie, le général et les diplomates anglais arrivèrent au palais.

Le 7, un certain nombre de prisonniers furent ramenés au camp anglais; cinq Français et deux Anglais revinrent alors; puis furent rendus, sur l'insistance des ambassadeurs, les corps de six malheureux assassinés, le colonel Foullon Grand-champs, le sous-intendant Dubut, l'officier d'administration Ader et leurs ordonnances. Les Anglais recouvraient aussi treize cadavres.

L'indignation fut extrême dans les deux armées, et l'incendie du palais d'Été, où nos malheureux compatriotes avaient été torturés, fut résolu le 18. Il fut accompagné de scènes de pillage fatales à l'honneur comme à la discipline des armées.

Cependant la saison avançait et il fallait en finir. Le 10 octobre, le prince Kong avait été sommé de livrer la porte Ganting et le rempart de Pékin; la construction d'une batterie de brèche appuyait cette sommation. Le 13, à midi, la porte Ganting s'ouvrit et le bataillon du 101ᵉ, colonel Pouget, s'établit sur le rempart même, large de dix-sept mètres, tandis qu'un bataillon anglais en occupait un autre point; douze pièces d'artillerie enfilèrent les principales rues de la ville.

Le général Montauban ne voulut pas attendre l'hiver si loin de sa base d'approvisionnements;

on déclara donc au prince Kong que, si la paix n'était pas signée le 23, on mettrait le feu au palais impérial d'Hiver. Lord Elgin n'était même pas éloigné de l'idée de traiter avec les Taïpings pour le renversement de la dynastie impériale. Le 20, on eut avis de l'acceptation des conditions imposées et de la dégradation de Sankolitsin et de Yuiline, auxquels était imputé l'attentat du 18 septembre. Le 22, une indemnité de cinq cent mille taëls (quatre millions de francs) fut payée pour les victimes de cet attentat; enfin la paix fut signée, le 24 avec les Anglais, le 25 avec les Français; le général Montauban et le baron Gros furent reçus en grande pompe au tribunal des Rites, après avoir traversé, avec une brillante escorte, presque toute la ville. Les édifices chrétiens qui subsistaient encore, une église et un cimetière, furent rendus au culte, et l'évêque de Pékin, assisté de l'abbé Tregaro, aumônier en chef de l'armée, célébra, le 28, un service solennel pour les six victimes de l'attentat du 18 septembre.

Sept millions de taëls durent être payés pour indemniser la France des frais de la guerre, et un million pour indemniser ses nationaux et ses protégés lésés ou spoliés, à Canton surtout. Tien-tsin était ajoutée aux ports ouverts au commerce en 1858. Les Anglais obtenaient en outre la concession de la pointe de Kowloon, vis-à-vis de l'île de Hong-kong. Du 1er au 10 novembre, les alliés rétrogradèrent sur Tien-tsin, où deux mille sept cents Français furent laissés pour l'hiver avec le général Collineau ; le reste s'installa, le 12 décembre, à Shanghaï. Le 15 janvier, le général Collineau mourait à Tien-tsin, honoré des regrets des deux armées.

MEXIQUE

GUERRE DU MEXIQUE

(1862-1867)

Nous n'abordons pas sans tristesse le récit de cette funeste guerre, qui a porté une si cruelle atteinte au prestige politique de la France, à la confiance et à l'affection de ses voisins, à la foi en lui-même qu'avait eue jusque-là l'Empereur. Il n'est pas vrai, comme en répandit le bruit une intrigue de cour, qu'elle ait profondément entamé nos ressources militaires. Le mal qu'elle a fait à la France a été bien plus moral que matériel; mais ce mal a été grand !

Le gouvernement du Mexique, passant d'un parti à l'autre, selon les péripéties de luttes civiles presque continuelles, se montrait toujours peu fidèle aux obligations financières de l'État, peu capable de garantir la sécurité des résidents étrangers : les agents mêmes des gouvernements n'étaient pas en sûreté sur son territoire. De là des griefs de divers ordres analogues à ceux qui avaient jadis amené, devant Saint-Jean d'Ulloa, l'amiral Baudin et le prince de Joinville. En 1861, ils avaient lassé la patience de la France, de l'Angleterre et de l'Espagne.

Le 31 octobre 1861, leurs représentants signèrent, à Londres, une convention aux termes de laquelle « les trois puissances devaient agir de concert et envoyer sur les côtes du Mexique des forces de terre et de mer chargées de *saisir et d'occuper les forteresses et positions militaires du littoral;* leurs commandants étant autorisés, d'ailleurs, à *accomplir les opérations* qui seraient jugées, sur les lieux, les plus propres à réaliser le but spécifié....

« Art. 2. — Elles s'engageaient... à n'exercer, dans les affaires intérieures, aucune influence de nature à porter atteinte au droit de la nation mexicaine de choisir et de constituer librement la forme de son gouvernement.... »

Il est difficile, malgré les constantes protestations de la France, de soutenir que les obligations résultant de cet article 2 aient été bien observées par elle, et que ses alliés se soient séparés d'elle sans motifs justifiables. La France, égarée par des informations mal appréciées, par les rapports d'un agent devenu l'adversaire irréconciliable du président Juarez, crut pouvoir se refuser absolument à reconnaître l'autorité de ce magistrat : il l'exerçait, en effet, comme suppléant légal du président Comonfort, qui avait quitté le Mexique en 1858, et à travers les fortunes diverses d'une guerre civile entretenue, depuis trois ans, entre le parti libéral, qu'il représentait, et le parti réactionnaire : celui-ci avait occupé Mexico jusqu'en décembre 1860 et n'avait succombé qu'à ce moment, vaincu, dans la personne de Miramon, par le général Ortega. Il était notoire que l'empereur Napoléon désirait et croyait possible de faire accepter au Mexique un souverain : depuis Iturbide et Santa Anna, l'idée d'une monarchie qui délivrerait ce pays de l'instabilité déplorable dont il souffrait avait paru prévaloir plus d'une fois, et les émigrés mexicains assuraient que la moindre assistance donnée de l'extérieur à la majorité calme et passive de la nation suffirait pour la dégager des politiciens qui l'opprimaient et gardaient le pouvoir. Il était question, pour occuper le trône, de l'archiduc Maximilien, frère de l'empereur François-Joseph, et du sang de Charles-Quint, le premier souverain espagnol du Mexique. On savait l'empereur Napoléon favorable à ces idées, et l'article 2 de la convention de Londres avait surtout pour objet d'en empêcher la réalisation.

Ces considérations non militaires ont eu, sur la conduite et l'issue de la guerre du Mexique, une telle influence qu'il a paru impossible de les passer complétement sous silence. Ajoutons que la partie politique agissante était formée, au Mexique, à peu près exclusivement par les descendants, purs ou métis, des conquérants espagnols : les Indiens se laissaient « presser » par tous les chefs militaires, et fournissaient aux armées des soldats sans opinion, obéissant successivement à tous les partis, mais dociles, durs à la fatigue et aux privations et ne craignant pas la mort.

Comme contingent à l'alliance, la France envoyait au Mexique des troupes de marine, auxquelles la guerre ajouta, dans la prévision d'une marche à l'intérieur, un bataillon du 2ᵉ zouaves, un peloton du 2ᵉ chasseurs d'Afrique, des détachements du génie, du train, des ouvriers d'administration, le matériel d'une batterie de 4 rayé, que devait servir l'artillerie de marine, des harnachements pour les mulets qu'on devait trouver dans le pays. L'Empereur et le marquis de Chasseloup-Laubat, ministre de la marine, avaient décidé cette organisation en dehors du maréchal Randon, ministre de la guerre, qui la jugeait très-imparfaite et très-entachée d'imprévoyance. Le contre-amiral Jurien de la Gravière dut commander cette force de deux mille quatre cents hommes. Il disposait en outre d'une escadre de onze navires, portant quatre mille cinq cents hommes d'équipage et dont les ressources suppléèrent en partie à ce qui manquait pour une expédition sérieuse : on avait supposé, même sous ce rapport, un concours du pays analogue à celui qu'on avait trouvé dans les guerres précédentes en Turquie et en Italie. Cette fois, il manqua complétement. Le système constant des libéraux du Mexique fut de faire le vide autour des armées alliées et de bloquer, pour ainsi dire, à l'intérieur, les postes et les ports qu'elles occupaient.

L'Empereur avait recommandé une grande déférence pour le général Prim, que son grade et la force du contingent espagnol qu'il commandait désignaient comme le principal chef de l'expédition. Le général Prim ne justifia pas cette confiance. Sa conduite, dans toute cette circonstance, fut ambiguë et variable, et son influence particulièrement funeste. Après avoir combattu, au sénat de Madrid, le principe de l'expédition, il en avait sollicité et obtenu le commandement. La France et l'Angleterre apprirent avec surprise que, contrairement aux conventions faites avec elles, l'Espagne avait devancé leur action : dès le 1ᵉʳ décembre 1861, quinze bâtiments, partis de la Havane, avaient porté à Vera Cruz les six mille hommes du général Prim. La place avait été abandonnée sans coup férir par le général la Llave, mais non pas sans protestation. La présence des anciens dominateurs du Mexique avait fait renaître toutes les défiances et donné à l'appel que Juarez adressa à la nation une autorité qui eût fait défaut vis-à-vis de ses autres adversaires : il apparut comme le défenseur de l'indépendance du pays. On soupçonna alors le général Prim de songer pour lui-même à la souveraineté du Mexique. L'Espagne était d'ailleurs peu sympathique au choix de l'archiduc.

Les Anglais du commodore Dunlop arrivèrent ensuite à Vera Cruz; les Français débarquèrent le 9 janvier.

Le général Uraga bloquait Vera Cruz, interdisait toute communication avec la ville et éloignait tous les animaux qu'on eût pu utiliser pour les transports : on se procura, à haut prix, à la Havane et dans les Antilles, deux cent cinquante-quatre mulets et quatre vingt-neuf chevaux. L'amiral insista pour qu'on ne restât pas à Vera Cruz, où l'accumulation des troupes eût aggravé l'insalubrité du climat. On s'avança jusqu'à la Tejeria, à douze kilomètres. C'était l'extrémité d'un chemin de fer dont le prolongement occupa plus tard l'armée d'invasion. Déjà la différence des vues se manifeste entre les alliés : les commissaires anglais refusent leur signature à l'*ultimatum* signifié par le ministre de France, M. de Saligny, dont ils jugent les réclamations exorbitantes. Le général Doblado négocie et tâche de prévenir une rupture; mais, sur l'insistance de l'amiral, les alliés exigent des campements salubres et signifient leur volonté de marcher sur Talapa et Orizaba, au delà des Terres Chaudes. Le 25 janvier paraît un décret de Juarez qui menace de mort les envahisseurs et les Mexicains qui les seconderaient. C'est ce décret qui fut appliqué, en mai 1867, à l'empereur Maximilien, aux généraux Méjia et Miramon.

Le 9 février, Doblado signifie aux alliés qu'ils ne seront autorisés à avancer dans le pays qu'après conventions précises et sous des conditions acceptées des deux parts. Doblado se rencontre avec Prim, le 19 février, à la Soledad, et arrête avec lui la convention ci-après, que les commissaires anglais et français signèrent la nuit suivante :

1° On se place sur le terrain des traités, et des négociations s'ouvriront à Orizaba. Pendant leur durée, les alliés s'établiront à Orizaba, Cordova, Tehuacan.

2° Si les négociations viennent à se rompre, les alliés reculeront jusqu'à Paso Ancho et Paso de Ovejas (soit au delà des escarpements de Chiquihuite, qui séparent la terre chaude de la terre tempérée). Dans ce cas, leurs hôpitaux resteront sous la sauvegarde du Mexique. Enfin, le pavillon mexicain sera rétabli, dès la marche en avant, sur Vera Cruz et San Juan d'Ulloa.

Même sans hostilités ouvertes, la marche fut très-difficile et mit à l'épreuve le courage et l'esprit ingénieux de nos marins et de nos soldats. L'active sollicitude de l'amiral maintint au plus haut degré le moral de sa petite armée, malgré les fatigues et les souffrances de cette pénible traversée de vingt lieues des Terres Chaudes. L'armée n'atteignit Cordova que le 5 mars. Le 11, elle franchit les Cumbres, ressaut de six cent cinquante mètres entre la terre tempérée et le plateau d'Anahuac, terre froide à deux mille deux cents mètres d'altitude, où viennent le blé et le maïs, où les Européens retrouvent la température qui leur convient. Le 12 mars, l'armée occupa Tehuacan, mais le convoi n'arriva que le 21, après vingt-cinq jours de marche depuis la Tejeria.

Déjà les Anglais avaient absolument quitté la partie, leur gouvernement laissant à la charge du commodore Dunlop le convoi que cet officier général avait acheté à la Havane pour accompagner les Français : ceux-ci le lui rachetèrent. Dès le 15 janvier, l'empereur Napoléon avait fait savoir à Londres que le débarquement prématuré de Prim augmentant les difficultés de l'entreprise, il jugeait nécessaire d'augmenter les forces françaises. Sans s'y opposer d'ailleurs, le gouvernement anglais s'était refusé à agir de même. En Espagne, on condamne le projet d'une monarchie mexicaine.

Le gouvernement français désavoua la convention de la Soledad, comme impliquant une reconnaissance du gouvernement de Juarez, retira à l'amiral Jurien, élevé cependant au grade de vice-amiral, le commandement direct des troupes de terre; celles-ci s'augmentèrent de quatre mille quatre cent soixante-quatorze hommes, confiés au général de Lorencez, et qui débarquèrent, le 6 mars, à la Vera Cruz. Le général, et surtout son chef d'état-major Valazé, arrivaient avec la résolution, tout à fait conforme aux désirs de la cour de France, de renverser Juarez par la force et de rompre d'abord toute négociation avec lui. Ils amenaient avec eux le général Almonte et le Père Miranda, les chefs du parti réactionnaire le plus avancé, dont la présence souleva l'irritation du parti libéral et le rallia à Juarez, à peine accepté avant l'intervention.

Sur l'insistance de l'amiral, l'armée se remit en route pour exécuter la convention en rétrogradant jusqu'aux Terres Chaudes. Mais, sous le prétexte d'hostilités assez mal constatées, le général de Lorencez arrêta à Cordova le mouvement de recul, et l'offensive dut se prononcer immédiatement. La période des négociations était close et l'alliance rompue; les contingents alliés allaient se rembarquer. Un incident malheureux se produisit à Cordova même, que Prim traversait en regagnant Vera Cruz : il trouva dans les rangs de l'armée française une attitude et des démonstrations de colère et de mésestime qui le laissèrent profondément ulcéré. Comment ne pas se rappeler, à ce propos, que ce fut lui qui, en 1870, offrit la couronne d'Espagne à un Hohenzollern, préparant ainsi la guerre franco-allemande!

Une proclamation de Juarez interprétait la retraite des Anglais et des Espagnols comme la condamnation de l'intervention française et la constatation de la justice de la cause qu'il soutenait : l'opinion, si divisée au Mexique, se rallia de plus en plus à cette cause de l'indépendance, que personnifia Juarez.

De leur côté, les plénipotentiaires français publièrent une déclaration de guerre, non à la nation mexicaine, mais à son gouvernement (16 avril 1862). Almonte publia le *plan de Cordova*, se déclarant chef suprême de la nation, muni de pleins pouvoirs pour traiter avec les alliés et convoquer un congrès national. Les généraux Méjia, influent dans le pays situé au nord de la route de Vera Cruz à Mexico, et Marquez, qui, sous Zuloaga, commandait au sud, se déclarèrent pour l'intervention.

Le 19 avril, le général de Lorencez partit de Cordova, se dirigeant vers les Cumbres; après une heure de marche, son avant-garde, dirigée par le capitaine Capitan, trouva la route barrée par des cavaliers mexicains, les chargea et les mit en déroute. Ces cavaliers formaient l'escorte de la comtesse de Reuss, Mexicaine et femme du général Prim.

Le 20, le général de Lorencez arriva à Orizaba ; le général Zaragoça s'était retiré aux Cumbres avec quatre mille hommes fortement établis et dominant de haut la plaine d'Acultzingo ; la brigade française constitue à Orizaba ses dépôts et magasins ; elle s'y complète, y reçoit une centaine de cavaliers mexicains commandés par le général Galvez, et se dispose à marcher sur Puebla, la principale ville de l'Anahuac. « A Puebla, écrit le ministre de la guerre, vous donnerez un appui suffisant au parti conservateur, si ce parti existe assez fort pour l'emporter. » On voit qu'il y avait doute aux yeux du maréchal.

Le général de Lorencez partit le 27 avril d'Orizaba avec le 99°, colonel Lhérillier ; le 2° zouaves, colonel Gambier ; le 1er bataillon de chasseurs, commandant Mangin ; un régiment de marche d'infanterie de marine, colonel Hennique ; un bataillon de fusiliers marins commandé par le capitaine de frégate Allègre ; le 2° escadron du 2° chasseurs d'Afrique, capitaine de Foucault ;

deux batteries, commandant Michel; le commandant de Coatpont, commandant le génie; l'intendant Raoul, dirigeant l'administration. L'armée comptait sept mille trois cents hommes; mais elle laissait à Orizaba cinq cents malades sous la garde de deux compagnies de marins.

Le général partait plein de confiance dans le « succès de Maximilien »; ce sont les termes d'une lettre au ministre, où l'on peut reconnaître l'influence de M. de Saligny.

La route, en quittant Acultzingo, gravit, par une série de lacets, la haute muraille qui, sous le nom de Grandes Cumbres, domine la vallée qui descend sur Tehuacan; Zaragoça y avait établi les brigades Arteaga, au centre, défendant la route et les ruines d'un ancien presidio, Escobedo à droite, Negrete à gauche, une 4ᵉ brigade en réserve sur le sommet, Porfirio Diaz occupant, avec six pièces, le deuxième étage de la montagne, qui porte le nom de Petites Cumbres.

Le 28 au matin, la colonne française partait d'Acultzingo; à une heure, l'ennemi révéla sa présence en ouvrant le feu sur une compagnie de zouaves qui gravissait la montagne; le général disposa immédiatement son attaque. Deux compagnies de chasseurs montèrent, à droite, vers une batterie établie sur un contre-fort;.à gauche, deux autres compagnies et une compagnie de zouaves gravirent de difficiles sentiers; deux autres, enfin, se dirigèrent, par la route, sur le presidio; un bataillon de zouaves soutenait l'attaque et renforça la gauche. A trois heures, le presidio était emporté, et une compagnie atteignait le col à gauche; celle-ci chargeait à la baïonnette pour repousser une attaque des Mexicains; bientôt après, deux compagnies de zouaves apparaissaient sur la crête de droite et l'ennemi repassait le Puente Colorado; la nuit venait : on s'arrêta au pont. Le général renvoya à Acultzingo, où étaient restés les bagages des assaillants; les zouaves et les chasseurs. Lui-même campa au sommet de la Grande Cumbre, avec le 99ᵉ et les marins. Les quatorze compagnies engagées avaient pris deux obusiers et vingt prisonniers et repoussé deux mille quatre cents hommes. Elles comptaient deux tués et trente-deux blessés.

Zaragoça se replia sur San Augustin, Escobedo sur Tehuacan : le 29, l'armée française franchit les Cumbres, laissant le bataillon de chasseurs au Puente Colorado, et s'arrêta à la Cañada; le 4 mai, elle atteignit Amozoc, à quatre kilomètres de Puebla : l'ennemi s'était retiré sans combattre, mais en brûlant les meules de blé qui couvraient ce plateau d'Anahuac. On avait marché le matin avec un temps favorable. Chaque soir, à quatre heures, tombait une pluie torrentielle.

Puebla de los Angeles est la deuxième ville du Mexique; elle compte 74,000 habitants (Mexico en a 210,000; Guadalajara, 72,000). Elle est dessinée régulièrement par des rues à angle droit qui la découpent en « cadres » (îlots carrés de maisons). De nombreux couvents, très-solidement construits, forment autant de points forts que les Mexicains avaient reliés par des barricades, en constituant, au centre de la ville; un réduit principal. Toute l'armée de Zaragoça se consacrait à la défense. Les démonstrations populaires, sur lesquelles comptait l'armée d'intervention, avaient fait défaut sur la route, ainsi que les contingents conservateurs.

La route d'Amozoc passe, un peu avant d'arriver au Rio San Francisco, qui baigne les murs du côté de l'est, à cinq cents mètres environ au sud du Cerro Guadalupe, crête de douze cents mètres environ de longueur qui court parallèlement à la ville du sud-est ou nord-ouest. Un couvent fortifié en occupe la pointe la plus rapprochée de la route. Il est à cent deux mètres d'altitude et les abords en sont escarpés. A cinquante mètres plus bas, le fort Loreto défend l'autre extrémité de cette crête. Dans les siéges précédents, notamment dans celui de 1846 par les Américains du Nord, les assiégeants avaient tourné la ville par le sud, évitant de se heurter au Cerro de Guadalupe. Le général de Lorencez résolut, malgré ces souvenirs, d'aborder directement le Cerro. D'une part, il le trouvait sur sa route et, avec sa faible armée, n'avoir pas de communications à établir et à défendre était un notable avantage. De l'autre, il pouvait, s'il réussissait, se rendre maître de la place sans qu'elle eût à souffrir de l'attaque ; or M. de Saligny lui représentait les habitants de Puebla comme des amis opprimés par l'armée de Zaragoça. On s'apprêtait, selon lui, à couronner de fleurs les libérateurs venus sous le drapeau de la France.

Zaragoça occupait la ville avec son armée, de dix à douze mille hommes ; les forts du Cerro étaient défendus par deux batteries et douze cents hommes aux ordres de Negrete.

Le général de Lorencez résolut de canonner le fort, puis de brusquer l'attaque avec sa brave infanterie. A onze heures, le café pris, le ravin qui passe au pied du Cerro fut franchi par deux bataillons de zouaves et les dix pièces d'artillerie que possédait l'armée ; les chasseurs couvraient l'attaque à droite ; les fusiliers marins étaient à gauche avec la batterie de montagne, l'infanterie de marine en second ligne, sauf quatre compagnies qui, avec le 99°, couvraient le convoi.

La position de l'ennemi était tellement dominante que les canons français ne pouvaient la voir qu'en se reculant jusqu'à deux mille mètres de distance. Leur feu, continué pendant trois quarts d'heure, fut tout à fait inefficace, et les Mexicains n'en avaient été nullement ébranlés quand fut donné le signal de l'assaut. Les canons mexicains, au contraire, pouvaient aisément bien diriger leurs feux tout à fait dominants. Zaragoça avait envoyé la brigade Berriozabal à l'aide de Negrete ; sa cavalerie était répartie des deux côtés du Cerro, soit derrière Loreto, soit sur la grande route, entre Guadalupe et le couvent fortifié de los Remedios, qui touche cette route au sud.

Cependant les zouaves, les marins, les chasseurs s'élancent, au signal donné par le général, à l'assaut de la montagne. Tandis que le 2° bataillon l'aborde directement, le 1er, avec les marins et l'infanterie de marine, s'élève entre

Loreto et Guadalupe, parvient jusqu'au fossé de ce dernier fort et se trouve, là, en face d'un solide réduit avec trois étages de feux. Les morts, les blessés s'accumulent devant cet obstacle, tandis qu'un intrépide soldat, le clairon Roblot, sonne la charge debout sur la crête du fossé. On essuie à droite les feux de Loreto; devant soi, on trouve cinq bataillons à l'abri de murailles que le canon n'a point ébranlées : il faut reculer. La cavalerie mexicaine tourne Loreto et menace les derrières des assaillants; elle entoure les deux compagnies de chasseurs qui couvrent la droite de l'attaque, mais sans pouvoir les entamer.

A ce moment l'orage journalier éclate, terrible, et des torrents de pluie achèvent de rendre impraticables les pentes du Cerro et impossible un nouvel élan des troupes. Le général se décide à faire sonner la retraite. On reprend les sacs au pied du Cerro et l'on s'y fixe pendant que les blessés sont évacués sur Amozoc : on comptait cent cinquante-six morts, parmi lesquels l'intendant Raoul. On ramenait trois cent quarante-cinq blessés ou malades. Les Mexicains n'avaient perdu que quatre-vingt-trois tués et cent trente-deux blessés, et le succès allait exalter au plus haut point le moral des défenseurs de la République. Le triomphe « des fils de l'Anahuac sur les premiers soldats du monde » fut célébré avec enthousiasme, et le congrès investit Juarez de pleins pouvoirs.

Cependant l'armée française restait jusqu'au 8 mai à trois kilomètres de Puebla, offrant à Zaragoça le combat, qu'il se garda d'accepter, mais renonçant à donner un nouvel assaut; le 8, elle commença une lente et imposante retraite, séjourna les 9 et 10 à Amozoc, traversa les Cumbres le 16, et rentra le 19 à Orizaba, laissant à six kilomètres de la ville deux bataillons du 99° sur le Rio Blanco.

Là, on fut joint par quelques cavaliers de Marquez : ce général, qui devait rallier l'armée française devant Puebla, avait été arrêté à soixante-dix kilomètres sud de Puebla par les troupes libérales, et, en ce moment même, le gros de ses troupes était séparé d'Orizaba, à la Barranca Seca, qui continue la position des Cumbres, par le général Tapia, à la tête de cinq cents cavaliers et de quatorze cents fantassins. Le commandant Lefevre y courut d'Ingenio avec quatre cent cinquante hommes du 99°; après avoir franchi quatorze kilomètres, il trouva les deux berges de la Barranca occupées par l'ennemi, qui appuyait sa droite à un mamelon. Il était cinq heures et demie. Trois compagnies abordèrent le centre et la gauche des Mexicains; les trois compagnies de gauche escaladèrent le mamelon, ouvrant la route à la cavalerie de Marquez : celle-ci, vigoureusement enlevée par ses chefs, passa derrière l'infanterie française pour charger la gauche ennemie. A six heures un quart la victoire était complète : un drapeau et douze cents prisonniers demeuraient aux mains des vainqueurs; les Mexicains perdaient, en outre, une centaine de morts et le double de blessés; la cavalerie alliée avait perdu deux cents hommes.

Le combat de la Barranca Seca changeait la disposition des esprits : l'ennemi, devenu beaucoup moins entreprenant, laissait le général Lorencez rétablir les communications avec la mer. Le Fortin, Cordova, le Potrero, le Chiquihuite furent occupés par des postes. Entre ce dernier point et la Tejeria, les convois durent être escortés; le colonel Hennique avait enlevé le Chiquihuite au général la Llave, le principal chef des guérillas de la région chaude; les soldats de Marquez, armés de quatre mille fusils trouvés à la douane de Vera Cruz, gardaient Potrero et le Fortin; ils touchaient des rations régulières; on trouva dans le pays quelques ressources en paille et farine, et Orizaba put être, pour la saison pluvieuse, transformée en garnison bien organisée.

Mais à Vera Cruz la situation était désolante et exigeait tous les soins et la fermeté du commandant Roze, que l'absence momentanée de l'amiral Jurien laissait à la tête de l'escadre. Quatorze officiers, cent quatre-vingts marins et soldats succombaient au vomito : une contre-guérilla à cheval, formée par l'ingénieur suisse Stœcklin, et un détachement de Marquez, posté à la Tejeria, ne parvenaient pas à rendre la sécurité à la route. Or la famine menaçait, et les convois représentaient pour l'armée une ressource indispensable. A la fin de mai, on reçut un convoi de quarante-sept voitures, escorté par le général Douay, nommé commandant en second de l'armée et débarqué de France, le 16 mai, avec trois cents hommes. Quelques jours après, le général mexicain Galvez amena trente-trois voitures; mais, le 10 juin, un train de vingt chariots, sous l'escorte de vingt-sept cavaliers de la contre-guérilla, fut attaqué et détruit à l'Arroyo Seco : un officier du train échappa seul avec son ordonnance.

Cependant, à Mexico, on savait combien était amer le ressentiment du général de Lorencez contre les influences qui l'avaient dominé à son arrivée au Mexique, causant ainsi son échec à Puebla. Zaragoça lui proposa une convention d'évacuation, en lui faisant connaître l'augmentation des forces libérales. Le général se refusa à toute négociation de ce genre et concentra ses forces à Orizaba, où le colonel Lhérillier revint des Cumbres. La ville fut barricadée, et les hôpitaux et magasins réunis au centre, dans un réduit fortifié; des épaulements couvrirent le pont où la route de Puebla franchit le Rio Angostura (dérivation du Rio Blanco), près de la Garita (maison d'octroi), au pied du Cerro Borrego, qui, de ce côté, domine Orizaba de trois cent cinquante mètres. Quatre compagnies du 99° et deux sections d'artillerie s'établirent à ce poste, tandis qu'une 5° compagnie se portait au nord de la ville et que le reste des troupes occupait les barricades.

L'armée libérale prenait, en effet, l'offensive. Ortega arrivait le 13 juin, et faisait occuper aussitôt le Borrego.

Vers dix heures du soir, le commandant Souville, du 99°, détaché à la garde de la porte de l'Ouest, entendant le bruit des armes sur la montagne, fit partir la compagnie Detrie pour y devancer l'ennemi, s'il était temps encore, puis fit prendre les armes à la compagnie Lefevre, pour soutenir Detrie. Il prévenait en même temps le colonel Hennique et le général de Lorencez. A minuit, les hommes de Detrie, gravissant un à un, péniblement et en silence, se trouvaient réunis sur un petit plateau avec leur capitaine. Tout à coup, une fusillade part des broussailles voisines : le capitaine Detrie fait mettre sac à terre et ordonne la charge; pendant une heure, on avance pied à pied; on enlève trois obusiers qui sont précipités dans le ravin ; l'obscurité a dérobé à l'ennemi le petit nombre des assaillants, mais ses rangs s'épaississent, et le capitaine Detrie fait embusquer ses hommes avec défense de tirer jusqu'à l'arrivée des renforts qu'appellera le bruit du combat. En effet, à trois heures et demie, la compagnie Lefevre le rejoint, et, ensemble, on reprend l'offensive.

Deux fois les Mexicains essayèrent de charger après une fusillade qui semblait devoir anéantir la poignée de braves qui les attaquait. Repoussés deux fois dans ce combat corps à corps, ils fuient enfin, laissant sur le terrain deux cent cinquante hommes, dont deux colonels et deux lieutenants-colonels; ils ont perdu deux cents prisonniers, trois obusiers, un drapeau, deux fanions. Les deux mille hommes qui avaient gravi la montagne entraînent dans leur fuite le reste de la division Ortega. Leurs glorieux adversaires étaient au nombre de cent quarante! et l'obscurité qui avait dérobé leur nombre à l'ennemi avait seule permis ce succès de quelques héros. Le capitaine Detrie fut nommé chef de bataillon.

Le général Douay fut, au jour, attaqué au pont du Rio Angostura : le feu de vingt-deux pièces de canon, ouvert dès cinq heures du matin, le contraignit à évacuer la Garita et le rancho de Corrizal. Mais Zaragoça ne fit pas d'autre progrès, et, la défense du Borrego ayant été organisée à la droite des Français, il se retira pendant la nuit. Des deux parts, on rendit les prisonniers.

Mais la faim menaçait Orizaba. Le transport des vivres de Vera Cruz devenait une entreprise aussi difficile qu'indispensable. Les décrets financiers d'Almonte ruinaient le commerce et aliénaient les populations; les soldats de Marquez désertaient dans la terre chaude, et, au commencement de juillet, le colonel Hennique dut se charger lui-même de conduire à la Tejeria cent voitures vides et d'en ramener cent quarante chargées de vivres. Sur ces routes détrempées par les pluies, on gagnait à peine une lieue par jour, et encore s'estima-t-on bien heureux qu'un bataillon du 99°, expédié d'Orizaba au-devant du convoi, arrivât à temps pour empêcher la Llave de faire sauter le pont de la Soledad. Ce pont fut brûlé, d'ailleurs, avant le passage d'un second convoi de quatre cent cinquante mulets ramassés de toute part et qui durent passer à gué le Jamapa. Le lieutenant-colonel Lefevre ramena ainsi des vivres pour quinze jours, et sa troupe avait été sans cesse harcelée par les guérillas et décimée par le vomito. Mais, quoique la ration fût réduite pour les hommes et les chevaux, un troisième et un quatrième convois durent encore reprendre ce dangereux chemin. Le dernier, arrêté par une crue du Jamapa, y rencontra heureusement les premiers renforts envoyés de France avec le colonel Brincourt. Une traille établie par le génie, une passerelle pour les hommes, jetée entre deux pointes de rochers, permirent le passage.

Malgré les lettres où le général de Lorencez, absolument revenu de ses illusions premières, déclare l'entreprise impraticable, surtout avec Almonte et M. de Saligny, l'Empereur a résolu de la poursuivre et proclamé le nécessité, pour l'honneur de la France, de venger l'échec de Puebla. Cette fois les moyens d'action, si parcimonieusement mesurés à l'origine, seront prodigués.

L'armée sera portée au chiffre de trente mille hommes (ce chiffre fut même dépassé d'un quart) et commandée par le genéral Forey, le vainqueur de Montebello. Celui-ci débarqua à Vera Cruz le 21 septembre. Il gagna Orizaba le 24 octobre. Le général de Lorencez, se refusant à prendre part à l'expédition à la tête d'une division, part pour la France le 10 novembre. Les deux divisions entre lesquelles se partageait l'armée furent commandées par les généraux Bazaine et Douay; la cavalerie, aux ordres du général de Mirandol, comprenait deux escadrons de chacun des quatre régiments de chasseurs d'Afrique, deux du 12ᵉ chasseurs, une escorte du 5ᵉ hussards pour le général en chef. Un matériel de siége, des réserves d'artillerie, des services administratifs bien organisés, — quoique les moyens de transport fussent encore insuffisants, — révélaient la part prise par le ministre de la guerre à cette préparation plus complète. Les batteries de 4 de la marine, et celle de 12 qu'avait formée l'amiral, furent attachées à la brigade de Castagny, division Bazaine. Les autres troupes de la marine, régiment d'infanterie, bataillon de fusiliers, compagnies du génie colonial, volontaires créoles, restèrent en dehors des divisions. Plus tard, l'Empereur obtint, par son ascendant sur l'Égypte, l'envoi d'un bataillon égyptien, formé surtout de nègres, et qui fut très-utile pour la police des terres chaudes.

Au 1er janvier 1863, l'effectif était de 21,000 fantassins, 1,500 cavaliers, 2,300 artilleurs, 680 sapeurs, 2,500 hommes des services administratifs : 31,000 hommes avaient été portés au Mexique; 2,852 étaient morts ou avaient dû être rapatriés.

A ce moment, l'amiral Jurien avait repris le commandement de la marine et réglait les débarquements, difficiles en cette saison fertile en tempêtes du *Norte*. Ce redoutable vent du nord chassait d'ailleurs la fièvre jaune, qui avait encore cruellement éprouvé les premières troupes débarquées en septembre. Le général Forey était investi de tous les pouvoirs, mais dut se concerter avec M. de Saligny, qui conservait la confiance de l'Empereur. Almonte dut renoncer à son titre de chef suprême et dissoudre son ministère.

Le général Zaragoça était mort. Ortega, qui lui succédait, échangeait des lettres courtoises avec le général Forey, tout en affirmant que la presque unanimité des Mexicains appuyaient le gouvernement républicain.

Le pays, en effet, ne fournissait aucune ressource à l'armée. Le général Lopez ayant promis de livrer mille mulets à Tampico, l'amiral fit occuper ce port, le 22 novembre, malgré le vent du *Norte,* qui rend très-dangereux son abord en cette saison. Le colonel de la Canorgue y fut installé avec douze cents hommes du 81º : la canonnière *la Lance* remonta le Rio Panuco jusqu'à Panuco même, à cent kilomètres de l'embouchure. Mais les *guerrilleros* du général Pavon interceptèrent les communications avec l'intérieur et l'on trouva à peine deux cents mulets payés à très-haut prix. On évacua Tampico le 23 janvier, emmenant quatre cents émigrés coupables d'avoir témoigné des sympathies françaises. La *Lance*, qui ne put franchir la barre, dut être brûlée. Cette difficile expédition, conduite par la marine avec tant de dévouement et d'habileté, aboutissait à un échec pour l'intervention.

Le général Forey réservait tous ses moyens pour la marche sur Puebla. Le 1ᵉʳ décembre, il avait porté le général Douay à San Augustin de Palmar, au delà des Cumbres, et le colonel Lhérillier avait occupé San André, au nord de cette position. La division Bazaine marcha par la route de Jalapa et, le 19 décembre, atteignit Perote avec la division Marquez. Des deux parts, on abordait l'Anahuac, où l'on trouvait des récoltes et des troupeaux. La santé de l'armée s'améliorait, et elle tirait ses vivres du pays même. D'autre part, bien que les convois de Vera Cruz ne fussent plus indispensables, dix postes, partagés en deux commandements, gardaient la route d'Orizaba à la limite des terres chaudes. Pour celles-ci, le capitaine de vaisseau Durand Saint-Amand les surveilla avec les auxiliaires des Antilles, des marins, quelques soldats, les réfugiés de Tampico, la contre-guérilla passée sous le commandement du colonel Dupin; le bataillon égyptien y arriva le 23 février 1863.

Dans ces conditions, l'armée reprit sa marche sur Puebla. Le 4 mars, les deux divisions campaient à une journée d'Amozoc; le 16, le général Douay s'établit à l'hacienda de Mazanilla, en face de Guadalupe. Bazaine vint camper sous Puebla, à la gauche de Douay : le 18 au soir, l'investissement était complet, Douay s'étant étendu par le nord, Bazaine par le sud. On fortifiait les ponts de Mexico et de las Animas (route de Cholula), menacés par le général Comonfort, assis sur la route de la capitale ; le 19 mars, enfin, le quartier général fut établi sur le Cerro San Juan, du côté opposé à Guadalupe. Assez fort pour se garder en tournant la ville, le général Forey évitait de se heurter au Cerro du Guadalupe, où s'était brisée l'attaque de Lorencez, et menaçait la place du côté de Mexico, à l'ouest.

Les Mexicains avaient accumulé les défenses à Puebla : Ortega les commandait. Juarez était venu les exciter de sa présence ; les résidents français, les bouches inutiles, avaient dû quitter la ville, qu'entourait une ligne continue de remparts en terre, derrière laquelle chacun des cadres était converti en une petite forteresse appuyée par les couvents, solidement construits et organisés en réduits de la défense. Entre les routes de Mexico et de Cholula, le fort de San Javier s'offrait d'abord à l'attaque française.

La circonvallation n'était pas tellement fermée, en raison du faible chiffre des assiégeants, que la cavalerie d'Ortega ne pût la franchir. Dans la nuit du 21 mars, quinze cents cavaliers allèrent rejoindre Comonfort et l'aider à enlever les ressources des haciendas voisines. Le 22 mars, cette cavalerie envahit Cholula, d'où la repoussa une brillante charge des chasseurs d'Afrique, conduite par le colonel du Barail et le général de Mirandol.

Le 23 mars, la tranchée fut ouverte à six cents mètres du saillant de San Javier ; le 25, la deuxième parallèle fut ouverte à trois cent cinquante mètres et armée de batteries qui ruinèrent celles du fort et permirent de s'établir à cent trente-cinq mètres ; pour diminuer le parcours de l'assaut, on traça une quatrième parallèle à soixante-dix mètres. Les Mexicains avaient reporté les canons du fort sur les barricades voisines. Le 29 mars, l'assaut fut donné par les troupes mêmes qui, le 5 mai 1862, avaient échoué à Guadalupe. A cinq heures du soir, le 1er chasseurs, commandant de Courcy, et le 2e zouaves, colonel Gastalet, se lançant au signal du général Douay, pénétrèrent dans le pénitencier et occupèrent les maisons voisines, malgré le feu redoublé de tout ce qui avait vue sur le fort. Six cents Mexicains étaient tués, deux cents pris ; on perdait deux cent trente hommes tués ou blessés ; le général de Laumière, commandant l'artillerie de l'armée, était au nombre des premiers.

Ce succès fut beaucoup moins décisif qu'on ne l'avait espéré. Comme Saragosse en 1808, Puebla défendait opiniâtrement chaque couvent, chaque îlot de maisons; ceux-ci furent numérotés, pour ordre, de 1 à 158! On avança pied à pied, chaque cadre exigeant un assaut. Le 31 mars, les chasseurs enlevèrent le n° 2, ainsi que le n° 9, ouvert par l'explosion d'un sac de poudre; mais, devant la caserne, qui constituait le n° 26, on échoua; dans la nuit du 2 au 3 avril, on employa la mine; elle rencontra le roc; au cadre 24, une section du génie fut enveloppée et prise. Le 7 avril, on avait plus de cinq cents hommes hors de combat, et la poudre allait manquer. On s'arrêta.

Tandis que Douay rencontrait, au pénitencier de San Javier, cette résistance obstinée, Bazaine dirigeait des travaux d'approche contre les forts de Carmen et de Totimehuacan, à la droite de la première attaque : ces deux forts sont assis sur les deux berges du Rio San Francisco, en aval de la place. Les assiégés commençaient à souffrir de la faim : quinze cents cavaliers qui leur restaient sortirent encore de la place et essayèrent de ramener un convoi, qui fut enlevé. Le 14 avril, le général Brincourt, détaché sur Atlinco (vingt kilomètres sud-ouest de Puebla) avec cinq cents zouaves, deux cents chasseurs et deux cents Mexicains, rencontra deux colonnes de Comonfort, au nombre de quinze cents hommes, les chargea successivement, les mit en déroute, et ramena des approvisionnements. Des sorties tentées sur les travaux de Bazaine furent vigoureusement repoussées; mais Douay, continuant l'attaque à l'intérieur, perdit trois cent cinquante tués ou blessés et cent trente prisonniers à l'attaque du couvent de San Inez. « Ces hommes, dit le rapport d'Ortega, avaient combattu comme des lions. » Sous le feu des fenêtres du couvent et des maisons voisines, abritant deux mille tirailleurs, cet assaut avait rencontré des obstacles de toute sorte, multipliés sur le sol à parcourir. Après ce succès, l'ennemi crut pouvoir attaquer à son tour les cadres 30 et 31. Il fut repoussé. Par l'ordre de Juarez, qui s'était rendu à l'armée de Comonfort, une attaque simultanée de la garnison et de l'armée de secours eut lieu le 5 mai, l'anniversaire du combat de Guadalupe.

La cavalerie mexicaine, vigoureusement chargée par les escadrons des capitaines de Foucault et de Montarby, fut rejetée au loin, tandis que la garnison était ramenée dans la place. Cependant Comonfort commença, vers San Lorenzo, dans la vallée de l'Atoyac, à dix kilomètres au nord de Puebla, un établissement solide qui devait servir de point de départ à de nouvelles attaques.

Bazaine fut chargé de le déloger. Parti le 8 mai à minuit avec quatre bataillons, quatre escadrons et huit pièces, il remonta la vallée et arriva, à cinq heures du matin, à portée de San Lorenzo. Une ligne continue d'épaulements, appuyée à l'est aux berges abruptes de l'Atoyac, avait pour réduit l'église de San Lorenzo. Huit mille hommes occupaient les lignes, l'église et le village. Bazaine attaqua par sa gauche, de façon à rejeter les défenseurs sur l'Atoyac, la cavalerie prononçant un mouvement tournant dans le même sens. Malgré une défense énergique, l'attaque réussit pleinement; deux divisions de Comonfort furent à peu près détruites; trois drapeaux, huit pièces de campagne, un millier de prisonniers, un convoi considérable restèrent aux mains des vainqueurs; grâce à l'élan et à la bonne disposition de l'attaque, les pertes étaient peu importantes. Tout espoir de secours était perdu pour les défenseurs de la place.

Le 12 mai, la parallèle fut ouverte à six cent quatre-vingts mètres de Totimehuacan, et l'artillerie de ce fort et de celui de los Remedios, entre la place et le pied du Guadalupe, fut réduite au silence. Le 17, une série d'explosions eut lieu à l'intérieur. Ortega, dont les propositions de capitulation avaient été repoussées les jours précédents, brisait ses armes et se rendait à discrétion ; le 19, les drapeaux français et mexicains furent hissés à la fois sur la cathédrale, à l'entrée de laquelle le clergé venait recevoir le général Forey. Les prisonniers furent mal gardés : cinq cent trente officiers purent être envoyés en France ; mais six cent cinquante s'étaient échappés, soit de Puebla même, soit d'Orizaba, et, parmi eux, Ortega, la Llave, qu'on retrouva parmi les plus redoutables adversaires de l'intervention. Cinq mille hommes furent versés dans l'armée de Marquez ; en réalité, plus de la moitié des 26 généraux, 1,432 officiers, 11,000 soldats qui s'étaient rendus à Puebla purent reprendre les armes contre les Français.

Le général Brincourt fut chargé du commandement de Puebla ; les administrateurs civils furent nommés, sur la désignation d'Almonte et de M. de Saligny ; des décrets des 21, 22 et 27 mai prescrivirent la séquestration des biens des citoyens armés contre l'intervention, la révision des ventes des biens des sociétés de bienfaisance ; l'exportation des métaux précieux fut interdite et les douanes de terre rétablies, sous la direction de M. Budin, receveur général en mission.

Le 4 juin, la Fête-Dieu fut célébrée en grande pompe, avec la participation de l'armée française.

Dès le 1ᵉʳ, Juarez avait quitté Mexico, où les conservateurs, réunis par le général Aguilar, avaient fait acte d'adhésion à l'intervention ; une députation fut envoyée au général Forey, pour l'inviter à prendre possession de la capitale. C'étaient les plus exaltés parmi les anciens adversaires de Juarez ; leur attitude inquiéta le général Forey, qui, d'accord avec les consuls étrangers, fit occuper la ville par des troupes françaises, à l'exclusion de Marquez ; cependant il consentit à faire prendre à ce général la tête du défilé quand lui-même fit, le 10 juin, son entrée dans Mexico. Il tenait à marquer que l'armée française n'était que l'auxiliaire des Mexicains conservateurs et ne prétendait qu'à assurer l'entière liberté de leurs résolutions. L'accueil fait à l'armée lui parut enthousiaste, et il put se croire maître de la situation ; il constitua un gouvernement mexicain, avec un pouvoir exécutif confié aux généraux Almonte et Salas, et un congrès dont les trente-cinq premiers membres, désignés par M. de Saligny, durent en élire eux-mêmes deux cent quinze autres : ce congrès vota l'établissement d'une monarchie et nomma l'archiduc Maximilien empereur du Mexique. Le gouvernement provisoire devint la « Régence de l'Empire ».

Juarez avait transporté à San Luiz Potosi le siége de son pouvoir, et la lutte continuait. Uraga occupait la route de Toluca, à l'ouest ; Doblado, au nord, celle de Queretaro. Negrete, un des évadés de Puebla, menaçait la route de Vera Cruz, défendue par une brigade de renfort arrivée de France à la fin de mars.

Pendant le siége de Puebla, le 31 mars, les guérillas de Jalapa avaient envahi les ateliers du chemin de fer de la Soledad et bouleversé les travaux. Un incident plus douloureux s'était produit, le 1ᵉʳ mai, à Camaron, à mi-chemin de Vera Cruz à Orizaba. La compagnie Danjou, de la légion étrangère, envoyée de Chiquihuite au-devant de deux convois d'argent et de munitions, avait été assaillie par huit cents cavaliers et un millier de fantassins amenés par le général Milan. Elle s'était réfugiée en combattant dans une maison du village, et y soutint héroïquement, pendant toute la journée, une lutte inégale. Quand enfin, à six heures du soir, les Mexicains entrèrent dans la maison, le capitaine Danjou, le sous-lieutenant Vilain, qui l'avait remplacé, étaient tués, ainsi que vingt de leurs soldats. Le troisième officier, Moudet, était mortellement blessé, ainsi que sept hommes encore; la plupart de ceux qui furent pris étaient blessés. Mais les convois furent sauvés. Milan ramena à Jalapa sa troupe décimée et très-frappée de la résistance qu'elle avait rencontrée. Il fit rendre les honneurs militaires au sous-lieutenant Moudet, quand il succomba à Jalapa.

Cet été fut un temps de repos. L'armée avait étendu ses cantonnements autour de Mexico; au nord d'Orizaba, le colonel Aymard avait occupé Tulancingo, sur la route de Tampico, et contenait les guérillas de la Huasteca, région montagneuse et difficile entre Orizaba et San Luiz Potosi. Negrete avait été rejeté sur cette dernière ville.

Dans le Sud, la résistance hésitait. C'était surtout l'escadre qui s'occupait, sous le commandement du contre-amiral Bosse, de faire respecter l'intervention sur les côtes du Yucatan, ou dans le delta de son fleuve, l'Unumasinta : il obtint, le 6 septembre, la déclaration de blocus de la côte mexicaine de l'Atlantique et put arrêter le commerce neutre, qui fournissait des ressources à Juarez.

Le 1er octobre 1863, le général Forey, élevé

à la dignité de maréchal, remit le commandement au général Bazaine, qui l'exerça jusqu'à la fin. M. de Montholon remplaça M. de Saligny. En France, on désirait la fin de la guerre, et le nouveau ministre autorisait même des négociations avec les juaristes; mais ces instructions se croisaient avec les nouvelles de la junte suprême. L'Empereur se regarda, quand il les apprit, comme engagé d'honneur à les soutenir; toutefois, l'acceptation de la couronne par l'archiduc fut ajournée jusqu'à une manifestation plus générale, en faveur de la monarchie, de la nation mexicaine.

C'est à provoquer cette manifestation que le général Bazaine employa ses premiers efforts. Il disposait alors de trente-cinq mille Français, et des divisions Marquez et Méjia, qui, administrées à l'aide de subsides fournis par la France, acquéraient une véritable valeur. Ainsi, le 30 novembre, Marquez, assailli dans Morelia (soixante lieues à l'ouest de Mexico) par les douze mille hommes d'Uraga, les avait repoussés avec perte : cinq jours après, cette armée libérale du Pacifique avait rencontré le colonel Margueritte, qui avait sabré son avant-garde; puis, le 29 décembre, le général Douay, qui, à Uruapan, avait changé en déroute complète sa retraite vers le nord.

L'effort se produisait à la fois dans tous les sens, les Mexicains alliés tenant la tête des attaques. A San Luiz Potosi (soixante lieues nord-nord-ouest de Mexico), Negrete était repoussé par Méjia et perdait huit cents hommes et tout son parc. Les Français tenaient à Acapulco et San Blas, sur le Pacifique, des garnisons en relation avec leur division navale dans cette mer. Tout le centre était soumis; les partis se balançaient dans le Yucatan. Juarez, réfugié à Monterey, avait peine à réduire Vidaurri soulevé; mais le voisinage des États-Unis était pour lui un appui très-important. Les États-Unis avaient refusé, dans le principe, de joindre leurs réclamations à celles de l'Europe; leur gouvernement proclamait sa sympathie pour le gouvernement républicain au Mexique, et son opposition devrait être prise en très-sérieuse considération, quand prendrait fin la guerre de la Sécession, qui le paralysait en ce moment.

Toutefois, l'adhésion à la résolution de la junte suprême parut alors assez général pour que l'archiduc crût pouvoir déclarer, à la commission mexicaine envoyée à Miramar, qu'il acceptait la couronne (10 avril 1864). Il passa à Rome, où il aurait eu grand besoin de trouver un appui pour ses relations avec le clergé de sa nouvelle patrie, et débarqua à Vera Cruz le 28 mai 1864.

Son gouvernement rencontrerait-il moins d'obstacles et de difficultés intérieures que l'occupation française? La partie de la nation qui l'acceptait sans restriction, et qui demandait surtout la stabilité du pouvoir, était nombreuse peut-être, mais sans action énergique. Les adversaires vraiment décidés de Juarez obéissaient surtout aux passions cléricales : dirigés par Mgr La Bastida, archevêque de Mexico, ils poussaient à une réaction passionnée, peu d'accord avec le libéralisme européen des Français et de Maximilien lui-même, contre les gouvernements qui avaient dépouillé le clergé du pouvoir politique et des immenses biens qu'il devait à la dévotion des siècles précédents. Les dissentiments avec ce parti restaient une cause de difficultés continuelles. Le général Bazaine, dont le maréchal avait, en le quittant, appelé l'attention sur les dangers de ces relations avec d'indociles alliés, n'avait pu qu'atermoyer et attendre : il avait cependant rompu avec l'archevêque et l'avait exclu du gouvernement. On ne peut, à ce propos, s'empêcher de se reporter au souvenir des rapports que le général Bonaparte entretint, par une si patiente habileté, avec le divan du Caire.

L'Empereur se montra tout d'abord froid et sévère envers Marquez et Méjia, qui avaient à se reprocher, en effet, plus d'une cruauté et d'une exaction, mais qu'aucun autre de ses partisans n'égalait en valeur. Il indiquait ainsi sa volonté de n'user que de moyens honnêtes pour arriver à un succès bien difficile : l'argent lui manquait, ce qui l'obligeait à manquer de parole à tous les créanciers étrangers. La France même, dont la créance pour frais de guerre, arrêtée à 270 millions au 1ᵉʳ juillet 1854, devait, aux termes du traité de Miramar, être remboursée à partir de ce moment, aurait là un sujet continuel de récriminations et de dissentiments : un emprunt de 190 millions, souscrit surtout en France, n'en avait donné que 102, presque immédiatement absorbés par les frais de courtage, *le payement de la dette anglaise,* la consignation d'une réserve pour garantie d'intérêts. Loin de diminuer sa dette, le Mexique était destiné à l'accroître sans cesse par des emprunts à la caisse de l'armée, qui donnaient lieu à des discussions entre lui et le général Bazaine, blâmé, d'autre part, de ses concessions par son gouvernement. Le traité de

Miramar, supposant que trois années suffiraient pour constituer solidement l'Empire, stipulait que l'armée française évacuerait le pays dans ce délai, prolongé au plus de six autres années pour la légion étrangère, portée à huit mille hommes. A ces forces militaires s'ajoutaient sept mille hommes levés en Autriche et deux mille Belges.

L'entretien de ces forces étrangères excédait les ressources financières du Mexique. Quant aux troupes nationales, nous avons dit ce qu'elles pouvaient être, les Espagnols d'origine ne servant guère que comme officiers, surtout comme officiers supérieurs, les rangs étant remplis par la « leva » d'Indiens servant indifféremment sous des drapeaux divers. Pour utiliser les éléments militaires, politiques, financiers que pouvait offrir le pays, il aurait fallu le souple génie d'un Bonaparte en Égypte, ou une absence de scrupules qui répugnait absolument à l'honnêteté de Maximilien.

Cependant, à son arrivée, la situation militaire était satisfaisante : les guérillas de Guanajuato (mi-chemin de Mexico à San Blas) avaient été réduites par le colonel Garnier : la Sierra Morones était pacifiée par la soumission de Sandoval et de Cadena. Enfin Doblado, qui, commandant six mille hommes vers San Luiz Potosi, essayait d'enlever Matahueta à Méjia, y avait été atteint par le colonel Aymard ; un escadron de chasseurs, chargeant à sa gauche, tandis que Méjia résistait à sa droite, avait dispersé sa cavalerie et enlevé quatre pièces de campagne ; puis Méjia, prenant l'offensive, avait achevé sa déroute. Doblado, qui avait pu disputer le pouvoir à Juarez, alla mourir aux États-Unis.

L'Empereur put faire, en sécurité, son premier voyage à travers les États du centre de l'Empire et croire, à cet instant, à la probabilité d'un succès final, malgré quelques conflits d'autorité entre les fonctionnaires civils auxquels il confiait l'administration et les commandants militaires qui, sous les ordres du maréchal (le général Bazaine avait été élevé à cette dignité le 5 septembre 1864), avaient pour objet essentiel les opérations de la guerre.

Le maréchal dirigeait, en ce moment, une opération d'ensemble vers les provinces du Nord. La contre-guérilla du colonel Dupin avait, le 18 avril, battu le général Carbajal à San Antonio (vingt lieues au sud de Tampico) et occupait cette dernière localité. Entre San Luiz Potosi, dégagé par la victoire de Matahuela et la route de Vera

Cruz, la Huasteca avait été parcourue par le colonel Tourre, qui, après avoir battu le général Ugalde à la Candelaria, le 1ᵉʳ août, était entré, le 2, à Huejutla, la capitale de ces montagnes. Malheureusement, les conditions de soumission demandées par les chefs de la Huasteca n'avaient pas été acceptées à Mexico, au grand regret du maréchal. Celui-ci tourna ses vues vers la région du Nord, où s'était réfugié Juarez.

La brigade Lhérillier, à l'ouest, dut partir de Zacatecas (cent soixante-trois lieues nord-ouest de Mexico), la brigade Aymard, de San Luiz Potosi (cent quatorze kilomètres de Mexico). A l'est, Méjia et Dupin durent combiner leurs efforts. Tous ensemble devaient s'élever vers le nord jusqu'à 26° latitude de Matamoros, où le Rio Bravo del Norte, qui marque la frontière des États-Unis et du Mexique, vient se jeter dans la mer des Antilles. L'amiral Bosse devait bloquer le Rio del Norte. La division de Castagny était en deuxième ligne, à Queretaro, et devait s'élever au nord entre Méjia et la brigade Aymard.

Le général de Castagny commença son mouvement sur Saltillo, entre le colonel Aymard, qui occupa Parras, et Méjia qui, à l'est, traversait péniblement les montagnes du Tamaulipas, presque impraticables dans cette saison des pluies. Le général de Castagny s'avança jusqu'à Monterey, où Juarez avait établi le centre de son gouvernement, quand il avait dû quitter San Luiz. Tandis qu'il remontait au nord, le général entrait à Monterey le 26 août : mais là il se jugeait un peu en l'air, dans le cas surtout d'une intervention de l'armée américaine, intervention qui préoccupait dès lors le maréchal et influait sans cesse sur ses mouvements. Le général rappela à lui le colonel Aymard, renonçant ainsi à coopérer avec le général Douay, qui agissait à sa gauche, au moment où cette coopération eût décidé la ruine de Juarez.

Juarez, en effet, avait pris l'offensive contre la brigade Lhérillier, marchant avec Negrete, son ministre de la guerre, ayant Patoni à sa droite, Carvajal à sa gauche. Ortega commandait toute l'armée; il descendait au sud, traversant le Rio de Nazas, qui court de l'ouest à l'est dans l'État de Durango, et va se perdre dans un lac, à la latitude de Saltillo. Il campait, avec trois mille hommes et vingt-six pièces de canon, à l'hacienda de la Estanzuela, au pied du Cerro de Majoma, quand le colonel Martin, détaché à mi-chemin de Durango au Nazas, résolut de l'aborder par son flanc droit. Le 21 septembre, le colonel arrivait au contact de l'ennemi ; ayant rallié le capitaine Marquez, il avait sous la main cinq compagnies du 2ᵉ zouaves, une de chasseurs à pied, un escadron de chasseurs, quatre-vingts cavaliers mexicains.

L'escadron de chasseurs refoula les avant-postes de Negrete ; mais, au calme de leur retraite, le colonel Martin comprit qu'ils se sentaient fortement soutenus ; il massa son convoi derrière les bâtiments de l'hacienda, les conducteurs armés aux fenêtres de l'édifice, et, laissant les chasseurs en réserve, porta en avant sa cavalerie, appuyée par une compagnie de zouaves, les quatre autres en seconde ligne, ses deux obusiers de montagne au centre.

Ortega avait rangé son armée derrière la crête du Cerro de Majoma, qui domine la plaine de trente mètres, à trois kilomètres de l'hacienda. Lui-même occupait la gauche, avec Alcade au centre, Patoni à droite, l'artillerie partagée entre le Cerro et la route de San Miguel Mesquital. Le colonel dirigea l'attaque sur le Cerro ; mais l'un des premiers boulets de l'ennemi frappa ce brave officier. Heureusement, le commandement tombait dans les vaillantes mains du commandant

Japy, des zouaves. La perte du chef de la colonne n'arrêta pas l'élan des assaillants; la batterie de huit pièces fut enlevée et les troupes de soutien rejetées, à la baïonnette, sur le versant sud de la montagne, où les Mexicains perdirent encore trois pièces. Ortega accourait au secours de sa gauche; mais il trouvait une invincible résistance dans ces intrépides soldats, aussi solides dans la défense qu'impétueux à l'attaque. L'escadron de chasseurs d'Afrique chargea avec sa vigueur habituelle et dégagea les zouaves, tandis que la réserve des chasseurs à pied gagnait du terrain sur la route, enlevait l'artillerie de ce côté et la retournait contre l'ennemi, qui fuit sous le feu de ses propres canons.

Cette brillante affaire coûtait aux Français, outre la perte si regrettable du colonel Martin, vingt tués et cinquante blessés. La fatigue des troupes, qui avaient fait une étape de douze lieues avant le combat, ne permit pas de poursuivre les vaincus, et, d'autre part, ils trouvèrent libre la route de Parras, qu'abandonnait le colonel Aymard. La victoire de Majoma, qui eût dû compléter la défaite suprême de Juarez, n'eut donc pas de suites décisives. Cependant les Français ne trouvaient plus de résistance jusqu'au 26° degré. Le

26 septembre, Méjia occupa Matamoros, tandis que le colonel Dupin parcourait le Tamaulipas et que, dans la Nuevo Leon, Vidaurri et son lieutenant, Quiroga, faisaient leur soumission.

A l'ouest de Mexico également, l'Empire faisait des progrès : il était accepté dans l'État de Jalisco par le général Uraga : Arteaga, Etchegarray essayaient de sortir des montagnes du Michoacan pour rejoindre Juarez au nord : ils y étaient rejetés avec perte par le colonel Clinchant (9 août). L'Empereur put parcourir toutes ces provinces du Centre, d'août en octobre, au milieu des acclamations de la population indienne et dans le silence de ses adversaires.

Cependant, Arteaga demeurait fortement armé dans le Michoacan ; dès que la saison des pluies prit fin, le général Douay partit de Guadalajara (15 octobre) pour le réduire, et marcha vers le sud, ayant à sa gauche Marquez, à sa droite d'autres corps mexicains ; il arriva ainsi jusqu'au volcan de Colima, exactement à l'ouest de Morelia et de Mexico, à quinze lieues du port de Manzanillo, sur le Pacifique. Il y trouvait Arteaga établi derrière des barrancas infranchissables. Il le tourna par un grand mouvement sur sa gauche. Arteaga ne l'attendit pas, jeta son artillerie dans les ravins, parvint à s'échapper, et courut vers l'Est, poursuivi par les colonels de Potier, Clinchant, Lepage; le colonel Clinchant l'atteignit, le 22 novembre, au sud du lac de Chalapa, à Jiquilpan, et le culbuta, lui prenant neuf obusiers de montagne et le mettant en déroute complète; ce qui échappa alla renforcer les guérillas du Michoacan. Le général Douay porta son quartier général à Morelia.

Quand s'acheva l'année 1864, l'intervention n'avait plus guère à compter que deux centres de résistance; Juarez, rejeté sur Chihuahua, dominait encore au nord, dans le grand triangle de cent cinquante lieues de hauteur qui a pour base le parallèle de Matamoros (26°). Au sud, Porfirio Diaz tenait Oajaca, entre l'Yucatan et le Guerrero, imparfaitement pacifiés; les forces mexicaines impérialistes, auxiliaires souvent utiles de l'armée française, étaient peu organisées et peu sûres; les légions belge et autrichiennes arrivaient à peine. En réalité, l'opinion générale était que la présence de l'armée française était absolument nécessaire à la sécurité de l'établissement monarchique. Mais déjà l'empereur Napoléon commençait à insister sur le rappel de ses troupes dans les délais stipulés par le traité de Miramar.

La France ne pouvait continuer indéfiniment une guerre sans intérêt sérieux pour elle, et, d'ailleurs, une éventualité tous les jours plus menaçante apparaissait à la frontière du Nord. Malgré tous les efforts de la diplomatie des deux empereurs, le gouvernement des États-Unis avait refusé absolument de reconnaître l'empire mexicain; il encourageait Juarez, lui offrait toutes facilités pour recruter des soldats sur son territoire. Sur le Rio Bravo del Norte, les républicains trouvèrent l'appui des fédéraux sous toutes les formes, malgré les protestations de neutralité venues de Washington, et l'heure approchait où le bon vouloir des confédérés ne compenserait plus l'hostilité de leurs adversaires. Or l'empereur Maximilien ne semblait pas assez puissant au Mexique pour dompter les résistances de l'intérieur; il était absolument hors d'état de soutenir, sans le secours de la France, une lutte contre les États-Unis, et, d'autre part, engager une guerre avec les États-Unis eût été pour la France une déplorable folie, non-seulement parce que rien ne motivait, en Amérique, une telle résolution, mais encore parce que la situation en Europe devenait très-grave pour elle. L'Autriche et la Prusse, unies, dépouillaient le Danemark du

Sleswig-Holstein, malgré la garantie des autres puissances, et leur attitude signifiait surtout un défi à la France d'intervenir pour dégager sa parole. L'orage grondait sur le Rhin.

L'armée française commença donc, malgré les protestations de l'empereur Maximilien, son mouvement de retour. Le 1er chasseurs, le 2e zouaves, et le 99e quittèrent le Mexique. Cependant le maréchal organisait, sous les ordres du général d'artillerie Courtois d'Hurbal, une expédition contre Oajaca. Dès le 1er août 1864, le général Brincourt avait occupé Huajuapan, à cinquante lieues au sud de Puebla, quarante lieues de Oajaca. Depuis, le maréchal faisait travailler aux routes que devait parcourir son artillerie pour atteindre Oajaca. En novembre, le général Courtois d'Hurbal put marcher sur Oajaca par Yanhuitlan, entre deux colonnes légères qui le rejoignirent à Anatlan : il fallut de nouveaux travaux pour lui permettre d'atteindre Ebla, à quatre lieues d'Oajaca. Le maréchal l'y rejoignit le 15 janvier 1865.

Il s'agissait d'un siége analogue à celui de Puebla : une ligne d'investissement de trente-sept kilomètres fut gardée par une série de petits postes fortifiés, et plusieurs attaques, la principale vers le nord, se dessinèrent aux abords de la place.

Celle-ci était défendue par quatre grands couvents formant bastion. A l'ouest, sur le Cerro de la Soledad, dominant de cent soixante-dix mètres, s'élevait le fort Zaragoça. A treize cents mètres en avant du côté du nord et à deux cent quatre-vingt-dix mètres au-dessus de la place, une redoute carrée défendait le premier Cerro Dominante; le deuxième Dominante était porté à quatre cents mètres en avant. Des fougasses, trous de loup, petits piquets reliés par des fils de fer, couvraient les abords de ces fortifications. Le maréchal disposait de six mille hommes environ.

Le 1ᵉʳ février, la tranchée fut ouverte à la fois contre les Dominante et sur les hauteurs voisines, tandis que les postes de la plaine resserraient, chaque nuit la ligne d'investissement, et que les zouaves s'avançaient peu à peu dans les faubourgs mêmes.

Le 6 février, on était à trois cents mètres du Cerro Dominante, malgré le feu incessant des forts. Le général Félix Diaz avait essayé en vain de franchir la ligne française, et les progrès du siége étaient rapides. Porfirio Diaz, désespérant de les arrêter, prévint l'assaut préparé pour le 9 au matin, en se rendant à discrétion, avec quatre mille hommes et soixante pièces de canon. Il fut dirigé sur Puebla, mais ne fut pas mieux gardé que les prisonniers de Puebla et reparut dans les rangs des juaristes, comme Ortega, Negrete et d'autres chefs qui avaient antérieurement remis leur épée aux troupes françaises. Le général Mangin resta à Oajaca avec deux bataillons de la légion étrangère et le bataillon léger d'Afrique. Il travailla à pacifier la province et à compléter ainsi, au sud, la sécurité de la route de Mexico à la mer.

Moins heureux dans la Huasteca, le capitaine Hurtel, en essayant de pénétrer au cœur de ces montagnes, perdit du monde et dut rétrograder le 28 janvier. On reprit, avec les chefs des guérillas de ces contrées, les négociations qui avaient été rompues à Mexico : il y eut armistice, mais non soumission de ce côté.

Le 31 janvier, les bandes réunies de Romero, chef des guérillas de Michoacan, étaient surprises à Apacingan, par un détachement du colonel de Potier, du 81ᵉ, complétement battues et dispersées. Romero, fait prisonnier, fut passé par les armes; mais dans l'ouest et le sud de cette province, les guérillas purent se maintenir.

L'État de Jalisco se soumettait, après la défaite de Rojas, tué à Potrerillos le 28 janvier.

Mazatlan avait été occupé, le 13 novembre 1864, par les soins de l'escadre du Pacifique, avec la coopération des Indiens du général Lozada : mais, au nord de cet État de Sinaloa, le général impérialiste Vega était pris par Patoni et fusillé. Aux environs mêmes de Mazatlan, un détachement de turcos, abandonné par les alliés mexicains, était contraint de rendre ses armes, après une énergique défense. Le général de Castagny dut marcher de Durango sur Mazatlan.

Le colonel Garnier, qui le précédait, trouva Corona fortement établi sur la formidable position de l'Espinazzo del Diablo, tourna ses redoutes et le poursuivit de crête en crête sur ces âpres montagnes qui couvrent le Sinaloa, mais sans pouvoir le détruire. Corona, après le passage de la division Castagny, attaqua à Veranos (douze lieues de Mazatlan) une compagnie de chasseurs laissée dans ce village ; un petit nombre seulement put se faire jour à la baïonnette ; le commandant de Montarby accourut avec ses chasseurs, mit en déroute quatre cents cavaliers mexicains et fut tué pendant la poursuite. Le général de Castagny fit brûler Veranos ; Corona fit périr ses prisonniers. C'était comme un épisode de la guerre d'Espagne en 1808. Mais ces cruelles exécutions furent rares entre Français et Mexicains, tandis qu'entre eux les Mexicains des deux partis se montraient impitoyables.

Arrivé à Mazatlan le 13 janvier, le général de Castagny organisa des colonnes mobiles qui parcoururent le sud de l'État, attaché à Corona, et le traitèrent avec une rigueur insolite. Corona put être chassé du pays avec l'aide de Lozada; le port de Guaymas, en Sonora, à 28° de latitude, fut occupé, mais les incendies et les exécutions laissèrent dans le pays une irritation profonde, et il resta insoumis, hors de la portée des fusils des garnisons impérialistes.

Au nord, les juaristes reprenaient courage au contact des Américains, dont ils s'exagéraient encore l'active sympathie. Negrete tentait une pointe hardie sur le Tamaulipas, arrivait à Monterey le 12 avril, forçait Méjia à se réfugier à Matamoros, où cinq cents Français, envoyés par mer, le joignirent le 2 mai, et ne reculait que devant les colonnes Jeanningros et Brincourt, accourant de San Luiz et du Rio Nazas. Sa division se dispersa dans le désert de Napimi.

Mais un événement décisif pour l'avenir de l'Empire s'accomplissait le 26 mai 1865. Le gouvernement confédéré cessait d'exister, et le gouvernement fédéral disposait de toutes les forces des États-Unis. Tout était désormais ennemi au nord de la frontière, bien qu'officiellement la neutralité subsistât et que les Américains hésitassent à s'engager dans une guerre avec la France. Toutefois le maréchal put craindre, s'il s'engageait à la poursuite de Juarez, de voir une armée américaine couper ses communications avec Mexico et Vera Cruz. Il résista donc aux objurgations de Maximilien, qui se flattait de l'espoir que, si Juarez était chassé du Mexique, les Américains accepteraient le fait accompli et reconnaîtraient l'Empire.

Dès lors, le dissentiment entre l'Empereur et ses auxiliaires apparaît dans la conduite de la guerre, malgré les ménagements qu'y apporte le maréchal. L'armée française se dispose à évacuer le pays, mais, d'une part, en forçant l'ennemi à respecter sa retraite, de l'autre, en aidant encore le parti auquel elle va laisser le soin de maintenir l'Empire. Les auxiliaires belges et autrichiens, au nombre de sept mille hommes, sont arrivés de novembre 1864 à mai 1865. Les soldats sont inexpérimentés; mais, commandée par de bons officiers, cette brigade deviendra promptement une troupe de grande valeur. L'Empereur pourra-t-il, avec ces auxiliaires et les Mexicains de son parti, se maintenir à Mexico? En Europe et en Amérique, le doute grandit tous les jours.

Un décret du 11 février 1865 licenciait l'armée impérialiste et fixait les bases de sa réorganisation : beaucoup de Français entrèrent dans les bataillons de Cazadores.

Le sud de l'Empire dut être laissé aux soins de l'armée impériale et des auxiliaires belges et autrichiens. Toutefois, avant d'évacuer le Michoacan, les colonels de Potier et Clinchant prêtèrent à cette armée un énergique appui : les Belges battirent les dissidents à Tacambaro, et, le 8 décembre, Mendez battit Amatlan, à Santa Anna et fit prisonnier Arteaga et Salazar, qui furent fusillés. Cette contrée, à l'ouest de Mexico, put être considérée comme pacifiée pour le moment.

Avant de concentrer autour de Mexico ses deux divisions, le maréchal prescrivit au général Brincourt de chasser Juarez de Chihuahua : au prix de fatigues extrêmes, le général franchit, à travers des régions sans ressources et des fleuves débordés, les Rios Nazas, de Concho, San Pablo, les quatre-vingt-six lieues qui séparent Chihuahua de Parras. Juarez se réfugia à Paso di Norte, point où le Rio Bravo atteint la frontière, vers le milieu de la distance entre les deux océans. Le général Brincourt avait défense de dépasser Chihuahua, et Juarez put ne pas quitter le territoire mexicain.

La division de Castagny était revenue de Mazatlan à Durango, avec des postes échelonnés sur Mexico. Le général Douay avait son quartier général à San Luiz ; en cas d'attaque américaine, le point de concentration indiqué était Queretaro.

Chihuahua fut gardée par le chef d'escadron d'état-major Billot, avec cinq cents hommes.

Le 62° resta seul à Guaymas, en Sonora, et à Mazatlan, en Sinaloa, à peu près bloqué par Patoni et Corona. Le reste des juaristes du Nord, sous Escobedo, prenait pied dans le Tamaulipas, ouvertement appuyé par le gouvernement de Washington et recruté de soldats américains de la dernière guerre. Cependant une entreprise sur la ville de Bagdad, près de Matamoros, avait été désavouée ; les Américains, portant sur leurs chapeaux le nom du général mexicain Cortina, avaient envahi cette ville et tiré sur les navires français (janvier-février 1865).

Tout le pays où le maréchal refusait de laisser des forces françaises revenait rapidement aux libéraux; Monterey, mal défendue par sa garnison de six cents Mexicains, fut enlevée par Escobedo, puis reprise par le commandant de La Hayrie et le général Jeanningros.

La France avait adressé aux États-Unis une déclaration d'évacuation successive du Mexique. Il ne restait qu'à l'exécuter, et les dépêches de l'empereur Napoléon étaient toutes dans ce sens; le maréchal fut blâmé d'avoir encore aidé le trésor mexicain avec la caisse de l'armée; les finances étaient dans un tel état que la convention du 30 juillet 1866, formulant la dette du Mexique et les termes de remboursement à la France, fut regardée comme une satisfaction sans portée donnée à l'opinion en France. La banqueroute de l'empire mexicain était hors de doute.

Le 31 janvier 1866, le commandant Billot évacua Chihuahua, y laissant cinq cents Mexicains dont la plupart firent défection à la première attaque. Le 1ᵉʳ mars, le commandant de Bryan, ayant, de Parras, tenté un coup de main sur Santa Isabel, son détachement fut repoussé et lui-même périt dans l'action. Le maréchal interdit désormais toute entreprise de troupes françaises en dehors des lignes de Vera Cruz à Durango par Mexico et Queretaro, et de Queretaro à Monterey.

Mais Matamoros échappait définitivement à l'Empire; un convoi que Méjia envoyait à Monterey fut enlevé, le 15 juin, par Escobedo, renforcé par quinze cents Américains; Matamoros capitula le 23, et Méjia fut, aux termes de la capitulation, transporté à Vera Cruz. Le 7 août, Tampico fut perdu à son tour. Le capitaine Langlois, de la contre-guérilla, abandonné par les trois quarts des Mexicains de la garnison, rendit la ville dans les termes, d'ailleurs, d'une capitulation honorable. Le découragement envahissait les rangs des Austro-Belges, qui demandèrent à être rapatriés, et les villes retombaient aux mains des libéraux; le gouvernement français hâtait l'évacuation, et, malgré les déclarations officielles, souhaitait et conseillait l'abdication de l'Empereur. En mai 1866, l'impératrice Charlotte partit pour l'Europe, pour essayer de faire revenir l'empereur Napoléon sur ses résolutions; elle ne pouvait qu'échouer dans cette entreprise; à Bruxelles, en Autriche, à Rome, elle trouva les mêmes refus de secours, et le désespoir éteignit cette remarquable intelligence.

Quelques épisodes d'une certaine importance marquèrent encore les dernières étapes de l'évacuation. Le maréchal présida lui-même, en juillet, à l'abandon de Monterey et de Saltillo ; les libéraux le pressant de trop près, il fit opérer, par le général du Preuil, un retour offensif. Après une marche de nuit, l'ennemi fut atteint à la Noria de Custodio, sabré par les chasseurs qui envahirent l'hacienda, et s'enfuit laissant deux cents chevaux et cent quatre-vingt-cinq morts.

A la fin de juillet, Durango n'était plus qu'un avant-poste ; le général de Castagny était à Léon. Le colonel Cottrel, laissé à Durango, l'abandonna à son tour le 13 novembre. Le 17, la ville se rendit aux libéraux.

Le général Aymard se repliait du Michoacan après avoir surpris Regules dans la nuit du 17 au 18 mars, en lui enlevant neuf cents chevaux, puis battu Torres à Frias (vingt-cinq lieues à l'ouest de Guadalajara). Toutefois, Regules le suivait et faillit enlever Toluca.

En octobre 1866, l'empereur Maximilien, malade des fièvres, cruellement frappé par les nouvelles de l'impératrice, parut disposé à quitter le Mexique, et le gouvernement français chercha les éléments d'un nouveau gouvernement auquel il remettrait le pays ; mais aucun arrangement n'était possible avec Juarez, tandis qu'en ce moment même le gouvernement de Washington accréditait un ministre près de cet irréconciliable adversaire de l'intervention ; un télégramme du 13 décembre 1866, de l'empereur Napoléon au maréchal, portait : « Rapatriez la légion étrangère et tous les Français, soldats ou autres, qui désirent rentrer, ainsi que les légions autrichienne et belge, si elles le demandent. »

C'était à la demande même de l'empereur Maximilien que la France se chargeait de rapatrier les Autrichiens et les Belges. Le 3 décembre 1866, une réunion solennelle des ministres et du conseil d'État, à Orizaba, avait déclaré que l'Empire pouvait et devait se maintenir par les seuls moyens du Mexique, et sans intervention étrangère. Il était entendu qu'il se livrerait entièrement au vieux parti clérical et renoncerait aux pratiques libérales qui avaient inauguré le règne de Maximilien. Miramon et Marquez devenaient, avec Méjia, les chefs de l'armée mexicaine. Plus d'une fois, affirmaient-ils, leur parti s'était vu plus bas, et avait pu se relever.

Cependant, et d'accord avec ces résolutions, l'évacuation s'achevait. Celle des ports du Pacifique préoccupait surtout le maréchal ; l'escadre du Pacifique alla chercher d'abord le bataillon du 62ᵉ qui tenait Guaymas et le réunit, à Mazatlan, à l'autre bataillon du même régiment ; là, deux brillantes affaires, qui firent honneur au colonel Roig et au commandant de Locmaria, écartèrent l'ennemi, mais ne pouvaient rouvrir la route de Mexico à cette brave garnison très-affaiblie par la maladie. L'amiral Mazères emmena six cents malades ou blessés à Panama, et débarqua la partie valide du 62ᵉ à San Blas, le port de l'Ouest le plus rapproché de Mexico. Le général de Castagny alla au-devant du 62ᵉ jusqu'à Tepic, et l'on revint à Mexico à petites journées, le dernier échelon des troupes françaises remettant, le 12 décembre, Guadalajara au général mexicain Gutierez. Un douloureux épisode signala cette retraite. Le 5ᵉ bataillon de Cazadores fut détruit après un combat acharné au Cerro de la Coronilla, entre Zapatlan et Guadalajara. Cent cinquante Français, qui étaient entrés dans ce bataillon, restèrent prisonniers.

Le 28 décembre, le général de Castagny quitta Léon et rejoignit, à Queretaro, les derniers détachements de l'État de San Luiz. Les convois se succédaient sur la route de Vera Cruz, couverts, surtout au nord, contre la Huasteca, par une série de postes fortifiés. Les Belges, déliés par l'Empereur de leurs engagements, revinrent de

Tulancingo, appuyés par le commandant Saussier, et s'embarquèrent le 20 janvier ; le commandant d'Espeuilles avait, à Tlaxcala, le 2 novembre, dégagé les Autrichiens par un brillant combat et était revenu former, à Amozoc, la réserve du général Aymard, commandant de Puebla. Au sud, Porfirio Diaz, revenu à Oajaca, évitait de se commettre avec les troupes françaises.

A l'ouest, Regules et Riva Palacio menaçaient Toluca. Ils furent mis en déroute, le 8 décembre, par le commandant de la Hayrie, qui s'était porté, avec cinq cents hommes, au secours de la garnison mexicaine. Le 6 janvier 1867, le commandant Delloye dut recommencer la même opération sur une plus grande étendue ; il rejeta l'ennemi loin de Toluca, et rentra à Mexico le 14 janvier, le jour même où, dans un grand conseil, on proclamait, comme à Orizaba, le maintien de l'Empire par les seuls moyens du Mexique. Une dépêche de l'empereur Napoléon au général Castelnau, son aide de camp, en mission près de l'armée, portait, à la date du 10 janvier : « Ne forcez pas l'Empereur à abdiquer ; mais ne retardez pas le départ des troupes. »

Le 5 février, le maréchal quitta Mexico avec ses derniers soldats. Cependant, à la nouvelle d'un désastre éprouvé par Miramon à Zacatecas, il écrivit d'Orizaba à l'Empereur qu'il l'attendrait si cet échec le décidait à quitter le Mexique. Mais déjà l'Empereur, laissant Marquez à Mexico, était allé joindre, à Queretaro, ce qui lui restait d'armée. Le maréchal quitta, le 26 février, Orizaba pour Vera Cruz; la retraite s'opérait avec le plus grand ordre; il y avait, sans convention formelle, une sorte d'armistice; les libéraux s'abstenaient d'attaques qui eussent trouvé, d'ailleurs, des adversaires bien disposés pour y résister. Ils avaient rendu tous les prisonniers français et la plupart des autrichiens; ceux-ci s'embarquèrent, les 21 et 22 février, sur le *Var* et l'*Allier*. Trente transports de la flotte et sept paquebots de la Compagnie transatlantique, nolisés par la marine, reçurent vingt-huit mille six cent quatre-vingt-treize passagers français et trois cent cinquante et un chevaux. Le 11 mars, le maréchal s'embarqua à son tour, le dernier, sur le *Souverain*.

La tenue et la discipline des troupes françaises pendant cette retraite avaient été admirables, comme, pendant toute la guerre, leur élan et leur fermeté dans les combats, leur patience dans les fatigues et les privations. Pour nos soldats, du moins, comme pour la plupart de leurs braves chefs, la guerre du Mexique ne laissait que d'honorables souvenirs.

Mais cette guerre devait avoir un douloureux dénoûment, trop prévu de tous. Nous avons vu l'empereur Maximilien refuser de se dérober aux périls de sa situation et de céder aux instances que les Français renouvelèrent pour le ramener avec eux en Europe. Au colonel Garnier, qui lui signalait le danger de sa résolution : « J'aime le danger ! » répondait-il. Qu'eût été, en effet, son départ du Mexique ? Laisserait-il, sur cette terre où il était venu chercher un trône, ses amis compromis et la renommée sanglante et ridicule à la fois d'une entreprise inégale à ses forces et de grands desseins misérablement avortés ? Irait-il reporter à son pays, qui l'avait déclaré déchu de ses droits à l'empire d'Autriche, le spectacle de sa chute et y retrouver sa vaillante compagne, à laquelle leur commune ambition coûtait plus que la vie ? Il préféra, à ce triste avenir, la lutte mortelle à laquelle le conviaient quelques-uns de ses téméraires partisans.

Le 15 mai, la place de Queretaro fut, après une vigoureuse défense, livrée par le colonel Lopez, et l'Empereur avec elle. Il tombait dans les mains d'adversaires sans pitié et sans hauteur d'âme : Juarez, résistant à toutes les sollicitations, vengea bassement ses angoisses des dernières années et décida que Maximilien devait périr, pour décourager, dit-il, quiconque voudrait l'imiter. Comme si cette aventure, quelle qu'en fût l'issue, était pour séduire personne !

Maximilien fut, le 19 juin, fusillé à Queretaro avec Miramon et Méjia. Sa fin, honorée par son courage, ne laisse au monde qu'un souvenir de pitié !

ALGÉRIE

ALGÉRIE

Le second Empire a fait, comme les gouvernements qui l'avaient précédé, les expéditions nécessaires pour établir et maintenir la paix intérieure en Algérie. Le fanatisme musulman, des fautes administratives ont motivé la plupart de ces luttes : l'Empire ne refusant pas les forces nécessaires, l'issue de ces luttes ne pouvait être douteuse. Abd el Kader ne donnait plus aux résistances la redoutable unité qu'avaient assurée, pendant onze ans (1836-1847) ses talents de guerrier et d'homme d'État. A plusieurs reprises, cependant, l'insurrection, sur un point et par un motif quelconque, attira tout ce qui supportait impatiemment la domination française : c'est ainsi qu'on vit, à Zaatcha en 1849, à Icheriden en 1857, se grouper, au Sahara comme dans la montagne, tous les guerriers chez qui des motifs divers, généralement le fanatisme passionné de l'islamisme, entretenaient l'hostilité contre nous.

Le soulèvement de Zaatcha fut motivé par

l'exagération de l'impôt sur les palmiers. Les agents du fisc, que des principes sages d'ailleurs font à peu près indépendants des pouvoirs politiques, taxèrent, dit-on, tous les palmiers du Sahara sans tenir compte de l'âge des arbres, qui modifie singulièrement leurs produits, et même les palmiers mâles, qui ne servent qu'à féconder les autres. Le sentiment d'une injustice subie souleva les Sahariens, jusque-là soumis et reconnaissants de la sécurité que le gouvernement français avait donnée au pays. Malheureusement, le commandant de Saint-Germain, le chef habile et respecté du cercle de Biskra, était absent. En vue de son avancement, il était allé prendre part à une expédition en Kabylie. A son retour, l'insurrection avait grandi; il mena contre les rebelles la troupe dont il pouvait disposer; il fut tué en chargeant l'ennemi. Sa mort faisait disparaitre toute chance de conciliation. Il fallut organiser une expédition qui coûta bien plus que l'impôt n'avait pu rapporter. C'était en 1849; jusqu'en 1851, le gouvernement de la colonie changea de mains plusieurs fois, bien que les progrès accomplis pendant les sept années (1840-1847) de quasi-vice-royauté du maréchal Bugeaud eussent prouvé l'utilité de laisser durer le pouvoir résidant à Alger. De 1848 à la fin de 1851, les excellents officiers de l'armée d'Afrique firent face aux insurrections que soulevèrent les Bou Bargla, les Mohammed ben Abdallah et autres prétendus inspirés de Dieu pour chasser les chrétiens d'Algérie; mais les Pellissier, les Bosquet, les Saint-Arnaud, les Mac Mahon ne furent pas appelés à appliquer les combinaisons d'ensemble qui eussent exigé l'emploi prolongé de tous les moyens de la colonie.

Après le coup d'État, l'Empereur eut la bonne fortune de trouver à sa disposition l'ancien ministre de la guerre, le général Randon, qu'il avait, à raison des scrupules qui empêchaient le général Randon de prendre part à ce coup d'État, remplacé par le général de Saint-Arnaud. Le 14 décembre 1851, le général Randon était nommé gouverneur de l'Algérie; il conserva cette position jusqu'en 1858, et, après ces six années et demie de gouvernement, on put considérer comme complète la pacification du pays; elle fut malheureusement compromise parce que l'Empereur eut alors la funeste pensée de remplacer cet excellent serviteur par son cousin, le prince Napoléon-Jérôme, qui ne connaissait pas l'Algérie, ne la visita même jamais, et prit des mesures inspirées par de tout autres préoccupations que le souci du bien de la colonie.

Le général Randon connaissait bien l'Algérie et avait déjà, comme colonel du 2ᵉ chasseurs d'Afrique à Oran, et comme général commandant de la subdivision de Bone, appliqué les principes qui le guidèrent comme gouverneur général : réprimer, avec la dernière énergie, toute tentative de désordre et prouver, en toute occasion, que les dissidents n'avaient aucune chance de succès dans leur résistance à l'autorité française ; ôter toute influence aux agitateurs en travaillant sans cesse et consciencieusement à la prospérité des territoires soumis, en y faisant régner l'ordre et la justice.

Dès les premiers mois de 1852, le général Bosquet, aux environs de Bougie, le général Montauban, sur la frontière du Maroc, avaient réprimé les entreprises des Kabyles insoumis et des Beni Snassen sur les tribus qui nous obéissaient. En avril et mai, le gouverneur commença les opérations qui devaient achever la soumission de la grande Kabylie, vaste rectangle compris entre la mer, Philippeville, Constantine, Sétif, Médéah et Alger. Les montagnards de cette région s'étaient maintenus, même sous les Romains et sous les

Turcs, dans une demi-indépendance ; cependant les parties les plus accessibles de ce territoire avaient été parcourues avec succès par le maréchal Valée en 1839, par le général Bugeaud, en 1844, dans l'ouest de la Kabylie, par Baraguay-d'Hilliers dans l'est, en 1844 et 1845 ; puis, en mai 1847, par le maréchal Bugeaud, organisant une grande expédition qui réunit, à Bougie, deux colonnes parties, l'une d'Alger, l'autre de Constantine. Mais deux groupes de montagnes étaient restés en dehors de l'action des colonnes françaises : les Babors, dans le triangle formé par Philippeville, Sétif et Bougie ; et un quadrilatère plus spécialement connu sous le nom de grande Kabylie, entre Bougie, Dellys et la chaîne du Djurjura. Celle-ci s'élève au delà de deux mille mètres, parallèlement au rivage de la mer et à une distance moyenne de cent kilomètres environ.

Le général Randon avait l'habitude de faire travailler les soldats dans l'intervalle des expéditions ; il pensait améliorer ainsi leur santé, leur moral, et obtenir à meilleur compte d'utiles résultats. La division Camou employa le printemps de 1852 à continuer sur Dellys d'une part, de l'autre sur Dra el Mizan, point choisi à l'extrémité ouest de la haute chaîne du Djurjura, les routes qui existaient déjà d'Alger à l'Isser : en même temps, le général Maissiat devait rendre carrossable la route ébauchée, en 1850, par le général de Barral et le colonel de Lourmel, entre Sétif et Bougie. Les routes sont le meilleur des moyens de police ; elles permettent à une troupe organisée d'accourir promptement sur tous les points de leur parcours et d'y couper la retraite à toute invasion qui les a traversées ; leur existence rend donc leurs riverains beaucoup plus circonspects. La grande Kabylie se trouvait ainsi limitée à l'est et à l'ouest, ces deux voies n'étant guère qu'à cent vingt kilomètres l'une de l'autre. Dra el Mizan fut confiée à un officier vigoureux et intelligent, le lieutenant Beauprêtre.

Pendant ce temps, le général de Mac Mahon, commandant de la province de Constantine, abordait, dans une forte position entre les méridiens de Constantine et de Sétif, les contingents réunis par un agitateur du nom de Bou Seba, la faisait attaquer, à droite et à gauche, par les brigades Bosquet et d'Autemarre, mettait le chérif en déroute complète et obtenait la soumission des principales tribus de cette région ; il se rendait ensuite à Collo, où il arrivait le 4 juin ; le brillant combat que nous avons cité avait eu lieu le

21 mai. Le 17 juin, il compléta la soumission du pays par un rude combat livré au Djebel Gouffi, et rentra le 3 juillet à Constantine.

Tandis que le gouverneur se préparait ainsi à établir la domination française en Kabylie, tant pour n'y pas laisser un pays ouvert aux entreprises d'ennemis européens que pour assurer la tranquillité du territoire qui confine à la Kabylie, le reste de l'Algérie ressentait le contre-coup des agitations de l'Europe ; sur toutes nos frontières, à l'est, au sud comme à l'ouest, sur la frontière du Maroc, il fallut faire face à des prises d'armes préparées par une longue et secrète agitation. Nos colonnes pénétrèrent hardiment sur les territoires de Tunis et du Maroc, où nos adversaires trouvaient un asile; au sud, il fallut donner à notre domination une base solide qui n'avait pas existé jusque-là. Laghouat, à soixante-quinze lieues de Boghar, fut prise par le général Pellissier, le 4 décembre 1852, et reliée à Alger. Ce fut le point de départ et d'appui, avec Géryville dans l'Ouest, Biskra et Bouçada dans l'Est, de toute action dans le Sud : c'est d'ailleurs un point de passage obligé pour le commerce de ces régions.

Le printemps de 1853 fut consacré à la prise des Babors et à l'établissement de notre domination dans cette contrée difficile, entre Sétif, Bougie, Constantine et Collo. Deux divisions, commandées, sous les ordres du gouverneur, par de brillants lieutenants, les généraux Mac Mahon et Bosquet, abordèrent d'abord la partie ouest de la contrée, les Babors et Tababors proprement dits, crêtes de dix-neuf cents mètres d'altitude, à une quinzaine de lieues de Sétif et de Djidjelli ; les trois régiments de zouaves, les 2e et 3e formés l'année précédente, se trouvaient réunis pour la première fois. Les Kabyles virent avec stupeur ces hardis soldats, habilement conduits, aborder les positions qu'ils croyaient inaccessibles, tourner des ravins profonds et infranchissables, et les poursuivre dans les retraites qu'ils jugeaient les plus sûres. La campagne s'était ouverte le 17 mai ; dès le 5 juin, le gouverneur remettait solennellement les burnous d'investiture aux chefs qu'il donnait à la contrée désormais soumise. Les Kabyles acceptaient même la tâche de seconder les efforts faits pour ouvrir des routes dans leur pays ; or ces montagnards méritent confiance et leur parole est sincère. Le pays, sur les deux rives de l'Oued Agrioun, était à nous, et Djidjelli, jusqu'alors étroitement bloquée, communiquerait avec Sétif plus librement même que ne le faisaient, au temps des Romains, Igilgilis et Sitifis. Dès le 6, les deux colonnes repartaient l'une le long de la mer, l'autre par le sud de la contrée à soumettre. Les Kabyles de cette partie orientale comprirent que la résistance serait impossible, et se rendirent le 17 juin. L'investiture fut donnée, le 29, aux nouveaux chefs du pays : déjà l'armée ouvrait avec un entrain remarquable la route de Djidjelli à Constantine.

A la fin de l'année, une autre conquête de grande importance s'accomplissait aussi heureusement; un mouvement général vers le sud de troupes françaises, précédées de goums indigènes, se prononçait de novembre 1853 à février 1854; à l'ouest, Si Hamza remporta une victoire importante sur l'agitateur Mohammed ben Abdallah, et, le 11 février 1854, l'investiture fut donnée, par le gouverneur général, à Laghouat, aux nouveaux chefs des Beni Mzabs, de N'goussa, d'Ouaregla. Notre domination arrivait ainsi jusqu'aux confins du grand désert. Elle y était exercée avec autant de vigueur que d'intelligence par le chef d'escadrons du Barail, commandant supérieur de Laghouat.

L'expédition d'Orient, en 1854, demanda à l'Algérie trente mille hommes environ, et les troupes restées dans le pays durent, en compensation, redoubler d'activité. Bou Bargla, notre ancien adversaire, reparut dans la haute vallée du Sebaou, fleuve qui se jette à la mer à une lieue à l'ouest de Dellys, après un parcours de quatre-vingt-dix kilomètres, et mit en échec notre aga Bel Kassem ou Cassi, qui dut abandonner la montagne et se borner à garder la basse vallée du fleuve.

Le gouverneur prépara, suivant son habitude, une expédition qui dut avoir des conséquences importantes et durables. Le fort de Tizi Ouzou, sur la rive gauche de l'Oued Fedioua, ou Oued Aïssi, à quelques kilomètres en amont de son embouchure dans le Sebaou, reçut des troupes de renfort et des approvisionnements de toute nature. En même temps, la division de Constantine faisait des préparatifs analogues au bordj de Ksar Kebouch, sur un col du Djurjura oriental qui sépare la vallée de l'Oued Sahel, qui longe le pied sud-est de la chaîne, de celle du Sebaou, qui prend naissance à l'ouest de la même chaîne. Le 1er juin, le général de Mac Mahon arrivait à ce bordj.

Le même jour, la division Camou, remontant le Sebaou, rejoignait à Chaouffa les Kabyles de Bel Kassem ou Cassi, dirigés par le capitaine Wolf. Douze mille hommes abordaient ainsi, des deux parts, le territoire compris entre le Sebaou et la mer, à mi-chemin à peu près de Bougie à Dellys. Le général de Mac Mahon suivait la crête en marchant vers le nord-ouest; la brigade Pâté, de la division Camou, remontait directement au nord sur la position d'Agherile.

Elle gravit le contre-fort très-difficile qui porte le village d'Agherile, tandis que les Kabyles alliés, avec une autre colonne française, menaçaient, en tournant à gauche, la retraite de l'ennemi. Celui-ci recula sur Tamgout, le massif le plus élevé de cette chaîne secondaire; la cavalerie le poursuivit.

Le même jour, de l'autre côté de l'Oued Sidi Ahmed, qui joint la mer à mi-distance de Bougie à Dellys, le général de Mac Mahon obtenait sur les Beni Hoceïn un succès analogue à celui que le gouverneur avait enlevé sur les Beni Djenad. Le lendemain, tout le pays rendait les armes; des colonnes légères le parcouraient, et nos officiers d'état-major faisaient le levé de toute une contrée à peu près inconnue jusque-là.

Le 11 juin, les deux divisions se réunissaient sur l'Oued Sebaou, dont toute la rive droite nous appartenait désormais jusqu'à la mer. Restait l'âpre montagne comprise entre la rive gauche et le Djurjura.

Les sources du Sebaou sont au plus près des hauts sommets du centre de la chaîne du Djurjura : les vallées secondaires qu'elles forment découpent le territoire en contre-forts isolés dont chacun est occupé par une tribu indépendante. En allant de l'ouest à l'est, ce sont les Aït Yahia, Aït Thourag, Illilthen, Illoula ou Malou, Beni Hidjer; puis au-dessous, et plus rapprochés du fleuve, les Fraoucen, Khelili, Aït bou Chaïb, Beni Ghobri. D'autres tribus, dont nous aurons à parler plus tard, sont établies entre ces sources du Sebaou et le cours d'eau qui, à quarante kilomètres à l'ouest, coule directement au nord, dans la vallée qui comprend Boghni et Dra el Mizan et aboutit, à Bordj Sebaou, au point où le fleuve prend la même direction pour gagner la mer.

L'expédition était attendue chez les Beni Hidjer, entre les sources du Sebaou et celles du Sidi Ahmed ou Ioussef, dont on venait de vaincre les riverains. On voyait les contingents de toutes les tribus du Djurjura descendre vers la tribu menacée. Le gouverneur trompa cette attente en tournant à droite pour remonter la vallée même du Sebaou, vers le Sebt des Aït Yahia, point culminant de la contrée au-dessous du Djurjura. Le 16 juin, laissant le commandant Lebrun à la garde des bagages du camp du Sebaou, il engagea la division Camou dans la direction du Sebt. On partit avant le jour, précédé par les sapeurs et les travailleurs, qui ouvraient ou aplanissaient la route jusqu'aux crêtes. Sur les sommets, on trouva de meilleurs chemins. A huit heures du matin, nos fantassins, précédés des cavaliers de Bel Kassem, couronnaient les crêtes des Beni Yahia. Ils furent rejoints, à deux heures, par la division Mac Mahon.

Cette marche laissait en complet désarroi les Kabyles réunis chez les Beni Hidjer, et la journée du 16 fut tranquille; mais, dès le 17, les Kabyles se présentaient des deux côtés : d'une part tous ceux de la rive droite du haut Sebaou, depuis les Beni Thourag jusqu'aux Beni Hidjer, de l'autre ceux des tribus comprises entre le Sebaou et la Djemma. C'est de ce côté et sur les Beni Menguelet que se dirigèrent les premiers coups. Une attaque combinée enleva leur premier village, Taourirt, attaqué par les zouaves de Laroui, et tourné par le 60°, du colonel Deligny; en poursuivant les défenseurs, on enleva, sur la même crête de montagne, les deux villages de Telili et d'Aourirt. Toutefois, quand les brigades Pâté et Bosc, de la division Camou, regagnèrent le camp, elles furent suivies chaudement et durent assurer leur retraite par un vigoureux retour offensif.

Les mêmes épisodes se reproduisirent du côté des Beni Thourag et de la division de Mac Mahon : le général Maissiat enleva les premiers villages de la tribu ; mais la division dut combattre énergiquement au retour.

Le 20 juin, après trois jours d'un épais brouillard, qui avait suspendu les hostilités, on vit Taourirt environné d'abatis et de défenseurs ; tous les guerriers de la Kabylie semblaient s'y être donné rendez-vous. Cette fois, le camp restant sur la défensive et la division Camou agissant comme le 17 sur le village des Beni Menguelet, la division de Mac Mahon concourait à l'opération en descendant la vallée de l'Oued Djemma. La lutte fut dure ; mais elle aboutit à la conquête entière du territoire des Beni Menguelet ; on dut, avant de se retirer, leur laisser la preuve de leur impuissance à se défendre : les maisons furent démolies ; on coupa des arbres fruitiers. C'était là une nécessité que le gouverneur ne subissait qu'à regret. La retraite fut inquiétée comme le 17 ; le colonel Deligny y fut blessé.

A la rentrée au camp, on vit se couvrir de Kabyles armés la crête qui fait face au Sebt, et l'artillerie leur envoya quelques projectiles; mais on vit ce rassemblement se dissoudre et les hommes qui le composaient se retirer de divers côtés. Les Menguelet avaient vu leur pays envahi deux fois sans que les alliés accourus de toutes parts pussent les préserver de la ruine; ils se résignaient à se soumettre.

Dès le lendemain, 21 juin, leurs délégués apportaient leur demande de paix et leur acceptation des conditions qui leur étaient faites : cessation d'hostilités; payement d'une indemnité de guerre; livraison d'otages.

Le lendemain, une députation des Beni Raten eux-mêmes, la tribu la plus puissante de ces montagnes et la plus éloignée du Sebt des Beni Yahia (son territoire domine le moyen Sebaou, près de Tizi Ouzou), demandèrent la paix et payèrent une contribution de guerre. L'exemple fut suivi par les tribus voisines, et l'armée put quitter le Sebt sans être poursuivie et forcée de combattre en retraite, ce que les adversaires représentent volontiers comme un aveu de défaite. Toutefois, c'est avec les plus grandes précautions que le gouverneur renvoya les sept ou huit cents blessés que laissaient ces rudes combats. Le convoi parvint sans encombre à Tizi Ouzou, sous la protection des chasseurs du colonel de Fénelon.

Le 27 juin, l'armée était réunie à Tamesguida, dominant le pays des Beni Thourag : après un échange de coups de fusil, cette tribu, se sentant à la merci des Français, vint, à son tour, faire sa soumission.

Le 28, une masse de Kabyles apparaissaient sur la route du col de Tirourda, qui fait, par-dessus le Djurjura, communiquer la vallée du Sebaou avec celle de l'Oued Sahel. Le gouverneur prenait des dispositions pour se retourner contre eux, quand le bach-aga Bel Kassem fit dire que les tribus que nous pouvions atteindre refusaient l'aide des Kabyles. Des deux côtés de la grande chaîne, on vit, en effet, le rassemblement se dissoudre et disparaître vers le sud et l'ouest. L'armée descendit sur le Sebaou et s'arrêta un jour au camp de Boubahir, puis elle remonta la berge droite pour atteindre les Beni Hidjer.

Le 1ᵉʳ juillet, on atteignait le plateau où sont leurs villages : Sahel fut emporté ce jour-là, et les Illoula ou Malou, venus à l'aide des Hidjer, furent, dans leur retraite, sabrés par la cavalerie. Le 2, le village de Taourirt fut enlevé à son tour par le général de Mac Mahon, après un combat très-vif qui se continua dans les maisons du village. Le 4, les Beni Hidjer firent leur soumission. L'agitateur Bou Bargla, qui avait résidé chez eux en dernier lieu, dut s'enfuir de la Kabylie. Cette importante expédition coûtait environ neuf cents officiers ou soldats tués ou blessés. C'était 8 pour 100 des troupes engagées.

Malheureusement, le bach-aga Bel Kassem, qui avait si bien servi dans cette campagne, mourut quelques jours après. L'investiture fut donnée à Alger aux nouveaux chefs chargés, sous la direction du commandant de Dellys, d'administrer le pays soumis. L'expédition du haut Sebaou, ainsi dompté par l'armée d'Algérie, malgré le contingent considérable fourni à l'armée d'Orient, mit fin aux espérances que cet affaiblissement avait fait naître chez les adversaires des Français.

Au Sahara, près de la frontière de Tunis, on avait un ennemi dans la personne de Selman, qui s'était rendu maître de l'oasis de Touggourt après avoir massacré ses parents et notamment l'enfant, fils de l'ancien cheick, que la France avait reconnu comme souverain du pays. Selman avait demandé vainement à se rapprocher des Français; ses propositions avaient été repoussées.

Il accueillit Mohammed ben Abdallah, l'agitateur que Si Hamza avait chassé du Sahara de l'Ouest, et qui venait de tenter sur Ouargla et N'Goussa une irruption bientôt arrêtée par le commandant du Barail et le frère de Si Hamza.

Le colonel Desvaux fut chargé de réduire Touggourt, tandis que de tous les postes voisins du Sahara nos troupes, précédées des contingents des tribus alliées, s'avançaient vers le sud sur toutes les routes parcourues l'année précédente. Selman et Mohammed ben Abdallah, encouragés par un mouvement de retraite du commandant Marmier, vinrent attaquer la position de Megarin, près de Touggourt, et ramenèrent les goums; ils disposaient de cinq cents cavaliers et de deux mille fantassins. Mais ils rencontrèrent une résistance invincible de la part des turcos du capitaine Vindrios, et furent refoulés par une charge impétueuse des spahis du capitaine Contenson, ralliant tous nos goums à leur suite. Selman et Mohammed s'enfuirent, laissant cinq cents hommes sur le champ de bataille, et n'osant même pas s'arrêter dans Touggourt, qui ouvrit ses portes le lendemain 30 novembre 1854. Le 8 décembre, le colonel Desvaux, arrivé lui-même depuis le 5, y réunissait le commandant Pein, de Bouçada, et le commandant du Barail, de Laghouat. Le 11, il arrivait à El Oued, et le Souf se soumettait tout entier. Selman et le chérif se sauvaient sur le territoire de Tunis. Ceux du Souf, de l'Oued Rir et des Ouled Sahia, entre l'Oued Rir et les Zibans, furent organisés en trois caïdats. Une compagnie de volontaires et trente cavaliers restèrent à Touggourt.

L'année 1855 fut calme et prospère. Elle avança la conquête morale du pays; les oasis du sud de Constantine furent explorées par l'ingénieur Laurent, qui constata la possibilité d'y creuser des puits artésiens et d'y préparer les irrigations qui sont la richesse de ce pays. Le commandant Magueritte assurait, de son côté, la prospérité de Laghouat et des environs, surtout en y faisant régner la sécurité publique et privée, mais aussi en y faisant creuser des puits, construire même un barrage important par la main-d'œuvre indigène.

Mais la Kabylie, un instant pacifiée, restait indépendante au pied du Djurjura et sur la rive gauche du Sebaou moyen. Déjà, au printemps de 1856, le général Maissiat avait eu à réprimer quelques mouvements dans les Babors, et avait fait travailler, à cette occasion, à la route de Sétif à Djedjelli. Bou Bargla était mort, mais Si el Hadj Amar avait succédé à son autorité sur les Kabyles comme à son hostilité contre les Français. En août, il attaqua Dra el Mizan ; mais on avait eu avis de sa marche à Alger, et sa troupe, poussée par le lieutenant Beauprêtre, avec les troupes du fort et les contingents des tribus, fut mise en déroute par une charge d'un escadron de chasseurs arrivant d'Alger, et à peu près détruite par un bataillon du 45e envoyé d'Aumale. Cependant l'insurrection était flagrante chez les Guechtoula, qui occupent le pied du Djurjura, sous le méridien de Dellys, au-dessus de Dra el Mizan et de Boghni.

Le général Yusuf y fut envoyé d'Alger, en septembre. Il s'empara de la zaouïa d'Abderrhaman, le centre de la résistance, et du plateau de Mehallet Ramdan, à l'extrémité ouest de la chaîne. Une attaque, dirigée par le général Deligny, délogea les dissidents de la position de Djemma, leur dernier refuge ; puis le gouverneur tourna ses efforts contre les Beni Doucla, qui touchent aux Beni Raten, et emporta Teddert ou Fellah, leur principal village. La saison était trop avancée pour permettre l'exécution de grands projets ; on rentra à Alger, remettant au printemps suivant les projets d'établissement permanent à l'est de Boghni, dont la vallée venait d'être parcourue tout entière.

Depuis le 16 mars 1856, le gouverneur était maréchal de France.

Il sollicitait en France l'autorisation d'attaquer la grande Kabylie, dans les conditions que le ministre comprenait comme lui : aller de l'avant en assurant chacun de ses pas, et s'établir dans le pays d'une façon absolument définitive. Il alla plaider cette cause à Paris et obtint le décret du 8 avril, qui l'autorisait à entamer cette opération décisive. Il rentra à Alger le 22 avril.

L'expédition était, d'ailleurs, préparée de longue main. Nous avons vu que, des trois côtés de la Kabylie indépendante, les expéditions de 1854 et 1856 avaient parcouru le pays. Nous occupions, par Tizi Ouzou, Dra el Mizan, Bordj Boghni, la limite ouest de la montagne insoumise. Au nord, le pays entre le Sebaou et la mer s'était accoutumé à notre domination et obéissait à la hiérarchie de fonctionnaires dépendant du commandant supérieur de Dellys. A l'est, le haut Sebaou, conquis et bien reconnu en 1854, pouvait inspirer quelque inquiétude.

Les routes conduisant d'Alger à Tizi Ouzou

avaient été réparées, et, pendant tout l'hiver et le printemps, avaient apporté des approvisionnements à Tizi Ouzou et Dra et Mizan. L'organisation des troupes destinées à l'expédition était prête; elles comprenaient quatre divisions, dont l'une, celle de Constantine, commandée par le général Maissiat, devait agir entre Sétif, Bougie, et la vallée de l'Oued Sahel, pour apparaître, au moment voulu, sur le sommet du Djurjura. Au nord de la chaîne agiraient trois divisions venues d'Alger et de Dellys, sous le commandement direct du maréchal; c'étaient les divisions Renault, de Mac Mahon et Yusuf. Le général Devaux commandait l'artillerie; le général de Chabaud-Latour, le génie. Tizi Ouzou, base d'opérations, avait une manutention pouvant fournir douze mille rations par jour, un hôpital pour quatre cents malades. Dellys pouvait en recevoir mille.

Le 19 mai, l'armée était réunie sur le Sebaou; le 1er chasseurs à cheval, le 1er de spahis occupaient la vallée même et en gardaient les communications; le 21 mai, les contingents des tribus soumises vinrent s'établir en arrière de nos divisions; ils devaient agir sur leurs flancs.

D'épais brouillards ajournèrent l'attaque jusqu'au 24 mai; le 23, ils s'étaient dissipés et avaient permis de reconnaître le pays des Raten, et, en arrière, les hautes pentes du Djurjura, couvertes encore des neiges de l'hiver. Les cours d'eau qui descendent de ces hautes montagnes découpent la région inférieure en plateaux séparés par des vallées aux bords abrupts. Parallèlement à la grande chaîne et au Sebaou, des dépressions de terrain séparent ces plateaux en étages divers : chaque fraction de la région est occupée par une tribu ayant ainsi des limites très-définies. Les villages, bâtis en pierre et couverts en tuiles, occupent les crêtes, comme il convient à un pays toujours en guerre, où la population est obligée de résider dans de bonnes positions défensives.

Les Beni Raten occupaient, entre le Sebaou et l'Oued des Beni Aïssi, qui les sépare de Tizi Ouzou, un pâté montagneux considérable. On estimait qu'ils pouvaient armer de cinq à six mille hommes ; toutes les tribus insoumises, d'ailleurs, leur enverraient leurs contingents.

Des trois contre-forts principaux entre lesquels se partage le territoire des Beni Raten, le maréchal ne faisait attaquer que les deux plus rapprochés de l'ouest, qui aboutissent à Bordj el Arba (aujourd'hui Fort-Napoléon). La division Renault abordait, à droite, celui des Beni Irdjen, entre le versant de l'Oued Aïssi et le versant secondaire de l'Oued Ibalhet. Au delà de celui-ci, plus large à sa base et sillonné par plusieurs vallons à pente rapide, on trouve le versant des Akerma, qui monte par Afensou à Souk el Arba ; les divisions Mac Mahon, à gauche, Yusuf, au centre, durent s'élever vers Afensou.

Mac Mahon partit avant cinq heures du matin ; en tête, la brigade Bourbaki arrivait, en bataille, au pied des contre-forts ; six pièces de montagne, dont deux rayées du système Treuille de Beaulieu, essayant pour la première fois devant l'ennemi leur justesse et leur portée inusitées, marchaient entre ses bataillons. L'artillerie avait demandé que les six pièces rayées que possédait l'armée demeurassent à la réserve, sous la main du général en chef ; elle ne l'avait pas obtenu, et les divisionnaires avaient chacun deux de ces pièces nouvelles, complétant, avec quatre obusiers à âme lisse, une batterie de montagne.

Le premier village, Tacherahir, fut canonné par l'artillerie, puis assailli de front et des deux côtés par l'infanterie ; les défenseurs furent rejetés dans les ravins. A huit cents mètres plus loin, Bélias fut enlevé au pas de course ; à deux mille mètres au delà, et deux cent cinquante mètres plus haut, Afensou fut envahi par le 2ᵉ zouaves et le 54ᵉ de ligne. A six heures, cette première partie de la tâche assignée à la division de gauche était accomplie; rejetés dans les ravins, les Kabyles ne purent que tirailler avec la brigade Périgot, qui couvrait le retour du convoi des blessés. Plusieurs fois celle-ci dut charger à la baïonnette. Vers deux heures, la division était réunie à Afensou.

Des épisodes analogues avaient signalé la marche des brigades Gastu et Deligny, de la division Yusuf; Si Klaoui, Ighil Guefri, Tigilt et Hadj Ali furent enlevés, et l'on rejoignit, à Afensou, la 2ᵉ division.

La 1ʳᵉ division, Renault, partie de Sik-ou-Meddour, à cinq heures et demie, atteignit d'abord El Djemma; à sa gauche, le colonel Rose remonta l'Oued Hahled, qui était, d'autre part, sous le feu du 1ᵉʳ zouaves de la division Yusuf, et put, lorsque les deux premières brigades arrivèrent à Djemma, s'emparer de Tiguert Hala avec son 1ᵉʳ de tirailleurs algériens. Dans cette première ascension, les brigades Chapuis, au centre, et de Liniers, à droite, avaient été aidées par la cavalerie Fénelon et l'artillerie de Taksebt. Mais au delà, la droite de Liniers eut à subir l'attaque de nombreux assaillants montant des ravins qui aboutissent à la partie supérieure de l'Oued Aïssi. Ce ne fut qu'à cinq heures du soir que la 1re et la 3e brigade campèrent au plateau d'Ouaïlet; la 2e restait à Djemma pour couvrir la route de Sik-ou-Meddour. Il fallut d'ailleurs élever des retranchements aux avant-postes pour les défendre d'une fusillade qui dura toute la nuit. Le lendemain, les divers postes furent attaqués avec une furie qui rappelait aux zouaves leurs luttes des tranchées de Sébastopol. A trois heures seulement, les Kabyles parurent renoncer à la lutte.

A la division Renault, la nuit fut également inquiétée, et une colonne légère dut, le 25 au matin, renouveler les efforts de la veille pour enlever, sur les pentes de l'Oued Aïssi, les villages d'Hag, Yacoub et Ali. On incendia ces villages, et l'on commença les exécutions qui devaient faire cesser toute résistance : destruction des récoltes, puis des maisons, puis des arbres. Les Kabyles firent les derniers efforts pour préserver ces richesses. Ces efforts furent vains, et, vers trois heures, le 25, on vit se retirer environ trois mille auxiliaires que renvoyaient les Raten. Ils abandonnaient en masse le plateau de Souk el

Arba. Quelques Kabyles demandèrent et obtinrent une trêve devant durer jusqu'au lendemain matin pour réunir des représentants de toutes les fractions de la tribu. Au point du jour, le 26, on vit une soixantaine d'hommes, à l'attitude grave et digne, arriver devant la tente du maréchal, conduits par le colonel de Neveu, chef du bureau arabe; le maréchal sortit, avec l'interprète principal, M. de Slane; il demanda si les hommes qui étaient là, assis en cercle autour de lui, étaient bien les représentants autorisés de tous les Beni Raten. Sur la réponse affirmative du colonel, il leur rappela en peu de mots les promesses de paix auxquelles ils avaient manqué et leurs entreprises sur nos alliés qui nous avaient obligés à prendre les armes et à envahir leur pays, puis il énuméra les conditions qu'il leur imposait; d'un air impassible, les Kabyles entendirent ses paroles : ils devaient fournir des otages et payer 150 francs d'amende par fusil. Puis le maréchal ajouta « qu'ils conserveraient le droit de nommer leurs amins et leurs institutions municipales; qu'on ne leur imposait pas de chefs arabes. » Ainsi, le contrôle des Français s'exercerait seulement pour empêcher les exactions des chefs et les guerres privées. On vit, à ces mots, les visages s'éclaircir, et une joie sensible parut sur ces rudes visages. Leurs libertés municipales leur tenaient au cœur, et, restés maîtres chez eux, ils accepteraient sincèrement notre hégémonie.

Il en fut ainsi dans les traités qui suivirent cette soumission de la principale tribu de ces montagnes. On avait affaire à des populations qui ressemblent à celles des petits cantons de la Suisse. Habitués à se gouverner et à se défendre, ils étaient les citoyens braves et politiquement éclairés d'États indépendants.

Leur résistance avait été courageuse; leur soumission était digne et sincère : on sentait qu'en se donnant ces nouveaux citoyens la France acquérait un supplément important de force militaire, de faculté de production [1].

---

[1] Quelques circonstances particulières permirent d'apprécier cette population.

On vit, un soir, arriver au camp quelques centaines de femmes et d'enfants. Un officier d'état-major avait envahi quelques villages des Beni Raten, dont tous les hommes valides étaient allés joindre les contingents qui nous combattaient. Il avait pris leurs familles. Le maréchal, embarrassé d'une pareille capture, fit prévenir les tribus voisines, amies ou ennemies, de venir chercher les prisonnières, et, dès le matin du jour suivant, un long cortége de mulets, chargés de femmes et d'enfants, quitta le quartier général et les tentes où tout ce monde avait passé la nuit. Par une attention qui les toucha fort, le général de Chabaud-Latour avait posté sur leur passage des sapeurs du génie avec une grosse provision de pain, et chaque mère de famille

Les Beni Raten tenaient la tête d'une confédération qui s'associa à leur soumission : les tribus du massif qui touche aux vallées du Sebaou et de l'Oued Aïssi fournirent des otages, qui furent dirigés sur Alger avec ceux des Beni Raten.

Cette conquête fut assurée par l'érection d'un fort à Souk el Arba (marché du jeudi), sur un nœud de crêtes du pays des Beni Raten ; l'armée s'employa immédiatement à la construction d'une route qui relia ce point à Tizi Ouzou, et se prolongea jusqu'à Aboudidi, à quatre kilomètres en avant, dans la direction des Beni Menguilhet, du

---

en recevait un morceau proportionné au nombre de ses enfants. A l'attitude calme et digne de ces femmes, à leurs grands traits, à leurs formes robustes, on reconnaissait les mères d'une grande et forte race.

Quant aux hommes, ils vinrent en grand nombre au marché de l'Arba pendant l'armistice qui suivit la soumission des Raten, et furent employés à construire la route de Tizi Ouzou à Fort-Napoléon. Vus de loin, avec leurs burnous ressemblant à des toges, et dont les capuchons rabattus laissaient voir des têtes rondes aux cheveux noirs et courts, avec leurs attitudes sculpturales, ils rappelaient à l'esprit des Romains au Forum.

Chargé par le maréchal d'étudier un tracé de route, je me suis trouvé souvent, un bâton à la main et loin de toute défense, en présence de ces ennemis de la veille ; ils me saluaient ou m'abordaient cordialement, s'excusant, dans leur mauvais arabe, de n'avoir pas résisté plus longtemps. « Nous étions trop nombreux », disaient-ils. Cela était vrai ; il y avait eu à la fois de l'habileté et de l'humanité à montrer tant de forces que la résistance apparaissait impossible et que la lutte était très-abrégée.

Sebt des Beni Yahia et du Djurjura, vers les sources du Sebaou. Cette route, commencée le 3 juin, fut praticable le 21 et parcourue par l'artillerie de campagne, qui vint de Sik-ou-Meddour, à Souk el Arba, le 22.

Mais cette sorte d'armistice avait donné le temps à tous les guerriers qui mettaient leur point d'honneur à ne pas se soumettre sans combattre, de se réunir et de se préparer à nous barrer la route. Ils avaient choisi, avec leur réelle intelligence de la guerre, une forte position à Icheriden, à peu de distance, d'ailleurs, d'Aboudidi, où campait la division Mac Mahon. Leur gauche était couverte par un lit de torrent encombré de rochers et absolument impraticable. Leur droite s'appuyait à une déclivité très-rapide et profonde. Pour aborder le retranchement qu'ils avaient construit, avec des troncs d'arbres et des pierres, tout le long de la crête du ravin, il fallait traverser un col large à peine de quelques mètres, entre les deux ravins que nous venons d'indiquer, puis grimper le long d'un glacis beaucoup trop long et trop roide pour être gravi en courant, et cette marche devait s'opérer sous le feu de la mousqueterie de la crête, qui découvre parfaitement le terrain de l'attaque.

ALGÉRIE. 315

Le maréchal comptait préparer l'attaque par le feu de l'artillerie, surtout de l'artillerie de campagne, dont l'ascension sur ces hauteurs avait été signalée par des cris de joie. Vainement le commandant de l'artillerie [1] représenta qu'il était impossible de mettre en batterie à moins de mille quatre cents mètres de l'ennemi; qu'à cette distance le feu serait tout à fait inefficace, sauf pour les pièces rayées. Il demanda que la section de ces pièces qui suivait la division Yusuf fût appelée à joindre celle de la division Mac Mahon : il ne put l'obtenir.

Aussi le feu des pièces et des fusées qui précéda l'assaut fut à peu près inutile; les vieux guerriers qui défendaient les retranchements ennemis en comprirent promptement l'inefficacité, et l'attaque de la brigade Bourbaki les trouva prêts à la recevoir. Deux fois les zouaves du 2ᵉ, en tête de colonne, s'élancèrent à l'assaut sur ce terrain qui s'élargissait à partir du col; il fut impossible de le franchir sous la grêle des balles dont le couvrait une longue ligne de tirailleurs parfaitement abrités. Heureusement, le colonel

---

[1] Le général Devaux, tombé malade dès les premiers jours, était suppléé par son chef d'état-major, le commandant Fabre, dont l'autorité était moindre.

de Chabrières conduisait, pendant ce temps, son 2ᵉ étranger le long de la pente où s'appuyait la droite des Kabyles et gagnait du terrain, malgré les postes échelonnés sur cette pente et les retranchements en retour pratiqués à la crête. Quand il les eut dépassés, faisant tête de colonne à droite et menaçant de couper, sur la route d'Icheriden, la retraite des Kabyles, on vit ceux-ci abandonner leurs lignes, et, sans être en déroute d'ailleurs, livrer le passage à nos soldats. On courut ensemble à Icheriden.

A droite, la division Renault était restée sur l'arête des Beni Hirdjen, séparée par l'Oued Djemma du territoire des Beni Yenni, qui occupe, entre la Djemma et la Telata, un étage plus rapproché de la haute chaîne. La division Yusuf descendit les pentes de l'Oued Djemma, et, le 26, les deux divisions gravirent les âpres contre-forts qui donnent accès sur le plateau ; les feux des Beni Yenni ne purent les arrêter ; les principaux villages furent enlevés ; les deux divisions se rejoignirent à Aït Hassen, petite ville de cinq mille âmes et capitale de la tribu.

Le 1ᵉʳ juillet, les Beni Yenni se soumirent ; la première condition qui leur fut imposée fut de renoncer à leur industrie de faux monnayeurs.

Leur résistance avait été fort diminuée par la persuasion, qu'avait fait naître chez eux le combat d'Icheriden, que le maréchal agirait par sa gauche vers les Beni Yahia et le Sebt, objectif de la campagne de 1854.

Le 27 juin, la division Maissiat, venant de l'Oued Sahel, apparut sur le sommet de la grande chaîne, au col de Chellata. A cette vue, les montagnards tremblèrent pour leurs foyers et commencèrent à se retirer d'Aguemoun Izen, où s'étaient concentrés les contingents qui avaient combattu à Icheriden. La division de Mac Mahon enleva brusquement ce poste, le 30 juin. On arrivait ainsi, de l'ouest et du nord, au contact des Menguelet. Les tribus placées entre Dra el Mizan, la grande chaîne et l'armée vinrent faire leur soumission. Si el Djoudi, le marabout des Beni Boudrar, fut envoyé à Alger.

Il fallut envahir le pays des Beni Menguelet pour déterminer leur soumission ; les hommes disposés à reconnaître l'inutilité de la résistance ne pouvaient faire accepter leurs conseils de sagesse tant qu'on n'aurait pas *brûlé* leurs villages. On le fit le moins possible. On parcourut, d'ailleurs, sans trouver de résistance, le territoire qui séparait l'armée du haut Sebaou ; les Beni Bou Yousef accueillirent pacifiquement les divisions Mac Mahon et Yusuf.

Restaient les territoires coupés par les sources mêmes du Sebaou et adossés à la grande chaîne ; c'est le difficile pays des Beni Hidjer, Thourag, Illilten, Illoul ou Malou. A travers ces ravins profonds de six cents mètres et presque infranchissables, les longues portées des pièces rayées prenaient une grande valeur. Elles atteignaient, à deux mille mètres de distance, les postes de l'ennemi.

Les Beni Thourag, attaqués le long de l'arête qui vient d'Aguemoun Izen, furent envahis le 9 juillet. Après eux et au delà d'un profond affluent du Sebaou venaient les Illilten, dominés par le Djerjer, rocher pyramidal qui donne son nom à la chaîne. Deux compagnies de turcos gagnèrent le Djerjer par une marche de nuit, et apparurent au-dessus des villages des Illilten, qu'abordaient, en s'élevant péniblement de la vallée, les brigades Deligny, Gastu, de Liniers. Toute résistance fut surmontée, et les derniers villages près de Tirourda, où s'étaient réfugiés les femmes, les enfants, les troupeaux des Kabyles encore insoumis, furent envahis à leur tour.

Le général Deligny était blessé ; le général Gastu avait eu un cheval tué sous lui. La cavalerie Fénelon s'était montrée dans la haute vallée du Bou Behir, et avait exercé sur l'esprit des Kabyles son influence habituelle.

Tout était soumis au nord du Djurjura ; au sud, les Beni Melli Keuch, l'âme de la résistance sur ce versant, apportaient aussi, le 12 juillet, leur soumission au colonel Marmier. Il n'y avait plus, dans la montagne, de tribu dont le territoire n'eût été parcouru et dominé. La guerre de la Kabylie était terminée.

La soumission était sérieuse et durable, parce que le maréchal, suivant son système constamment appliqué, s'attacha à rendre la domination française bienfaisante pour les vaincus. La sécurité régna sur ce territoire, incessamment troublé jusque-là par des luttes continuelles. Pour ces laborieux montagnards, elle fut le principe d'une prospérité inusitée.

L'Algérie entière, d'ailleurs, parut alors prendre confiance dans le gouvernement qui s'imposait à elle ; nulle part on ne croyait possible de lui résister, et tous étaient convaincus que le gouverneur prenait soin, avec la plus libérale bienveillance, de leur rendre le joug aussi peu pesant et l'action de son administration aussi utile qu'ils pouvaient l'espérer. Jamais on n'a été plus près de la nationalisation de l'Algérie, de son adjonction sincère et complète à la France.

COCHINCHINE

COCHINCHINE

La guerre de Chine, en 1860, n'avait été qu'un épisode dans la poursuite de relations permanentes à établir entre la France et l'extrême Orient : comme complément des traités qui ouvraient à nos commerçants un certain nombre de ports chinois, le gouvernement impérial cherchait, dans ces mers, un domaine qu'il pût faire sien. Il avait visé d'abord, dès 1858, un point servant de centre commercial, comme Macao pour le Portugal, Desima pour la Hollande, Hong-kong pour l'Angleterre : nous verrons ses premiers essais à Tourane, essais que le succès ne couronna pas. Plus tard, il fut amené à chercher le lieu le plus propre à la fondation d'une colonie qui pût faire oublier l'Inde des Dupleix et des Lalli.

Pour l'établissement d'un domaine colonial, il hésita, dit-on, entre la Corée et la Cochinchine. La première, au nord de la Chine, était incontestablement préférable, au point de vue sanitaire, à la seconde, très chaude et très humide : l'une et l'autre n'avaient avec la Chine que des relations de déférence, non de vasselage ; il n'y avait pas là apparence de difficultés diplomatiques, surtout quand on fut en guerre, puis en négociations avec la Chine. Ce qui détourna de la Corée, ce fut, dit-on [1], indépendamment de l'accroissement de distance, l'appréhension d'entrer un jour en conflit avec la Russie, en progrès incessants dans ces parages. D'ailleurs, la basse Cochinchine forme les six provinces méridionales de l'empire d'Annam, et l'ingérence en Annam avait des antécédents qu'il faut rappeler.

L'Annam occupe la moitié orientale de la presqu'île d'Indo-Chine, entre les 9° et 21° degrés nord. Le Cambodge, Siam, puis, au nord de la presqu'île de Malacca, la Birmanie, se succèdent à l'occident. Au centre, des peuplades à demi sauvages, Laotiens, Muongs, Moïs, sont à demi soumises à leurs voisins.

Pendant une guerre civile qui désola l'Annam dans le dernier quart du siècle dernier, un prétendant, qui fut plus tard l'empereur Gialong, trouva asile et secours à Ha-tien, dans la communauté chrétienne dirigée par l'évêque d'Adran,

---

[1] Je tiens cette information de l'amiral Fourichon.

Pigneau de Béhaine, né à Origny-Sainte-Benoîte, près de Saint-Quentin. L'évêque, devenu le conseiller très écouté de Gialong, avait, au nom de l'Annam, contracté avec le gouvernement français, le 28 novembre 1787, une alliance offensive et défensive; le traité était signé : pour la France, par MM. de Vergennes et de Montmorin; pour l'Annam, par le prince royal Cant-dzué et l'évêque d'Adran. En échange d'un secours de sept régiments et vingt navires de guerre, Gialong cédait à la France le port de Tourane, au sud de Hué, sa capitale, et les îles de Poulo-Condor, à quatre-vingt-douze kilomètres au sud de la côte de Cochinchine; il promettait en outre un secours en cas de guerre dans l'Inde, et un traité de commerce; il acceptait des consuls français dans ses ports.

Les événements survenus en France empêchèrent l'exécution du traité. Toutefois, l'évêque d'Adran nolisa à Pondichéry deux navires qu'escorta la frégate *la Méduse* ; cette petite escadre amenait à Gialong quelques officiers français qui organisèrent son armée et sa flotte, décidèrent ainsi sa supériorité sur ses adversaires, et fortifièrent quelques-unes de ses places. Gialong put ainsi, en 1802, soumettre à l'empire d'Annam le Tonkin, jusque-là gouverné par la dynastie des

Lé et exerçant une sorte de suprématie sur l'Annam. Pigneau de Béhaine était resté son principal conseiller, et l'Empereur rendit les plus grands honneurs à sa mémoire lorsqu'il mourut, en 1798. Mais l'alliance française ne subsistait déjà plus. En recommandant aux siens la reconnaissance et l'amitié pour la France, Gialong, très préoccupé de la mainmise sur l'Inde par les Anglais, érigeait en principe de gouvernement l'exclusion de toute ingérence des Européens, même des Français, dans l'Empire. Après lui, la défiance s'accrut et les relations s'aigrirent. Les chrétiens, dont on évalue le nombre à six cent mille en 1858, furent persécutés. M. Chaigneau, un ancien officier de Gialong, devenu consul de France à Hué, fut renvoyé en 1824. Les essais de création de comptoirs échouèrent en 1791, 1792, 1797, 1805, 1812. Les missions maritimes en 1817, 1825, 1831, n'eurent pas plus de succès. Enfin, le protectorat des chrétiens revendiqué par la France amena des conflits armés. En février 1843, la frégate l'*Héroïne*, commandant Lévêque, délivra, à Tourane, cinq missionnaires français : Mgr Lefèvre, évêque d'Isauropolis, emprisonné en 1845 et réclamé vainement par l'amiral Cecille, ne fut délivré qu'en avril 1847, après un combat naval à Tourane, où la *Gloire* et la *Victorieuse* (commandants Lapierre et Rigault de Genouilly) détruisirent cinq navires annamites. Les empereurs Ming-manh (1820-1841), Thientzy (1841-1847), Tu-duc (1847-1883) se montraient systématiquement hostiles aux Européens et au christianisme.

La guerre s'accentuait : en 1856, le *Catinat* s'étant retiré de Tourane après que sa compagnie de débarquement y eut encloué soixante canons : « Les Français, dit l'empereur Tu-duc, aboient comme des chiens et fuient comme des lièvres. » — Deux missionnaires français, un évêque espagnol, furent encore suppliciés. La France et l'Espagne s'entendirent pour les venger. Les vues du gouvernement français se portaient plus loin.

On avait occupé Tourane : mais Tourane, bloquée du côté de terre, n'était nullement le centre commercial qu'on prétendait constituer ; on visait maintenant Saïgon et la basse Cochinchine, où l'on pouvait former un établissement restreint, borné de trois côtés par la mer et plus facile à défendre que Tourane. — Les projets de domination s'étendaient donc : on n'en était pas encore, toutefois, à la pensée de soumettre entièrement la presqu'île ; à établir soit un protectorat, soit une domination directe sur l'Annam et le

Cambodge. On s'en tenait à une occupation restreinte sur une partie de l'Annam. Mais le gouvernement annamite ne se résignerait jamais à cette mutilation et entretiendrait dans les provinces conquises une incessante agitation.

Le vice-amiral Rigault de Genouilly parut au mouillage de Saint-Jacques le 10 février 1859 : son pavillon flottait sur le *Phlégéton;* il avait sous ses ordres l'aviso le *Primauguet*, trois canonnières, trois transports mixtes, le *Cano*, aviso espagnol, et quatre navires de commerce portant des troupes et des approvisionnements.

La basse Cochinchine n'est guère formée que des alluvions du Mékong, grand fleuve qui prend naissance au Thibet, et de cours d'eau descendant d'un groupe de montagnes dont le cap Saint-Jacques marque, sur la mer, l'extrémité sud de la berge orientale.

Tous ces cours d'eau communiquent par des arroyos parallèles à la mer. Deux forts couvraient le mouillage de Saint-Jacques : ils furent détruits par le feu de la flotte, et l'on s'engagea dans le Donnaï, qui donne accès sur Saïgon, laquelle est à soixante kilomètres de la mer.

Le 11 février, les obus du *Phlégéton* incendient le fort de Cangio, qui défend l'entrée du fleuve :

du 11 au 15, on remonta le Donnaï en détruisant quatre autres forts, et l'on arriva devant Saïgon, que protégeaient deux forts en aval et une citadelle en amont. Les deux forts furent réduits le 15 et le 16. Celui de la rive droite fut démantelé. On occupa celui du sud, sur la rive gauche (Dong-catin), qui servit de point de départ à l'attaque de la citadelle.

Celle-ci fut étudiée dans une reconnaissance que le commandant Jauréguiberry dirigea à travers les jardins et les bois avec le chef de bataillon du génie Dupré-Deroulède et le capitaine d'artillerie Lacour. Elle était tracée à l'européenne, à huit cents mètres de la ligne des forts, et présentait quatre fronts de quatre cent soixante-quinze mètres de côté avec portes au milieu des courtines. On lui supposa trois mille défenseurs.

L'amiral disposa, sous le commandement du chef de bataillon d'infanterie de marine Martin des Pallières, une colonne formée de deux compagnies de son arme, deux compagnies de débarquement du *Phlégéton*, du *Primauguet*, des marins d'*El Cano* et des sapeurs du génie; il en forma une colonne d'assaut, qu'appuya une compagnie de chasseurs espagnols. En réserve, le lieutenant-colonel Reybaud avec un bataillon, le corps espagnol du colonel Lanzarotte, et le demi-bataillon de gauche de l'infanterie de marine. Le 18, l'attaque fut préparée par le feu des navires, qui éteignit en partie celui de la citadelle. Puis, tandis que le colonel Lanzarotte chargeait à droite et rejetait au delà du fleuve un millier d'Annamites qui agissaient en dehors de la place, Martin des Pallières courait à l'assaut et escaladait le rempart. A dix heures, tout était fini : les compagnies de débarquement ralliaient leurs navires; les troupes s'établissaient dans les vastes casernes de la citadelle; on y trouvait huit cents bouches à feu, d'immenses approvisionnements en munitions, en vivres, surtout en riz : le commandant Jauréguiberry commanda la place.

En mai, l'amiral Rigault revint, battit l'armée annamite sur la route de Hué et enleva le camp retranché de Kien-san (7 et 8 mai). A Tourane, on négociait sans parvenir à s'entendre. Les hostilités reprirent le 15 septembre. On força les lignes établies par les Annamites vis-à-vis de Tourane.

Cependant, on concentrait ses forces en vue de la guerre de Chine. Le contre-amiral Page, qui avait pris, le 1ᵉʳ novembre 1859, le commandement de l'escadre, fit évacuer Tourane le 23 mars 1860. A Saïgon l'on avait, dès le 8 mars 1859, détruit la citadelle, trop vaste pour le chiffre de la garnison, et l'on avait construit à sa place le fort Neuf; une ligne fortifiée par quatre pagodes s'étendait, au sud-ouest de Saïgon, jusqu'à Cholon, important marché de riz que protégeait Caïmaï, la quatrième des pagodes organisées défensivement. Le capitaine de vaisseau d'Ariès et le colonel espagnol Palanca Guttierez commandaient les troupes, 800 Français, 200 Espagnols; en face d'eux, à une lieue au nord, l'énergique défenseur de Saïgon, Nguyen-tsi-phuong, avait tracé les lignes de Kihoa, dans la plaine des Tombeaux : c'était une succession de redoutes et de tranchées couvertes de défenses accessoires, avec un vaste ouvrage quadrangulaire au centre : on évaluait les troupes qu'il commandait à une vingtaine de mille hommes.

L'amiral Page était parti pour le nord, emmenant les canonnières armées de canons de vingt-quatre rayés que le colonel Treuille de Beaulieu avait préparés pour l'attaque de Peschiera et que la paix de Villafranca avait laissés sans emploi : il laissait en Cochinchine le capitaine Lacour, avec la batterie de quatre rayés de montagne faite sur le modèle de celle qui avait pris part à l'expédition de Kabylie en 1857. — Les forces des alliés ne leur permettaient que la défensive, et Saïgon subit pendant cinq mois un blocus assez rigoureux. On n'eut de communications avec l'extérieur que deux fois dans cet intervalle. Une compagnie d'infanterie de marine fut envoyée de Canton, et cent fusiliers marins débarqués du *Weser* rallièrent le commandant d'Ariès. Mais Nguyen-tsi-phuong essaya vainement de profiter de sa supériorité pour percer la ligne française-espagnole. Il dirigea, dans la nuit du 3 au 4 juillet 1860, un vigoureux effort contre la troisième pagode, celle du Clocheton, qui précède Caïmaï. Les trois mille hommes qui attaquèrent ce poste furent arrêtés par le feu à bout portant des défenseurs de la pagode : cent Espagnols du capitaine Hernandez, soixante marins des enseignes Marac et Gervais. — Le commandant d'Ariès accourait avec cent cinquante hommes, ne laissant à Saïgon que vingt hommes valides et soixante malades qu'il avait armés de fusils comme dernière ressource. Au son de ses clairons, les Annamites se retirèrent dans leurs lignes, qu'ils travaillèrent à rapprocher de celles des alliés. Le capitaine Barbes fut surpris et tué par leurs maraudeurs. Hué avait mis à prix la tête des soldats européens.

Mais le moment favorable était passé pour les Annamites. Après l'expédition de Pékin, à la fin de janvier 1861, le vice-amiral Charner ramenait, avec sa division navale, le 2ᵉ chasseurs à pied, trois compagnies d'infanterie de marine, deux cent trente Espagnols, auxquels se joindraient les compagnies de débarquement de ses navires. Enfin il faut noter, dans cette petite armée formant de trois à quatre mille hommes, une compagnie d'Annamites chrétiens provenant surtout de Tourane. Quelques chasseurs d'Afrique, une batterie et demie du 14ᵉ régiment d'artillerie, un détachement du génie appuyé de « matelots abordeurs »; un service du train représenté par huit cents coolies chinois complétait les moyens militaires dont disposait l'amiral. Le général de Vassoigne (infanterie de marine) commandait les troupes d'infanterie; le lieutenant-colonel Crouzat, l'artillerie; le génie était dirigé par le chef de bataillon Allizé de Matignicourt. Les Espagnols obéissaient au colonel Palanca. Le capitaine de vaisseau Lafon de Ladébat était chef d'état-major. La division navale comprenait l'*Impératrice Eugénie*, portant le pavillon de l'amiral, la *Renommée*, montée par l'amiral Page, trois corvettes à vapeur, trois avisos, quatre grandes canonnières.

Cette force arriva devant Saïgon le 4 février 1861.

Sur-le-champ, l'amiral reconnut les lignes de Kihoa et se prépara à les attaquer. La flottille dut remonter le Donnaï, y détruire les barrages, réduire les forts qui en défendaient le cours.

La principale attaque partira de Caïmaï, à l'extrême gauche de la ligne des alliés, forcera la ligne annamite, se rabattra sur sa droite en repoussant l'ennemi sous le feu du fort Neuf et des navires embossés dans le Donnaï. Une compagnie d'infanterie de marine restera à la garde de Caïmaï.

Le 24 février 1861, l'attaque préparée par l'artillerie des vaisseaux et des forts est exécutée suivant le plan arrêté; on débouche en deux colonnes de Caïmaï. Celle de droite, dirigée par le commandant du génie Allizé de Matignicourt, comprend les chasseurs à pied, l'infanterie de marine, les Espagnols, les sapeurs du génie. Avec elle marchent le général de Vassoigne, le colonel Palanca, qui, tous deux, seront blessés à la tête de leurs troupes; la colonne de gauche est formée par les compagnies de débarquement, sous le commandement du capitaine de frégate Desvaux, secondé par le capitaine du génie Gallimard. Toutes deux abordent en même temps le rempart, que franchissent les premiers le sous-lieutenant du génie Thenard, l'enseigne Berger. L'attaque est si vive, qu'elle réussit sans grandes pertes. Cinq hommes ont été tués et trente blessés, dont les deux commandants, l'aspirant Leseble, l'adjudant Joly.

Le lendemain, l'amiral Charner, remplaçant de sa personne le général Vassoigne au commandement direct des troupes, poursuit l'exécution de son plan : il s'agit maintenant d'aborder la grande redoute carrée du centre ennemi, que défendent des palissades, six lignes de trous de loup d'un mètre soixante de profondeur, sept lignes de petits piquets, deux fossés d'eau vaseuse cachant des bambous appointés : l'escarpe, surmontée de chevaux de frise, dépasse de cinq mètres le fossé. Aborder de vive force de semblables défenses serait impossible devant des soldats européens, l'amiral compte que rien n'arrêtera l'élan de ses braves soldats et matelots. Les marins et les Espagnols, sous le commandement du capitaine de vaisseau Lapelin, marcheront à droite ; à gauche, le génie et l'infanterie de marine ; au centre, les canons du commandant Crouzat. En réserve, les compagnies et le 2ᵉ chasseurs qui, la veille, ont formé l'avant-garde.

Comme en Chine, l'artillerie commencera l'attaque. A l'extrême droite, une section de pièces de montagne rayées enfile les défenses ennemies avec sa terrible justesse et ses portées alors inusitées. Au centre, les demi-batteries ouvrent le feu à mille mètres, avancent successivement jusqu'à deux cent cinquante mètres de la contrescarpe et tirent alors à mitraille sur les défenseurs. En avant, les colonnes d'assaut! Celle de droite a vu tomber ses premiers matelots; mais elle a pénétré dans la place; à sa gauche, le commandant Allizé enlève avec ses sapeurs et trois compagnies d'infanterie de marine un fort qui gênait l'attaque principale : à gauche encore, les 3° et 4° compagnies d'infanterie de marine marchent avec les Annamites alliés.

La première ligne ennemie est forcée; mais en deuxième ligne s'offre le fort du Mandarin, qui se défend énergiquement. L'amiral appelle ses réserves : à droite, les marins, dirigés par le lieutenant de vaisseau Jaurès, aide de camp de l'amiral, enfoncent la porte de la courtine, tandis que le centre, occupant une position dominante, crible le Mandarin du feu de ses canons et de sa mousqueterie. Par un autre point, la gauche a pénétré dans le fort : Nguyen-tsi-phuong, blessé au bras, est entraîné dans la déroute générale des siens ; il laisse dans le fort plus de mille cadavres. — Du côté des assaillants, on comptait plus de deux cents blessés : cinq officiers de vaisseau étaient au nombre des morts Un encore mourut de ses blessures, ainsi que le lieutenant-colonel Testard. L'enseigne La Reynière avait refusé le secours d'un compatriote : « Retourne à ton poste, avait-il dit, et écris chez moi que je suis mort bravement ! » — Les listes d'appel trouvées dans le camp mentionnent vingt et un mille réguliers, en outre de mille « Dondien » ; les habitants des villages voisins couvraient les abords. Quinze mille habitants défendent le haut Donnaï.

Tong-kéou, Acmon, Rachtra, Trang-bank, tombèrent successivement. L'amiral Page remontait le Donnaï, et, sous son feu, les quinze mille hommes qui en gardaient les défenses se dispersèrent sans retour. Saïgon était dégagée, et conquise la province de Gia-ding. « En quinze jours, écrivait l'amiral, l'armée a livré cinq combats, fait douze reconnaissances sous un ciel de feu... » Cependant, les Annamites se sont retranchés à Mytho, place importante qui commande le cours du Mekong et les origines du Delta. On repart le 27 mars. L'amiral Page remonte à grand'peine le Mekong, tandis que le capitaine de frégate Bourdais, qui commande une colonne à pied, longe, pour gagner le grand fleuve, l'arroyo de la Poste. Celui-ci est tué par le feu d'une embuscade et remplacé par le capitaine de vaisseau Du Quilio ; le commandant de Matignicourt meurt du choléra ; mais la flottille arrive le 12 avril devant Mytho, qu'évacue l'ennemi.

Les Cambodgiens, qui espèrent en nous pour se soustraire au joug de l'Annam, nous ont donné avis de l'abandon de Tayninh, petit fort sur un affluent du Vaïco oriental. Mais, abordés hors de notre portée par l'armée annamite, ils sont vaincus au sud de Chaudoc. Nous ne serons qu'en 1867 en mesure de les délivrer.

Le 21 avril, le 2e bataillon du 101e était arrivé de Chine : le 29 novembre 1861, l'amiral Charner est remplacé par le contre-amiral Bonard, qui se prépare à profiter de la bonne saison pour achever la conquête des provinces voisines de Saïgon.

Après une reconnaissance du chef d'escadron d'état-major de Foucault, l'amiral aborde, au nord, la province de Bien-hoa. A trois lieues de Saïgon, les Annamites occupent le camp de Mihoa. Le 16 décembre 1861, à cinq heures du matin, l'amiral le fait attaquer de front par le 1er bataillon du 3e de marine (lieutenant-colonel Domenech), les compagnies de débarquement dirigées par le capitaine de vaisseau Lebris, cent Espagnols, cinquante cavaliers, quatre obusiers et deux canons rayés de quatre, tandis que les chasseurs du commandant Comte tournent la droite ennemie, et que la *Renommée*, l'*Alarme* et l'*Ondine* appuient l'attaque. A huit heures, tout est fini : les Annamites fuient en déroute.

La citadelle de Bien-hoa, construite en 1789 sur les plans du colonel Olivier, était un carré de trois cents mètres de côté avec demi-tour saillante au centre de chaque côté. Une escarpe de quatre mètres, précédée d'un fossé de treize mètres de largeur sur deux de profondeur, était armée de quarante-huit pièces. Quinze jonques de guerre furent prises avec le fort.

Le 29 décembre, le 2e bataillon du 101e rentra à Saïgon ; il partit en janvier pour la France, où il fut licencié. L'amiral continua sa marche au nord, sur la route de Hué : l'ennemi s'arrêtait sur la montagne de Baria, qui termine, sur la mer, la chaîne de hauteurs formant de ce côté la limite de la basse Cochinchine. Une lettre trouvée dans le camp révéla l'existence de grands approvisionnements à Phanri, port de Bing-thuan. L'aviso *Norzagaraï*, commandant Lespès, y brûla ou coula vingt-cinq jonques chargées ; à l'intérieur, le lieutenant de vaisseau Rieunier atteignit un bandit redouté, Foukaï, qui fut pendu à Mytho. Le calme commença à régner entre Mytho et Saïgon.

Tranquille du côté du nord, l'amiral tourna ses regards vers le sud. Là, le principal centre de résistance des Annamites était Vinh-long, sur le bas Mekong, capitale de la plus peuplée des six provinces de la basse Cochinchine (Bien-hoa, à l'est, puis Saïgon ou Giadinh, Mytho ou Dingh-thuon, Vinh-long ou Longho, Angian ou Chaudoc, Hatien). — Vinh-long était couverte, au nord, par des marais impraticables : au sud, huit ouvrages protégeaient les barrages du Mekong. — Le 20 mars 1862, l'amiral remonta le fleuve avec deux avisos et neuf canonnières, qui criblèrent la place d'obus : le lieutenant-colonel Reboul l'enleva avec un millier d'hommes : on y trouva soixante-huit pièces de canon, sept mille mètres cubes de riz et d'abondantes munitions.

Mais le personnel dont disposait l'amiral était trop faible pour garder tout le pays : le 6 avril, un coup de main tenté par l'ennemi sur Saïgon faillit réussir; les Annamites attaquaient entre Caïmaï et l'arroyo; le 14 septembre, une autre affaire eut lieu à Micui. L'ennemi fut mis en déroute par le colonel Palanca et le commandant Desvaux. Pour tâcher d'en finir avec ces hostilités sans cesse renaissantes, on s'attaqua au cœur de l'empire, et le *Forbin* bloqua la rivière de Hué : en même temps, un soulèvement éclatait au Tonkin. L'empereur Tu-duc se décida à traiter avec la France, et, le 5 juin 1862, ses ministres des rites et de la guerre se rencontrèrent au camp des Lettrés, à Saïgon, avec l'amiral Bonard et le colonel Palanca. Tu-duc cédait à l'empereur Napoléon les trois provinces de l'est dans la basse Cochinchine : Saïgon, Mytho et Bien-hoa, et, en outre, l'île de Poulo-Condor; le chiffre des garnisons des trois autres provinces était limité. Dans le centre et le nord de l'empire, Tourane, Balat, Quinhona étaient ouverts au commerce. La liberté du culte était assurée dans l'Annam : enfin, une indemnité de vingt millions de francs était stipulée en faveur de la France et de l'Espagne.

Ce traité fut violé dès que les circonstances parurent plus favorables à l'Annam. La persécution recommença contre les chrétiens, et les trois provinces cédées furent soulevées par le mandarin Quan-dinh. Le capitaine Thouroude fut tué à Rachtra : en même temps, l'insurrection attaquait le commandant Coquet à Baria, le capitaine Loubière à Bien-hoa, le capitaine Taboulé à Touknien, le capitaine de frégate Mauduit à Mytho. L'ennemi fut repoussé partout; mais l'amiral demanda des renforts aux Philippines et à la division de l'amiral Jaurès. Renforcé de six cents hommes du 5ᵉ tagals (milice des Philippines), du 1ᵉʳ bataillon léger d'Afrique, des marins de la division, il reprit une vigoureuse offensive, et enleva Vinhloï, Gocong, Traïka. Cette fois, c'est à Hué que l'empereur reçut les deux négociateurs, l'amiral et le colonel Palanca, et confirma le traité le 16 avril 1863. Immédiatement après, les Espagnols quittèrent la colonie. Tu-duc ne renonçait pas encore à rentrer en possession de la basse Cochinchine. Avec le 2ᵉ bataillon de chasseurs, qui s'embarquait le 16 juillet, il fit partir un ambassadeur pour demander qu'on lui rendît, contre indemnité, les trois provinces cédées.

En France se posaient, à propos de l'Indo-Chine française, des questions qu'on agite encore aujourd'hui. On décidait de rester en Cochinchine, et cette grave détermination inaugurait, quelles que fussent alors les ambitions de la France, la conquête que nous avons à raconter. Dès ce moment, l'Annam devenait un irréconciliable ennemi. Il fallait comprendre que jamais Tu-duc ne nous pardonnerait cette mutilation de son empire, que toute concession de sa part serait éludée et combattue dès qu'il croirait pouvoir se soustraire à la force qui l'aurait imposée. Mais les trois provinces occupées ne contenaient qu'une population de cinq cent trente mille âmes environ, bien faible pour alimenter un commerce important ou résister, sans secours immédiat de la métropole, à une attaque du dehors. Elles seraient incessamment menacées, à l'ouest, par les trois autres provinces de la basse Cochinchine ; au nord, par les vingt-cinq autres provinces de moyenne et haute Cochinchine et du Tonkin, l'Annam ne devant jamais se résigner à la mutilation qu'il avait subie. Toutefois, l'amiral de La Grandière ne fut autorisé qu'à occuper les trois dernières provinces de la basse Cochinchine, foyer immédiat des insurrections multipliées contre nous. Une expédition organisée en juin 1867 occupa Vinh-long, Sadec, Chaudoc et Hatien. Phan-thangian, l'ancien ambassadeur en France, avait interdit à ses concitoyens une résistance inutile; mais il s'était empoisonné pour ne pas survivre à cette douloureuse amputation de son pays.

En 1866, il fallut encore prendre Rachyia de vive force. Mais il n'y eut plus de faits de guerre jusqu'à l'insurrection de 1872.

Le 11 août 1868, un traité de protectorat avait été signé avec le Cambodge, qui se réfugiait ainsi dans l'alliance française contre les fréquentes atteintes portées à son indépendance par ses redoutables voisins, l'empire d'Annam à l'est, le royaume de Siam au nord.

Accepter ce protectorat, c'était entrer dans une voie nouvelle qui a abouti à la mainmise sur tout le sud de la presqu'île. Nous avons dit les avantages de cette occupation complète : diminution des chances de troubles intérieurs, constitution d'un vaste domaine ouvert au commerce et à la colonisation, et pouvant offrir, moyennant une administration intelligente et libérale, des éléments propres de résistance indispensables à des dépendances si éloignées de la métropole. En regard de ces avantages, les dépenses d'une entreprise considérable; le voisinage de la Chine et le réveil inattendu de ses prétentions sur l'Annam; le contact du royaume de Siam et la compétition de l'Angleterre qui, à travers la Birmanie, s'efforce d'atteindre, de son côté, les frontières de l'Yunnan et de les ouvrir à son commerce du côté du sud-ouest, tandis que nous y arrivons à l'est par le Tonkin. Une transformation des habitudes de notre commerce, une assiette plus solide de notre puissance et de nos relations justifieront peut-être l'extension donnée à la conquête commencée par l'Empire. Les hésitations de notre politique dans ces régions auront, d'ailleurs, coûté bien cher en hommes et en ressources de toute nature à l'Empire et au gouvernement qui lui a succédé.

En 1872, une insurrection en basse Cochinchine fut aisément réduite par l'amiral Dupré. A partir de ce moment, c'est à l'extrémité opposée de l'empire d'Annam, au Tonkin, que se porte l'effort de la conquête. Là, elle fut inaugurée par Francis Garnier, dont nous allons rappeler rapidement les antécédents.

TONKIN

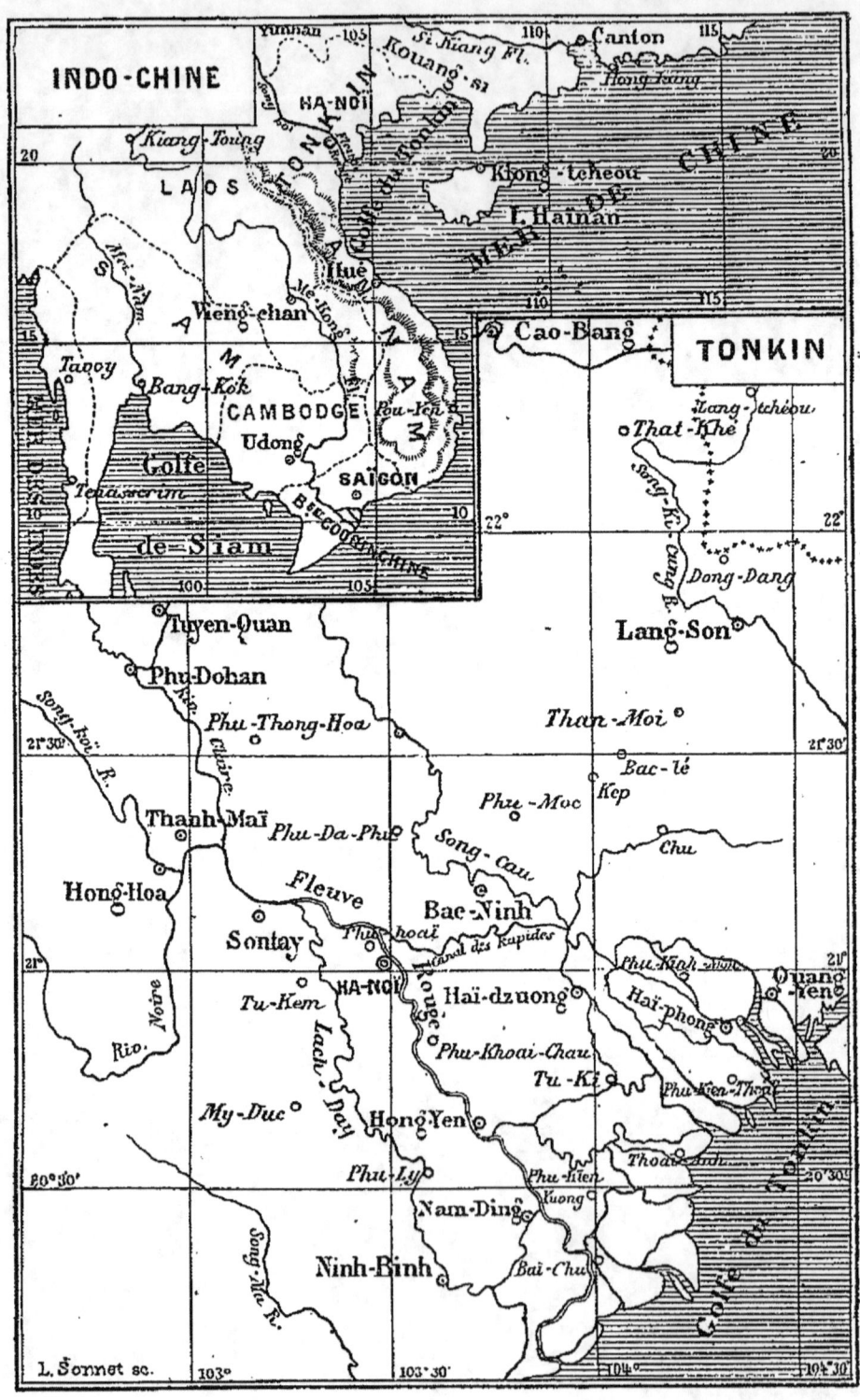

TONKIN
(1872-1885)

GARNIER

L'expédition dirigée, en 1860, par le général Montauban comptait parmi ses officiers Francis Garnier, jeune aspirant de vingt et un ans, qui fut pendant la campagne nommé enseigne de vaisseau pour avoir sauvé un officier de cavalerie tombé à la mer, M. de Néverlée, le même qui fut tué en 1871 dans une audacieuse entreprise sur Saint-Cloud. Garnier se prit d'intérêt pour ces parages si peu connus alors : sa carrière se fit en Chine et en Cochinchine; il y fut un vaillant soldat et, à Cholon, un administrateur actif et habile. Dans le grand voyage de reconnaissance du Mekong (1866-1868), dont il avait préparé le programme, il était le second, et fut le successeur de Doudart de La Grée. Chef d'état-major de la section de Montrouge pendant le siège de Paris, il repartait, en 1872, pour la Chine. Nous vîmes, à la Société de géographie, cet homme aux joues creuses, aux yeux ardents, nous faire ses adieux en annonçant l'intention d'aborder le Thibet et d'étudier la Chine au delà de l'immense triangle formé par le Mekong, qu'il avait remonté, et le fleuve Bleu, qu'il avait descendu en 1866-1868.

Ces deux grandes vallées de cinq ou six cents lieues chacune, et perpendiculaires entre elles, enferment tout l'Annam, une partie de la Chine, du Cambodge, du royaume de Siam. Leurs embouchures, à Saïgon et à Shangaï, sont à six cents lieues de distance ; remontant, l'une vers l'ouest, l'autre vers le nord, elles se rapprochent, dans le Yunnan, jusqu'à moins de trois cents kilomètres. Entre les deux, partageant presque exactement l'angle de quatre-vingt-dix degrés qu'elles forment, naissent la rivière de Canton, peu navigable, et le Song-koï, dont la moitié inférieure constitue le Tonkin. Pour les riches produits métalliques et agricoles du Yunnan, la vallée du Song-koï est évidemment la route commerciale la plus courte et la plus commode : les considérations politiques la leur fermaient et ne leur laissaient que celle du fleuve Bleu.

L'expédition de 1860 avait aussi amené en extrême Orient un aventureux négociant, Jean Dupuis, qui s'était fixé en Chine. La rébellion des musulmans de l'ouest, surtout dans le Yunnan, avait nécessité l'achat par le gouvernement chinois d'approvisionnements de guerre considérables. M. Dupuis en avait fourni beaucoup, surtout au Ti-taï Ma-hien, le vainqueur des rebelles du Yunnan. C'est par le fleuve Bleu ou Yang-tse-kiang, où il avait rencontré Francis Garnier en 1868 et recueilli ses instructions, que Dupuis avait fait parvenir des armes et des munitions au Yunnan. Quoique les rebelles eussent été vaincus et, en grande partie, refoulés vers la frontière du Laos et du Tonkin supérieur, qu'ils occupaient et rançonnaient sous le nom de Pavillons noirs et Pavillons jaunes, de grands marchés de fournitures étaient encore en voie d'exécution entre Ma et M. Dupuis.

Résolu à mettre à profit la reconnaissance du haut fleuve qu'avait faite Garnier lors de la dernière maladie de M. de La Grée, Dupuis se décida à faire passer par le Song-koï les approvisionnements considérables dont il venait, en 1871, de stipuler la vente avec Ma-hien et les mandarins du Yunnan. Les chefs de l'exploration du Mekong avaient affirmé la possibilité de communiquer, par le Song-koï, du Yunnan à la mer. Dupuis voulut vérifier leurs conjectures : il descendit de sa personne jusqu'à Mangao; puis, de là, en sampan, jusqu'à Laokaï. Sûr de n'être pas arrêté par les obstacles matériels, il songea aux moyens de lever les difficultés politiques. Il avait l'appui des Chinois; il tâcha de se procurer celui de la France.

Ici commence une ère d'indécisions et de demi-mesures que nous verrons se prolonger pendant toute la durée qu'embrasse cette notice.

A Paris, où M. Dupuis vint en 1872 solliciter une sérieuse intervention, on lui répondit qu'il agirait à ses risques et périls, et que, s'il était tué, on ne se croirait pas obligé de le venger. Pourtant, on était sympathique à son audace. On le recommandait au contre-amiral Dupré, gouverneur de Cochinchine, et celui-ci le recommanda au commandant Senez; cet officier supérieur venait de détruire la plus grande partie des jonques pirates qui désolaient les abords du delta, et exerçait un grand prestige dans ces parages.

M. Dupuis prépara à Hong-kong une grande expédition.

Une jonque portant trente canons, et de six à sept mille chassepots avec les munitions nécessaires, convoyée par deux canonnières d'origine anglaise et ayant à bord vingt-trois Européens, une centaine de Chinois, était dirigée par M. Dupuis et trois lieutenants intrépides comme lui. Recommandé par le commandant Senez au commissaire royal Le Tuan, il trouva pourtant sur sa route des obstacles de toute sorte et, laissant son convoi à Hanoï, remonta jusqu'au Yunnan avec trois Européens et une quarantaine de Chinois.

Ma s'intéressait vivement à cette entreprise, que suivait passionnément le monde commerçant de l'extrême Orient. Il donna à Dupuis des lettres de recommandation pour les autorités annamites et cent cinquante Chinois d'élite, armés de chassepots. Dupuis revint à Hanoï.

Cette fois, il trouve chez les Annamites une hostilité ouverte. Ils sont résolus à s'opposer à l'établissement d'un courant commercial entre la mer, dominée par les Français, et les Chinois du Yunnan, plus redoutables encore pour leur indépendance. Notre vieil ennemi Nguyen-tsi-phuong a été nommé à Hanoï. En même temps, la cour de Hué se plaint, à Saïgon, de l'entreprise de Dupuis. Les traités, suivant elle, autorisent bien les Français à transiter, commercer, non à résider au Tonkin. Elle réclame l'expulsion de Dupuis.

Que va faire l'amiral Dupré? Si Dupuis est décidément abandonné par la France, il liera partie avec les Chinois, tout prêts à l'appuyer, avec les Allemands ou les Anglais, qui lui ouvrent des crédits, sont déjà en pourparlers avec Hué et trouveront promptement de bonnes raisons d'intervenir plus sérieusement au Tonkin. L'amiral se décide à déclarer à l'envoyé de Hué qu'il va expédier un officier à Hanoï pour juger de la valeur réciproque des griefs allégués des deux parts. Il écrit en même temps aux vice-rois de l'Yunnan et de Canton pour prévenir les soupçons, apaiser les méfiances de ces deux voisins du Tonkin.

Francis Garnier rentrait à Shangaï, de retour d'une excursion dans la vallée du fleuve Bleu et le nord de la Chine. C'est lui que l'amiral appelle et charge d'aller à Hanoï. Il est d'accord avec l'amiral pour conjurer toutes les hostilités et préparer, sous l'égide de la France, l'ouverture du Song-koï au commerce avec l'intérieur de la Chine. Il est décidé à agir vite, et à empêcher ainsi une action combinée et déjà en voie d'exécution du Thuong-doc (ministre des affaires étrangères de l'Annam) avec les Anglais de Hong-kong. Une dépêche télégraphique du ministère de Broglie autorise cet envoi et laisse prévoir une pensée de protectorat de l'Annam.

Le 11 octobre 1873, Garnier quittait la Cochinchine avec l'*Arc* et l'*Espingole*, portant cent soixante-quinze hommes et des lettres de crédit des Chinois de Saïgon sur leurs compatriotes d'Hanoï. Il s'arrêta à Tourane pour attendre la réponse de Hué à une dépêche de l'amiral annonçant sa mission et réclamant l'envoi d'un plénipotentiaire qui réglerait avec lui l'ouverture du Song-koï. La réponse fut favorable : les faits ne devaient pas la confirmer.

Le 23 octobre, Garnier arrivait au Cua-cam, et se rendait en canot à vapeur à Haï-dzuong pour demander aux autorités les jonques nécessaires au transport de ses soldats à Hanoï. Le 5 novembre, ces jonques mouillaient à Hanoï. Une proclamation de Garnier recommandait aux marins et soldats la discipline absolue et les ménagements envers la population : une autre promettait aux Tonkinois la paix, l'ordre et le développement du commerce.

Il fallut forcer Nguyen-tsi-phuong à loger convenablement la troupe française; puis, à l'arrivée du plénipotentiaire de Hué, il devint évident que l'Annam n'admettait pour Garnier d'autre mission que celle de chasser Dupuis et de s'en aller avec lui.

Ce n'était point là le fait de Garnier. Dès le 15 novembre, il faisait signifier aux mandarins et aux consuls étrangers des ports voisins l'ouverture du Song-koï au commerce français, espagnol et chinois. Le droit de douane de 3 pour 100 de la valeur serait réduit à moitié pour les provenances directes de Saïgon et du Yunnan.

Mais Nguyen-tsi-phuong manifestait tout le mauvais vouloir possible. Il punissait l'officier qui avait fait accueil aux Français et empêchait toute communication avec eux. « Il n'y a, écrivait Garnier, qu'un coup d'éclat qui puisse me rendre le prestige qui m'entourait à mon arrivée; j'y suis décidé. »

L'*Espingole* et le *Scorpion* étaient arrivés à Hanoï; celui-ci remplaçait l'*Arc*, naufragé près de Tourane. Garnier manda la compagnie de débarquement du *Decrès*. Il disposait ainsi de deux cent soixante hommes environ.

Le 19 novembre, il somma le gouverneur d'accepter son arrêté du 15, de désarmer la citadelle et de laisser Dupuis regagner le Yunnan. Le gouverneur ne répondit qu'en se préparant à combattre.

Garnier réunit ses lieutenants et donna ses ordres pour une attaque générale de la citadelle. Le 20, à six heures du matin, une colonne de trente hommes, commandée par l'enseigne Bain de La Coquerie et emmenant la pièce de campagne du *Decrès,* gagna le sud-ouest de la citadelle. Deux autres points sont menacés par le sous-lieutenant de Trentinian, avec vingt-cinq soldats d'infanterie de marine et deux gabiers portant des grenades, et par l'enseigne Esmez avec ses marins. Restaient, pour la réserve, dix-neuf hommes du *Decrès* et dix hommes à la garde du camp. L'enseigne Balny dirigera le tir des deux canonnières. On évitera de tirer sur la ville. Les Chinois de M. Dupuis seconderont l'attaque de ce côté.

Nguyen-tsi-phuong soutenait bravement le combat quand une balle de mitraille l'atteignit à la cuisse droite : en le voyant tomber, ses hommes (ils étaient plusieurs milliers peu disposés à combattre) s'enfuirent et se réfugièrent à cinq kilomètres de la citadelle, dans la redoute de Phuhoaï, qui fut prise le jour même par l'enseigne Bain.

En quelques jours, ce pays, où tout le monde sait lire, connut la défaite des mandarins et les promesses de protection des Français : des notables indigènes acceptèrent la succession des mandarins : des milices se mirent aux ordres des officiers français détachés avec quelques hommes. M. Balny d'Avricourt, commandant de l'*Espingole,* descendit le Song-koï en enlevant Hung-yen,

Phuly, Haï-dzuong avec l'aide du docteur Harmant et du sous-lieutenant de Trentinian. Ninh-binh était surprise par l'aspirant, M. Hautefeuille ; enfin Nam-dinh, la place importante de l'intérieur du delta, était emportée le 11 décembre par Garnier, secondé par l'aspirant Bouxen et l'ingénieur Bouillet. Tout le delta était soumis, et six ou sept millions d'âmes acceptaient la domination des quelques jeunes héros qui avaient si résolument secondé leur vaillant chef ; comme lui, ils avaient bravé les obstacles matériels opposés à leurs assauts, le feu, mal dirigé heureusement, des milliers de fusils, des centaines de canons tirant sur leurs colonnes de quelques braves soldats ou matelots ; puis, avec autant de sagesse que d'intelligence, ils avaient groupé autour d'eux les populations rassurées, heureuses d'échanger pour leur gouvernement les cruautés et les exactions des lettrés annamites. La prise de Nam-dinh, qui couronnait cette épopée militaire, est du 11 décembre 1873.

La cour de Hué, qui avait protesté d'abord contre les agissements de Garnier, se résignait en apprenant le succès si complet qu'il avait obtenu, et envoyait à Hanoï des plénipotentiaires chargés d'accepter l'ouverture du Song-koï et, pour le commerce sur cette voie, la protection de la France.

Mais cette capitulation n'avait pas l'assentiment du lettré qui gouvernait le haut Tonkin, le mandarin Hoang-ke-viem. Jusque-là, il avait disputé aux réfugiés chinois, aux Pavillons noirs et jaunes, l'action sur sa province, que désolaient leurs exigences. Lorsque Garnier et les Français, en communication par M. Dupuis avec les Chinois du Yunnan, eurent conquis le delta, Hoang comprit que c'en était fait de son gouvernement sans contrôle : incessamnent, il lui faudrait subir l'intervention des Français, et voir établir sur la province qu'il exploitait un concert résultant des conventions nouvelles entre eux et les autorités chinoises. Il entra en négociation avec les Pavillons noirs, les prit à sa solde, et disposa ainsi, pour attaquer Hanoï, de soldats nombreux beaucoup plus exercés et de meilleure volonté que les Annamites, et surtout les milices tonkinoises réunies naguère à Hanoï et Nam-dinh.

Garnier apprit, à Nam-dinh, qu'Hanoï était menacée, que déjà le fort de Phu-hoaï était occupé par l'ennemi, que l'aspirant Perrin, envoyé par M. Bain pour le reprendre, avait été repoussé. Les incendies se multipliaient et la terreur régnait dans les environs de la ville.

Garnier y rentra le 18 décembre, et peut-être eût-il pu, le même jour, infliger un échec sérieux à l'ennemi, mais les ambassadeurs annamites arrivaient en même temps : il désirait, il espérait une solution pacifique.

Mais déjà les ambassadeurs sont moins affirmatifs et ajournent toute conclusion. Le dimanche 21 décembre, après une messe solennelle et pendant une conférence avec les ambassadeurs, la ville est attaquée : les « héki » accourent le long des chaussées qui s'élèvent au-dessus des rizières et font le coup de fusil du revers des fossés de la citadelle.

Garnier parcourt les remparts, donne partout ses ordres : le feu des chassepots et du canon de 4 chasse les assaillants, qui se réfugient à l'abri des chaussées qui vont de la ville à Phu-hoaï. On les voit s'accumuler au village de Thu-lé, où se confondent les deux chaussées qui joignent la ville à Phu-hoaï. Garnier juge dangereux pour la sécurité de la nuit suivante de les laisser s'établir ainsi à quinze cents mètres de la citadelle ; il décide une sortie par les deux chaussées : à droite, Balny se portera sur la chaussée directe ; lui-même, avec dix-huit Français et des miliciens tonkinois, se dirige par la chaussée de gauche sur Thu-lé. Mais avant le village il divise sa troupe, et c'est avec trois hommes seulement qu'il aborde, après avoir traversé des rizières, la chaussée qui abrite l'ennemi.

Que se passa-t-il alors? De ces trois hommes, l'un fut tué, l'autre blessé : le troisième recula. Garnier ne reparut plus.

L'autre colonne, après avoir épuisé ses munitions et perdu un matelot, revint s'approvisionner à la citadelle, retourna au combat, et arriva à Thu-lé. Là, on trouva massés les héki. Balny fut tué en avant de ses hommes : le docteur Chédan rallia ce qui restait de Français et les ramena à la citadelle, où ils apprirent avec désespoir la perte du chef qui leur inspirait toute confiance.

La fidélité des auxiliaires tonkinois, l'aide des Chinois de M. Dupuis préservèrent Hanoï de l'invasion des Pavillons noirs. Quatre jours après, arrivaient cent quatre hommes d'infanterie de marine amenés par le *Decrès*. Ils arrivaient trop tard.

Qu'allait faire le gouvernement français?

Admettre que Garnier, en allant évidemment au delà de ses instructions précises, leur avait donné une extension nécessaire, et que le mauvais vouloir, la quasi-rébellion d'un vassal avaient été justement punis? Substituer la domination directe de la France à celle de l'Annam, et justifier cette prise de possession en remplaçant par un gouvernement de justice, d'ordre et de probité, un gouvernement de concussions et de tyrannie, en élevant la prospérité du pays et le protégeant contre les pirates de terre et de mer qui le pillaient impunément, enfin en lui donnant, pour le commerce général du monde, une utilité que ses maîtres lui avaient déniée jusquelà?

Tel avait été le plan de Garnier, et l'exécution en avait été inaugurée avec un éclat et un succès inattendus. On peut affirmer que si cet homme de grand cœur et de grand esprit eût appartenu à l'Angleterre ou à l'Allemagne, son œuvre eût été adoptée sans réserve, comme l'avait été, par la Russie, l'œuvre du grand Cosaque qui lui a donné la Sibérie orientale.

Le lieutenant de vaisseau Philastre, envoyé par Saïgon, interprétant la pensée du gouvernement français, désavoua Garnier, traita sa conquête comme un abus de la force, comme la spoliation du légitime possesseur, et fit rendre le Tonkin au gouvernement annamite. En frémissant, les vaillants lieutenants de Garnier durent abandonner leurs gouvernements déjà consolidés et régulièrement établis, les 6, 8 et 11 janvier 1874. M. de Trentinian quitta Haï-dzuong, M. Hautefeuille, Ninh-binh, M. le docteur Harmand, Nam-dinh! Tous trois avaient accompli des miracles de courage et d'habileté. Hanoï fut remise enfin, le 12 février 1874, par MM. Bain et Esmez. Dupuis était sacrifié, et le choix du protectorat de la France, qu'avait fait son patriotisme, lui coûtait sa fortune. Il devait renoncer à conduire son convoi au Yunnan jusqu'à l'ouverture du Song-koï au commerce général, la convention du 6 février, suivie des traités de paix et de commerce des 15 mars et 31 août 1874, stipulant cette ouverture et l'amnistie pour tous les Tonkinois qui avaient aidé Garnier. Le gouvernement annamite promit l'une et l'autre et manqua à ses promesses. Dès ce moment, le dissentiment avec lui ne pouvait que grandir. Tu-duc le sentait, et cherchait à Pékin un recours contre la France : il se déclarait le vassal de la Chine, et celle-ci accentuait chaque jour ses prétentions à la possession du Tonkin : elle avait traité avec les Pavillons, ses sujets rebelles, qui la serviraient, elle et l'Annam, contre l'action de la France. L'Angleterre était à peu près hors de cause. C'est par la mer des Indes, la Birmanie et le chemin de fer de Taly qu'elle poursuit son projet d'aborder les provinces méridionales de la Chine.

« Toute concession faite par nous, écrivait, le 21 mars 1878, l'amiral Lafont, gouverneur de la Cochinchine, sera considérée comme un acte de faiblesse. » Ainsi, il faudrait un jour, à moins d'abandonner toute prétention au delà de la Cochinchine, recourir à la force comme l'avait fait Garnier. Mais combien, alors, les circonstances se seraient aggravées! La Chine affirmerait sa compétition et aurait, pour la soutenir, des armements et une organisation militaire et maritime très perfectionnés par l'exemple de ses vainqueurs de 1860 et l'aide d'Européens et d'Américains : les Pavillons, à demi réconciliés avec la patrie qu'ils avaient combattue, serviraient la revendication obstinée de l'Annam et l'ambition du suzerain que l'Annam se donnait en haine de la France. A l'intérieur du Tonkin, tout ce qui avait eu confiance en nous, tout ce qui avait cru à l'avenir promis par Garnier, tout ce qui l'avait aidé dans son œuvre, avait péri ou avait dû fuir la persécution. La foi dans la France, l'esprit d'union avec elle étaient perdus, du moins pour longtemps!

Garnier avait pu annexer le Tonkin : ses successeurs ne pouvaient plus que le conquérir!

APRÈS GARNIER

Cette politique, qui tendait à obtenir sans guerre et sans dépense des avantages d'un haut prix : le protectorat de l'Annam, l'établissement d'un commerce contrôlé par la France et, sous une forme adoucie, les conquêtes qu'on avait répudiées quand Garnier les avait réalisées, porta des fruits amers.

Neuf ans après la mission Philastre, M. Lemyre de Villers étant gouverneur, M. de Freycinet ministre des affaires étrangères, la situation était devenue intolérable. L'Annam s'était jeté dans les bras de la Chine, qui acceptait une suzeraineté complète au lieu du lien très relâché qui avait uni les deux pays et que rien n'avait rappelé dans les traités de 1863 et de 1874. Fort de cet appui, ayant en outre sous sa main cette milice des Pavillons noirs analogue à nos grandes compagnies du quatorzième siècle, et désormais assurée de renforts et d'un asile en Chine, l'Annam bravait les colères de la France. Nos consuls n'étaient plus en sûreté au Tonkin : le commerce était entravé, et l'on pouvait prévoir un complot de *Vêpres siciliennes* partout où les Français se trouvaient en contact avec les lettrés. M. Lemyre de Villers prévint le gouvernement annamite qu'il était obligé d'envoyer des troupes au Tonkin pour y remédier au désordre qui réduisait toute la population à la misère et pour assurer la vie de nos résidents, insuffisamment gardés; de plus, une expédition maritime aurait raison des pirates. Il chargea le capitaine de vaisseau Henry Rivière du commandement des troupes. Cet officier arriva à Hanoï le 3 avril 1882, avec quatre compagnies sous les ordres des commandants Chanu et Berthe de Villers. Dès le 25 avril, tous ses efforts de pacification avaient échoué, et, comme Garnier, il était obligé de recourir à la force : avec l'aide de l'artillerie de ses navires, il enlevait la citadelle armée contre lui; le gouvernement français se trouvait, pour la seconde fois, disposer d'une conquête qu'il n'avait ni prévue ni désirée.

Immédiatement la Chine intervint, et ses troupes passèrent la frontière, tandis que son ambassadeur, le marquis de Tseng, protestait à

Paris. Les consuls annamites à Saïgon travaillaient à soulever la Cochinchine. Il fallait, avant tout, écarter l'hostilité de la Chine; M. Bourée prépara à Pékin un traité qui nous attribuait le protectorat du delta, reconnaissait la suzeraineté de la Chine et lui cédait le haut Tonkin, y compris Laokaï et les pays longeant le Kouang-si. Le 5 mars 1883, le nouveau ministre, M. Challemel-Lacour, désavoua et rappela M. Bourée.

L'histoire de Garnier se recommençait, avec des forces accrues de part et d'autre. Le commandant Rivière enlevait Hang-gay et Nam-ding, tandis que les Pavillons noirs, pourvus de fusils perfectionnés et comptant dans leurs rangs des réguliers chinois et des officiers européens, attaquaient, à Hanoï, le commandant Berthe de Villers, qui les repoussait et, le 16 mai 1883, dégageait Hanoï par une vigoureuse sortie.

Le 19 du même mois, le commandant Rivière, de retour à Hanoï avec toutes ses forces, après la prise de Nam-ding, qui nous avait coûté le lieutenant-colonel Carreau, voulut dégager la route de Lao-kaï. Ainsi que Garnier, il crut pouvoir agir sur les Pavillons noirs comme sur les milices annamites : il dirigea le commandant Berthe de Villers par la route directe et marcha sur le pont de San-giai. L'ennemi, très nombreux et bien armé, les accueillit par un feu très nourri et manœuvra pour les couper du pont. Il fallut reculer : Rivière fut tué avec le lieutenant Brisis et le capitaine Jacquet, en essayant de sauver un canon compromis. Berthe de Villers était blessé mortellement.

Cette fois, l'opinion se souleva, et l'on dut accepter l'obligation de venger cet autre désastre. Les mesures prises furent encore insuffisantes. Avec trois mille hommes environ, le général Bouet organisa la défense du delta. Le docteur Harmand, l'ancien compagnon de Garnier, était chargé des affaires civiles et prédisait, avec sa connaissance particulière du pays, la nécessité de bien plus grands efforts. L'amiral Courbet bloqua les côtes de l'Annam : après la mort de Tu-duc (17 juillet 1883), il força l'entrée de la rivière de Hué et imposa au gouvernement annamite un traité précisant le protectorat. C'est encore, en effet, un protectorat qu'on prétendait établir, comme à Tunis ou en Égypte, sans se rendre un compte suffisant de la différence des situations. En Afrique, on trouvait des vassaux usurpant l'indépendance malgré leur suzerain; dans l'Annam, un souverain indépendant qu'on dépouillait de son pouvoir après lui avoir pris ses provinces était nécessairement un ennemi irréconciliable, acceptant, recherchant un suzerain qui le vengerait de nous. — Au moment où nous sommes, la Chine acceptait la soumission de l'Annam et la lutte contre la France, ou, du moins, son gouvernement était partagé entre les partis de la guerre et de la paix, et l'influence passait souvent de l'un à l'autre.

Au Tonkin, les Pavillons noirs étaient nos seuls adversaires officiels; mais, d'une part, le prince Hoang-ké-viam, gouverneur de Sonkaï, refusait d'obéir aux ordres de désarmement; de l'autre, sans nous déclarer la guerre, la Chine maintenait ses troupes au delà de ses frontières.

Elle hésitait d'ailleurs entre deux partis que nous verrons décider alternativement de ses résolutions.

Le 25 octobre 1883, l'amiral Courbet fut chargé d'exercer le commandement général des forces de terre et de mer; les renforts envoyés de France portaient l'armée du Tonkin à neuf mille hommes environ. L'amiral jugea que le meilleur emploi à faire de cette force était la réalisation de l'entreprise qu'avaient tentée vainement Garnier et Rivière : la prise de Sontay, la place d'armes, la

21.

base d'opération des Pavillons noirs et des gouverneurs annamites en rébellion contre les traités passés entre la France et leur gouvernement.

Après avoir dégagé de bandes d'importance secondaire Nam-dinh, Haï-phong, Haï-dzuong, l'amiral marcha sur Sontay en deux colonnes; l'une, de trois mille trois cents hommes aux ordres du colonel Belin, dut remonter le fleuve Rouge par sa rive droite. Elle avait à traverser le Day, qui barre cette route de terre, à huit kilomètres de Sontay. Elle le franchit, le 12 décembre, avec grande fatigue, mais sans combat. L'amiral était d'ailleurs en mesure de protéger ce passage : il avait embarqué sur le fleuve l'autre colonne, composée de deux mille six cents hommes commandés par le colonel Bichot, et, sous la protection de la flottille de guerre, avait débarqué en amont de l'embouchure du Day. Le 13 décembre, à midi, les deux colonnes étaient en ligne, la droite au fleuve, la gauche à une digue qui protège contre les inondations la plaine de Sontay. Le fort qui sert de réduit à la ville est à deux kilomètres du Song-koï. Son port est au nord de la place, et la route qui joint ces deux points était couverte de très forts ouvrages de campagne formant une enceinte à laquelle donnait son nom le village de

Phu-sa. L'amiral prononça son attaque le long de la digue (celle-ci est double en ce point, la levée principale, au nord, ayant été crevée par une inondation) et le long du fleuve; celui-ci, maîtrisé par la flottille, assurait les approvisionnements de l'armée. Il fallut trois jours et trois nuits d'efforts héroïques pour dépasser la ligne principale de défense dont nous avons signalé l'existence, puis tourner à gauche vers la porte ouest, bouchée par un terrassement, mais moins défendue que celle du nord. Cette entrée de la ville fut enfin forcée le 16 au soir; le lendemain (17 décembre 1883), l'ennemi évacua la citadelle. Malgré une perte de quatre cents hommes tués ou blessés, c'était un échec très grave infligé aux Pavillons noirs. La jactance avec laquelle ils rappelaient la mort de Garnier et de Rivière devait se taire désormais. La baisse des eaux empêchait seule l'amiral de marcher immédiatement sur Hong-hoa.

Le gouvernement envoyait au Tonkin des forces nouvelles, commandées par le général Millot, ayant pour lieutenants les généraux Brière de l'Isle et de Négrier. Le 25 février 1884, l'amiral Courbet remettait au général Millot le commandement à terre, et gardait seulement celui de l'escadre.

Sous les ordres du général Millot, les deux brigades Brière de l'Isle et de Négrier étendirent l'occupation jusqu'à Hong-hoa et Tuyen-quan vers le haut du fleuve : une série de brillants combats rejetait les Chinois vers les frontières. En mai 1884, ils semblèrent renoncer à la lutte.

Le parti de la paix, représenté par Li-hung-chan, prévalut dans les conseils du gouvernement. Li-hung-chan signait, le 11 mai, à Tien-sin, avec le commandant Fournier, représentant la France, un traité stipulant l'évacuation du Tonkin à des dates déterminées; mais le parti de la guerre parvint à suspendre l'exécution du traité, en sorte que le colonel Dugenne, se rendant à Lang-son pour l'occuper, conformément au traité Fournier et aux instructions du général en chef Millot, trouvait la route fermée en avant de Bac-lé, le 22 juin 1884.

Les délais stipulés à Tien-tsin étaient expirés; le commandant avait ordre d'occuper Lang-son : il marcha en avant, se heurta à des forces considérables et dut reculer avec perte.

Les Français protestèrent avec indignation contre cette collision qui révélait un retour offensif du parti chinois de la guerre. Il ne pouvait être question d'envahir la Chine par terre; c'était à l'amiral et à la flotte qu'il appartenait de lui faire sentir qu'elle avait tout à perdre à entrer en lutte avec la France.

Le ministre de France, Patenôtre, demandait un désaveu des hostilités de Bac-lé et une indemnité pour les pertes subies par la colonne Dugenne en personnel et matériel. Au cours de négociations de moins en moins amicales, l'amiral dut occuper l'embouchure du Min et menacer ainsi la flotte et l'arsenal de Fou-tchéou : cette situation d'attente dura du 16 juillet au 22 août 1884, quoique les délais fixés pour l'acceptation de l'ultimatum eussent expiré le 31 juillet.

Cependant, la division de la flotte, confiée à l'amiral Lespès, agit la première : elle était chargée des hostilités contre l'île Formose, dont la conquête semblait possible et était désirable, surtout à cause des mines de houille situées entre Kelung et Tamsui, les deux ports de l'île ; mais pour la réaliser il aurait fallu y employer une armée : quelle que fût la valeur de nos marins, leur action au delà de la portée de l'artillerie des vaisseaux n'était plus que celle d'un nombre de combattants tout à fait insuffisant pour l'objet qui leur était assigné. Le 5 août, les forts de Kelung, battus par l'artillerie des vaisseaux, étaient brillamment enlevés par les compagnies de débarquement du *Villars* et du *La Galissonnière* (capitaine de frégate Martin). — On s'arrêta, les efforts de l'amiral se dirigeant alors sur Fou-tchéou.

L'escadre française était entrée dans le Min, dépassant ainsi les forts de l'embouchure et se fermant toute retraite si elle était vaincue. Les Chinois, menacés, avaient accumulé les défenses jusqu'à leur arsenal, placé à treize milles de l'embouchure du fleuve. Leurs vingt-trois navires, dont douze jonques de guerre, onze canots torpilles, des brûlots, de nombreux forts bien armés, semblaient promettre une résistance efficace contre le croiseur le *Volta*, sur lequel l'amiral avait porté son pavillon, et les trois canonnières l'*Aspic*, la *Vipère* et le *Lynx*, auxquelles leur tirant d'eau avait permis de remonter jusqu'en amont de la pagode. Un mois se passa à s'observer mutuellement, à se garder jour et nuit, en prévision de l'ouverture des hostilités. Le 22 août, l'autorisation d'attaquer parvint à l'amiral. Le vice-consul prévint les Chinois et amena son pavillon.

Le 23 août, à une heure quarante-cinq, à mer haute, l'amiral signale de lever l'ancre et d'attaquer suivant les dispositions prescrites. Les torpilleurs 45 et 46 s'élancent vers le *Foupo* et le *Yang-ou*. Le *Volta* les appuie de son canon de bâbord : de l'autre bord, il tire sur les jonques de guerre : les canonnières remontent vers l'arsenal et les six navires qui y sont mouillés. Une série de quatre canots à vapeur, commandés par le lieutenant de vaisseau de La Peyrère, couvre les quatre français contre les attaques des canots torpilles chinois.

Plus bas, le *D'Estaing*, le *Villars*, le *Duguay-Trouin*, combattent d'un bord d'autres bâtiments, et, de l'autre, enfilent la ligne des jonques de guerre : ils luttent aussi contre quatre batteries armées de krupp de 14 centimètres, l'une, à la pagode, les trois autres dominant l'arsenal.

Après quelques minutes, un coup de vent ouvre une éclaircie à travers l'épaisse fumée du combat engagé entre tous les bâtiments et les batteries chinoises. Le feu des Français a produit de terribles effets : le croiseur *Yang-ou*, crevé par le torpilleur 46 (lieutenant de vaisseau Douzans), va s'échouer à la côte. Le *Foupo* n'a pas été complètement mis hors de combat par le torpilleur 45 (lieutenant de vaisseau Latour). Gravement avarié, il sera pris à l'abordage par les canots La Peyrère, et coulera ensuite en aval. Le feu se ralentit; mais, dirigé avec la même terrible justesse, il achève la destruction de la flotte chinoise. Les canots envahissent l'arroyo de la Douane, ravagé déjà par le feu du *D'Estaing*, et y détruisent les canots torpilleurs et les jonques disposées en brûlots. Le soir de ce premier jour, les Chinois ont perdu tout leur matériel flottant : les batteries entre l'arsenal et la pagode sont écrasées; l'arsenal doit à la faiblesse relative de l'artillerie des canonnières de n'être pas entièrement détruit. Les forts croiseurs n'ont pu remonter jusqu'à lui, non plus, à plus forte raison, que la *Triomphante*, que le commandant Baux a amenée, à la surprise de tous, jusqu'en aval de ce premier champ de bataille, et qui agira puissamment, les jours suivants, contre les défenses du bas du fleuve.

Jusqu'au 30, en effet, l'amiral dut combattre, soit pour achever la destruction des défenses flottantes, soit pour réduire à l'impuissance les préparatifs faits à terre pour préparer un désastre à sa retraite.

Le 29, les derniers bâtiments traversaient la passe Kimpaï, laissant derrière eux la ruine à peu près complète du grand établissement maritime de la Chine.

Ces six jours de combats continus prouvaient à
la Chine que si, à terre, ses nombreux soldats
étaient pour nos troupes de très sérieux adversaires, leurs flottes, même soutenues par tout ce
qu'ils pouvaient, à leur appui, amener de soldats et construire de forts, étaient vouées à une
ruine certaine dès que nos marins, si bien commandés, pourraient les atteindre. Il fallait bien
longtemps encore éviter de se commettre avec
les escadres de l'Occident. L'amiral Courbet devait, l'année suivante, achever de leur imposer
la nécessité de traiter avec la France.

Mais le gouvernement prescrivit, à ce moment,
à l'amiral de porter toutes ses forces contre l'île
de Formose : l'armée du Tonkin fut affaiblie
d'un régiment de marche formant un corps de
mille huit cents hommes, tout à fait insuffisant
d'ailleurs pour pousser, loin de la mer, l'armée
chinoise qui défendait l'île; dans les premiers
jours d'octobre 1884, deux attaques simultanées,
tentées sur Kelung et Tamsui, furent arrêtées à
peu de distance de la mer, malgré de brillants
débuts, et l'amiral dut se borner à garder les forts
de Kelung, où les maladies décimèrent bientôt les
corps débarqués et atteignirent même nos navires. Il fallut borner les opérations à la défense

des forts de Kelung et à un blocus, très-pénible d'ailleurs, qui dura tout l'hiver. Des renforts arrivés en janvier 1885 ne firent guère que remplacer les pertes causées surtout par la maladie. Le colonel Duchesne dut attendre une saison favorable pour reprendre l'offensive. Il attaqua le 4 mars; le 7, il était arrêté par le mauvais temps, après avoir enlevé les lignes chinoises et avancé sur la route de Tamsui.

La conquête de Formose eût exigé le concours de l'armée entière du Tonkin, mais celle-ci avait grand'peine à suffire à la tâche qui lui incombait. Dès les premiers jours d'octobre 1884, les troupes du Kouang-si avaient dessiné une importante attaque sur le nord du delta, et la brigade Négrier avait eu besoin, pour les repousser de Kep et de Chu, d'énergiques efforts admirablement dirigés par son chef. Pendant ce temps, le colonel Duchesne dégageait Tuyen-quan, notre poste avancé vers l'ouest, et repoussait au delà de cette place les troupes du Yunnan, les Pavillons noirs et les Annamites de Lun-vinh-phuoc.

A la fin de décembre, le général Brière de l'Isle concentra contre une nouvelle tentative des Chinois du Kouangsi et du Houang-town (Canton) ses deux brigades, laissant Tuyen-quan, notre poste avancé de l'ouest, aux ordres d'un vigoureux officier, le commandant Dominé. La première brigade était commandée par le colonel Giovanninelli, le colonel Duchesne ayant été envoyé à Formose : le général de Négrier, rétabli d'une blessure reçue en novembre, commandait la seconde. — Du 4 au 13 février, une offensive aussi énergique qu'intelligente arrêta la marche des Chinois, fit tomber toutes leurs défenses et les ramena jusqu'à Lang-son.

Mais pendant ce temps, toutes les forces ennemies de l'armée de l'Ouest avaient été réunies contre Tuyen-quan : la vallée de la Rivière-Claire était très fortement occupée en aval de la place, et la place elle-même, serrée de près depuis le 18 décembre, eut à soutenir une lutte acharnée contre une armée dix fois plus forte que sa garnison. La constance de celle-ci fut admirable : repoussés dans des combats incessants, les Chinois commencèrent une guerre de mines où ils rencontrèrent un adversaire aussi intelligent que brave : le sergent Bobillot, commandant le génie de la place. Ils avaient, aidés par des officiers européens ou américains, creusé des tranchées, tracé trois parallèles, ouvert des brèches à la mine. Le commandant Dominé, ménageant ses munitions, avait repoussé les assauts à la baïonnette et jonché de cadavres ennemis ses fossés envahis. Enfin, le 27 février, le canon se fait entendre à trois lieues à l'est ; c'est le général Brière de l'Isle revenu avec la première brigade (Giovanninelli). Pour défendre la passe de Thua-moc, entre la montagne et la Rivière Claire, une partie des assiégeants a quitté les tranchées ; mais vainement ils ont multiplié leurs lignes de redoutes et accumulé leurs soldats ; le 2 mars, la brave garnison salue de ses cris de joie et de triomphe la colonne libératrice dont l'élan a franchi tous les obstacles : Tuyen-quan est sauvée !

Malheureusement, la brigade de Négrier, restée seule à la frontière du Quang-si, est moins heureuse : elle a, le 23 février, enlevé bravement les positions qui séparent Lang-son de la porte de Chine. Mais un mois après, le 22 mars, l'armée chinoise, considérablement renforcée, reprenait l'offensive et attaquait le poste de Dong-dang, entre Lang-son et la frontière. Le général de Négrier accourut, les repoussa, et dessina une attaque contre Lang-tcheou, leur base d'opération dans le Kouang-si.

Mais il laissait une partie de ses troupes à la garde des postes fortifiés de la frontière et attaquait une armée considérable avec un millier d'hommes. Sa brigade enleva bravement deux des lignes ennemies. Mais en arrivant à la troisième, elle trouva devant elle une infanterie nombreuse et bien armée, tandis qu'une autre partie de l'armée chinoise coupait derrière elle la ligne conquise le matin (24 mars). Il fallut commencer une retraite que le général soutenait en se tenant de sa personne à l'arrière-garde. Le 26 mars, on était rentré à Lang-son et l'on y recevait des renforts de France qui suffisaient d'autant moins à balancer la supériorité numérique de l'ennemi, que celui-ci s'exaltait de son succès nouveau pour lui. Le 28 au matin, les Chinois attaquèrent de front la petite armée française et, en même temps, la tournèrent des deux côtés. Vers trois heures, le général de Négrier fut blessé et obligé de remettre le commandement au lieutenant-colonel Herbinger; la retraite continua : il fallut noyer les canons et les poudres pour pouvoir transporter les blessés. On abandonna Lang-son. A Chu, on trouva le général Brière de l'Isle et la brigade Giovanninelli accourant de la Rivière-Claire. Le général put arrêter la poursuite et assurer la défense dans ces limites.

En résumé, en avril 1885, nous dominions sur

mer. Mais, au Tonkin comme à Formose, nous étions arrêtés, malgré des prodiges de valeur, par une supériorité numérique, pour ainsi dire indéfinie, d'ennemis bien armés et sachant multiplier les obstacles matériels avec une merveilleuse activité.

Sur mer, les conditions étaient tout autres.

Dès le 5 février, l'amiral Courbet courait sus à une escadre de cinq navires armée pour secourir Formose. Le 13 au matin, celle-ci prenait chasse, et deux navires, une frégate et une corvette, se réfugiaient à Scheipou avec l'amiral chinois. Toutes deux, dans la nuit du 14 au 15 février, furent atteintes par des canots-torpilles, et coulées.

Le gouvernement préparait maintenant le blocus du Petcheli, qui arrêterait les communications par mer de la capitale chinoise. Il renonçait à Formose et prescrivait à l'amiral de reporter ses forces contre les îles Pescadores, placées à la même latitude, beaucoup moins importantes, mais enfermant un excellent port et pouvant procurer à la flotte une bonne base de refuge et d'approvisionnement pour la campagne du Nord.

Le 29 mars au matin, le feu commença contre le fort de Makung et les batteries annexes : les Chinois furent contraints d'évacuer le fort, tandis que les embarcations de la *Triomphante* détruisaient un barrage établi à l'entrée du port. Le 30 et le 31, l'infanterie de marine et les compagnies de débarquement tournèrent la place et s'en emparèrent. Les manœuvres sur mer et sur terre avaient été remarquablement conduites et exécutées.

Le 4 avril 1885, les préliminaires de paix avec la Chine furent signés à Paris. M. Campbell, délégué de sir Robert Hart, directeur général des douanes chinoises, représentait l'Empire. On confirmait le traité de Tien-tsin du 11 mai 1884 (traité Fournier) : le blocus de Formose était levé.

En même temps, à la suite de l'émotion causée par l'échec de Lang-son, les forces françaises entretenues en Indo-Chine recevaient un accroissement important : elles étaient mises sous les ordres du général de Courcy, qui prit, en juin, possession de son commandement. Le 9 de ce même mois, la mort de l'illustre amiral Courbet mettait en deuil le pavillon sous lequel il avait si glorieusement combattu.

Nous arrêterons ici le récit des événements qui ont abouti à la prise de possession de l'ancien empire d'Annam. Notre principal et plus important adversaire s'est retiré de la lutte. Mais l'indifférence avec laquelle il laisse les vice-rois de ses provinces maintenir plus ou moins imparfaitement la neutralité de ses frontières nous crée un danger constant, quoique d'importance variable : les Pavillons noirs disparaissent peu à peu, et les adversaires qui continuent leur action, déclassés de la Chine et de l'Annam même, ne sont guère en état de faire la guerre proprement dite. Restent les résistances locales, que ferait cesser peu à peu une administration habile et bienfaisante.

Les lettrés que nous avions trouvés en possession du pouvoir ne se sont pas tous ralliés à nous, et nous ne pouvons pas être surpris de leur hostilité persistante. Mais au Tonkin, en 1873, presque toute la population s'était ralliée à Garnier et à la France. Il n'y a donc pas lieu de désespérer de la ramener à nous et de trouver en Annam, non pas des sujets, mais des concitoyens. Ce doit être là l'objet de tous nos efforts : dans un pays conquis, la plus vraie, la plus précieuse des acquisitions, ce sont les hommes. Pour conquérir les cœurs, il faut, avec le désir sincère d'élever et d'améliorer la condition des populations, beaucoup de sagesse et de persévérance.

TABLE DES MATIÈRES

Avant-Propos.	i
Siège de Rome.	1
Guerre de Crimée.	23
Guerre d'Italie.	125
Guerre de Chine.	181
Guerre du Mexique.	213
Algérie.	283
Cochinchine.	321
Tonkin.	347

PARIS. TYPOGRAPHIE DE E. PLON, NOURRIT ET Cie, RUE GARANCIÈRE, 8.